会表达
你就赢了

高情商的人不会输在语言表达上

高宇栋 ◎ 著

煤炭工业出版社
·北 京·

图书在版编目（CIP）数据

会表达：你就赢了／高宇栋著．－－北京：煤炭工业出版社，2018（2024.2重印）

ISBN 978－7－5020－6477－8

Ⅰ.①会… Ⅱ.①高… Ⅲ.①语言艺术—通俗读物 Ⅳ.①H019－49

中国版本图书馆CIP数据核字（2018）第017573号

会表达　你就赢了

著　　者	高宇栋
责任编辑	刘少辉
封面设计	朝圣设计·阿正
出版发行	煤炭工业出版社（北京市朝阳区芍药居35号　100029）
电　　话	010－84657898（总编室）
	010－64018321（发行部）　010－84657880（读者服务部）
电子信箱	cciph612@126.com
网　　址	www.cciph.com.cn
印　　刷	三河市兴博印务有限公司
经　　销	全国新华书店
开　　本	710mm×1000mm $^1/_{16}$　印张 18　字数 280千字
版　　次	2018年3月第1版　2024年2月第2次印刷
社内编号	9357　　　　　　　　　定价 48.00元

版权所有　违者必究

本书如有缺页、倒页、脱页等质量问题，本社负责调换，电话：010－84657880

前　言

　　有这样一个故事：一个人请客，看时间过去了半小时，还有好多人没来，心里很焦急，便说："怎么搞的，该来的人还不来？"一些敏感的客人听到了，心想："该来的没来，那我们是不该来的？"于是悄悄地走了。主人看走掉了几位客人，越发着急了，便说："怎么这些不该走的客人，反倒走了呢？"剩下的客人一听，又想："走了的是不该走的，那我们这些没走的倒是该走的了！"于是又走了几个。最后只剩下一个跟主人比较亲近的朋友，看到这种尴尬的场面，朋友就劝他说："你说话前应该先考虑一下，否则说错了，就不容易收回来了。"主人大叫冤枉，急忙解释道："我并不是说他们！""不是说他们，肯定是说我了。"最后，连朋友也找了个借口离开了。

　　很多时候，误解是因为表达不当产生的！类似故事中的经历不知你是否有过，有时候，我们内心的想法明明是好的，但说出口后就变了味道，让别人误解、自己尴尬，甚至还会让自己失去原本可以得到的机会。

　　表达方式不同，结果就会大不相同。智者苏格拉底就曾说过：世间有一种能力可以使人很快完成伟业，并获得世人的认可，那就是令人喜悦的讲话能力。语言表达能力，是一个人成功与否的重要因素，只有通过良好的语言表达，才可以使陌生的人产生好感，结成友谊；使相互熟悉的人产

生浓厚的情意；使意见分歧的人互相理解，消除矛盾；使彼此怨恨的人化干戈为玉帛，友好相处。也只有通过良好的语言表达能力，才能让人在职场如鱼得水；在日常家庭生活中其乐融融；在社交场合游刃有余；在激烈竞争中脱颖而出，走向成功。

美国哈佛大学前校长伊立特说："在造就一个有教养的人的教育中，有一种训练是必不可少的，那就是，关于谈吐的训练。"要想让自己成为人生赢家，必须学会培养自己的语言表达能力。"一个人的成功，15%靠技术知识，85%靠口才艺术。"

有人说，我天生嘴笨怎么办？其实，口才并非天生，需要后天练习。鉴于此，我们策划出版了《会表达：你就赢了》一书。本书从拒绝、批评、赞美等方面出发，告诉大家该如何高情商地表达，怎样讲话才能讨人喜欢，获得好感，令人首肯。一个个具体的场景，一个个令人回味的故事，让我们产生心灵的碰撞，内心的共鸣。本书深入浅出，文字通俗流畅，颇具实用性、指导性，如果你能按照书中所说的技巧不断练习，那么就不用担心自己表达不清楚，讲不到重点。

目　录

上篇　高情商的人不会输在言语表达上

第一章　内心想法，需要恰当表达
善于表达的人，更易成为人生赢家 /2
谨慎说话，不给自己惹麻烦 /4
表达多用积极肯定形式 /6
表达的时候注意表情和动作 /7
轻重火候把握好 /10
避免成为"话痨"的危险 /11

第二章　用赞美赢得好人缘
把赞赏说到对方心坎里 /15
赞美不当就成拍马屁 /17
"最好""第一"的帽子别乱戴 /19
你别出心裁，他喜出望外 /22
赞美女孩，适当偏重能力与优点 /24
明贬暗褒，逆耳夸人 /26

第三章　吃亏，多是因为不懂拒绝
借用别人的意思说"不" /28
绕个圈子，达到拒绝的目的 /30

顾及对方的尊严 /33

把好听的话说在前头 /35

让谈话的场景愉悦起来 /36

"恕我能力有限"的拒绝术 /38

踢个"回旋球"/41

第四章 把批评表达得顺耳一点儿

先赞再批的表达让人心生安慰 /43

拿自己垫底 /45

把批评暗示在谈话中 /48

批评最忌翻旧账 /50

不同的人用不同的批评方法 /51

正话反说，促其反思 /53

私底下指出他人的缺点 /55

第五章 倾听是世界上最美妙的语言

少说多听，做一个高雅的说话者 /58

别人说话的时候尽量不多嘴 /60

你必须掌握的插话技巧 /62

听懂话后再发表言论 /63

找到"漏洞"，掌握交流主导权 /64

会听的人知道适时附和 /66

"不说"是一种更具魔力的表达 /69

第六章 有一种魅力叫幽默

幽默——沉重话题的添加剂 /71

不拿无聊当有趣 /73

单纯的搞笑不叫幽默 /77

紧急时用幽默平息对方的怒气 /80

借题发挥出幽默 /83

把脸上的灰指给对方看 /85

化干戈为玉帛的幽默表达技巧 /87

中 篇 掌握表达技巧，搞定人摆平事

第七章 灵活巧妙，讨人喜欢的表达技巧

给别人最想要的称呼 /92

伤人的话不要轻易说 /94

不该问的不要问 /97

表达想法时避开他人的痛处 /99

掌握"慢"的表达智慧 /102

聪明的人不会逞口上之勇 /104

第八章 声情并茂，得人帮助的表达技巧

表达得自信，可信度就会提高 /107

满足对方心理，用诚意将其打动 /109

先提小要求，再提大请求 /110

激起心理共鸣，达到你想要的结果 /112

告诉对方"你很重要" /114

用他人想不到的方式表达 /116

第九章 谨言慎行，获取好感的表达技巧

高调的表达只会让自己陷入不利境地 /119

把坚持和真诚带入言谈中 /120

说话需要开门见山，也需要按部就班 /123

点到即止，不逼人认错 /125

他人的心思看破但不要点破 /126

传递正能量，把"坏"事往好里说 /128

创业者就是要乐观地面对困难 /129

第十章 把握分寸，不得罪人的表达技巧

"重"玩笑开不好伤人也伤己 /131

有主见地表达，不人云亦云 /133

管好不经意间出口的口头禅 /136

会表达的人不会夸夸其谈 /138

承认不足就是最大的"足" /139

管住嘴，增加表达吸引力 /141

第十一章 攻心说话，令人首肯的表达技巧

对方得意的事往往是突破口 /144

正话反说见奇效 /145

将心比心，站在对方立场上说话 /147

权威和角色是说服的好帮手 /149

"别无选择"就会让对方做出选择 /151

多引导对方说"是" /154

用利益来唤起对方的关心 /156

第十二章 控制场面，巧化危机的表达技巧

用调侃化解紧张气氛 /160

借题发挥，弥补失言 /163

遇到尴尬时故说"痴"话 /166

说错话时要及时道歉 /168

背后说人被听到时要随机应变 /171

用模糊语言应对尖锐问题 /174

别人追问隐私时，答非所问 /176

话不投机就转移话题 /177

不伤和气地应对奚落 /181

下　篇　精准表达，会说才会赢

第十三章　有效交谈，做受欢迎的社交达人

介绍自己不要只是"我叫××" /188

善用"我们"制造共同意识 /191

找话题，打开陌生局面 /194

对不同的人用不同的表达词汇 /197

话题卡住就不要再"恋战" /201

把"再会"说出新意 /203

第十四章　恰当表达，打开职场晋升路

汇报工作有中心，有重点 /207

给上司提建议要有技巧 /210

表达相反意见时不要直来直去 /215

功劳被抢时，据理力争不如侧面应对 /217

把握好与同事说话的招法 /218

第十五章　睿智沟通，提升核心领导力

人不低头别强按 /221

在无关紧要处说"露"些小缺点 /222

对下属采用"夹心饼"式的批评 /224

用漂亮语言令下属言听计从 /226

第十六章 巧妙说辞，为百万年薪梦助力

谈谈客户深感兴趣的话题 /229

只询问，不强求 /231

自曝"家丑"，说说自己产品的缺点 /233

用积极专业的语言诱导 /235

用顾客的"面子"说出自己的成绩 /239

对追求完美的客户要多"唠叨" /242

第十七章 说话讲究，爱情之花永开不放

换种表达，"我爱你"不尴尬 /246

适时送出一些温柔的谎言 /250

在言谈之间多放"蜜" /253

对女人要会"哄"，对男人表达要"柔" /254

表达好了，斗嘴不是口角而是养料 /257

第十八章 有道表达，掌握家教制胜法则

交谈是交流，而不是命令、说教 /261

利用孩子的逆反心理来说话 /262

一句话，不要说三遍 /266

打压不行，就从反面刺激 /268

对孩子的坏情绪表示理解和接受 /270

言谈之间满足孩子的为师欲 /271

上 篇

高情商的人不会输在言语表达上

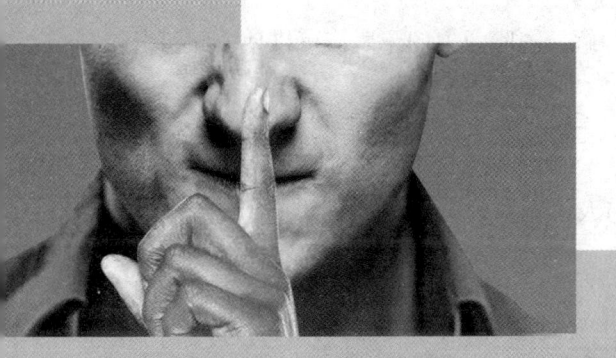

第一章　内心想法，需要恰当表达

善于表达的人，更易成为人生赢家

不管你生性有多么聪颖，学历有多么高，穿着有多么得体，资产有多么雄厚，但如果你不能用语言恰当地表达自己的想法，那么做事也会大打折扣。

社会各个方面都需要沟通、需要交流，而人与人之间交流思想，沟通感情最直接、最方便的途径就是语言。只有通过出色的语言表达，才可以使相互熟悉的人增进情意，信任更深；使陌生的人相互产生好感，结成友谊；可以使意见分歧的人互相理解，消除双方的矛盾；可以使彼此怨恨的人化干戈为玉帛，友好相处。

良好的语言表达能力是一个人的财富。如果一个人只会死干事，而完全不善言辞，那么他将很难成为人生赢家。

相传，有对父子冬天在镇上卖便壶（俗称"夜壶"，旧时男人夜间或病中卧床小便的用具）。父亲在南街卖，儿子在北街卖。不多久，儿子的地摊前有了看货的人，其中一个看了一会儿，说道："这便壶大了些儿。"那儿子马上接过话茬："大了好哇！装的尿多。"人们听了，觉得很不顺耳，便扭头离去。在南街的父亲也遇到了顾客说便壶大的情况。当听到一个老人自言自语说"这便壶大了些"后，马上笑着轻声地接了一句："大是大了些，可您想想，冬天夜长啊！"几个顾客听罢，都会意地点了点

头，继而掏钱买走了便壶。

　　父子两人在一个镇上做同一种生意，结果迥异，差别就在他们的言语表达上。我们不能说儿子的话说得不对，确实，便壶大装的尿多，他是实话实说。但不可否认，他的话说得欠水平，粗俗的语言难以入耳，令人听了很不舒服。本来，买便壶不俗不丑，但毕竟还有些私密的因素在内。人们可以拿着脸盆、扁担等大大方方地在街上走，但若拎着个便壶走在街上，就多少有些不自在了。此时，儿子直通通的大实话怎么能不使买者感到几分别扭？而那个父亲则算得上是一个表达的高手。他先赞同顾客的话（"大是大了些"），以认同的态度拉近与顾客的距离，然后，又以委婉的话语说"冬天夜长啊"，这句看似离题的话说得实在是好。它无丝毫强卖之嫌，却又富于启示性。其潜台词是：冬天天冷夜长，夜解次数多且又怕冷不愿意下床是自然的，便壶大正好派上用场。这设身处地的善意提醒，顾客不难明白。卖者说得在理，顾客买下来也就是很自然的了。儿子一句话砸了生意，父亲一句话盘活了生意，这不正说明了"善讲"的重要性吗？

　　善于表达的人，不但能使初次相识的人对他们产生良好的印象，从而在社会交往中如鱼得水，而且也常常会给一个人带来财富，带来美好的人生。

　　美国哈佛大学前任校长伊立特说过："在造就一个有教养的人的教育中，有一种训练是必不可少的，那就是，关于谈吐的训练。"所以，要想让自己成为人生赢家，就必须要学会培养自己的语言表达能力。只有这样，才能打开人与人之间沟通的大门，彼此的心灵才能产生碰撞，从而产生共鸣。

谨慎说话，不给自己惹麻烦

生活中，有很多这样的问题：比如两个人聊天，说到对某人的看法的时候，如果表达不妥帖，而谈话内容被传了出去，就容易得罪被评价者。遇到这种问题的时候，一定要慎言，不要无端给自己惹麻烦。

阿里巴巴创始人马云在做客专访《马云与"80后"面对面》时，就遇到过类似的问题，我们来看看马云是如何回答的。

观众：就很久很久很久以前，好像也不是很久以前，您对当年QQ大战360有何看法？以及您对拍拍网有何看法？谢谢！（掌声）

主持人：您对这个问题好像很期待似的？

马云：对。我从来没回答过这个问题。我觉得这场竞争也好，冲突也罢，都是互联网发展到今天为止一定要碰上的，不是QQ和360就是其他的互相对垒，这是互联网公司发展一定会碰到的。

社会给了我们互联网公司巨大的信任和资源，我们不能动用客户的利益去展开竞争，对此我没有做过评论。互联网应该是想办法促进社会的发展、沟通和交流。我也竞争过，但我希望竞争是这样的，森林里面的竞争是狮子吃羊，绝不是因为我恨羊，而是我需要发展。

北京城里最早的黄包车被汽车取代了，所有的黄包车夫去砸汽车，但其实是砸不光的，因为事物的发展要取代你。我们要反思，但是我们感兴趣我们从中学到了什么？反思了什么？我看到的是昨天马化腾讲了他们会更加反思、更加开放，这是这场冲突给我们带来的好处。我不想多做评论，我觉得很遗憾，但不可避免，我们都在学习中进步，有一点是肯定

的，从这一场竞争以后，再没有互联网公司敢拿客户的利益去展开竞争，这个时代过去了，我为这个坏事带来的好事感到骄傲。

评论同行，从来都是一件很尖锐的事情，这非常考验人的智慧。有很多人，一旦遇到这样的问题，便收不住嘴，会大说特说同行的缺点和毛病。这样其实很不好，人非圣贤，孰能无过，一个总是说人过错的人，多半不会招人喜欢，原因就是他们太过刻薄了。

但是，很多时候这类问题又是不得不去面对的。就像马云遇到的这个问题，就很棘手。如果为了避免引起争议话题，而两边各自夸奖几句也是不行的，因为这不算是回答。但马云很聪明，他没有说谁对谁错，也没有说自己更倾向于哪一方，而是从发展的角度，告诉大家这类事情是不可避免的。之后大谈科技公司碰撞的好处。这样，既给人回答了问题的感觉，又不会让别人，尤其是被评价者感觉不舒服。这就是一种智慧的回答。

直言是好的，我们说话就要真实，不要拐弯抹角，但这里也有一个限定，那就是不能给自己惹麻烦，也不要给别人以伤害。如果是给自己惹麻烦或者会给别人带来伤害的直言，那么宁可不说。

不管是跟人交谈也好，还是回答别人提出的问题也好，怎么应对都是很有讲究的，也很考验智慧。在回答之前，一定要思考清楚，我们说出的话是否真正回答了对方的问题，至少他们是否会觉得我们回答了他的提问。如果是肯定的，那么就可以准备回答了。还有就是，要思考这番话说出去之后，会给我们带来哪些后果以及是否会对无关的人造成伤害，如果都没有，那么就可以说出口了。

很多时候，提问者和被提问者所处的角度不一样，看待同一句话时，理解也就不一样。因此一定不要说那些有可能会造成误解的话。如果说的是我们想说的，那么虽然会有人不快也无大碍，至少我们表达了自己的想

会表达
你就赢了

法。可是如果我们本来不是那个意思，但由于表达不到位，从而让听者以为是那个意思，然后对我们产生了不好的看法，那就太不划算了。

说话很容易，每个人都会；说话也很难，因为很少有人能将之说好。多向那些表达高手学习，慢慢锻炼自己，自然会有所提高。

表达多用积极肯定形式

现实生活中，如果我们表达不好的话，那么，很可能一切都无从谈起。因为，不论写了一个多么完美的策划书，如果报告人笨口拙舌地说"嗯，那个……"这个策划书肯定通不过。所以说，具有娴熟的语言技巧的人才更容易成功，因为这样的人容易得到一致的认可。只要我们深入思考一下就会发现，一个人事业能否成功和是否掌握了良好的语言技巧密切相关。

那么，从商业的角度看，语言上最重要的原则就是多用积极的语言去表达，而"不要有任何的被动形式"，这也是来自心理学的建议。所谓被动形式就是"被……""让……"这样的表达方式。

例如"这个键要是被按下的话，内容就被删除了""这种样本被70%的年轻人所喜欢"，这种语言表达方式就是被动形式。如果把这两句话换为主动形式的话，应该是"如果您想删除内容的话，请按这个键""70%的年轻人喜欢这种样本"。

如果你想提高语言技巧，想为自己的语言增加气势，让自己的语言更有力，那么在表达的时候就不要用任何的被动形式，一定要使用肯定形式。为什么这样说呢？根据语言心理学已经证明了的规律，使用被动形式会降低说服力。肯定形式和被动形式也许只有一点差别，但是它们对听众心理产生的影响的差别是巨大的。

被动形式的语言会给听众一种缺乏积极性的印象。"被动"这个词本身就具有消极意义。如果别人对你说"那个人的性格很被动"，你一定要明白这可不是什么表扬的话。你如果在谈话中老是用被动形式的话，很容易给对方留下说话拐弯抹角、没有自信、性格软弱的印象。

一个人语言上的习惯很难改变，因为它存在于我们的潜意识中。因此，建议大家找机会把自己说的话录下来，然后再认真分析一下。即使你觉得自己没什么问题，也请试一次。试试看，你肯定会为自己说话时竟然使用了那么多的被动形式而大吃一惊。

平时，如果我们经常语出被动，就很容易使自己处于被动状态，这时再想扭转就难了，只能受制于对方。所以，在交流的过程中应该尽量运用一些占据主动的词汇和句式，从而增强主动感。

表达的时候注意表情和动作

与人交谈，除了言语措辞要恰当，善于倾听和回应，还需辅以恰当的表情和动作，从而提高语言的感染力，帮助交流顺利进行。央视著名记者、主持人柴静就是这样一位能用自己的身体语言来营造良好交流氛围的人。出现在采访现场的她，总是微微偏着头，一脸的认真和柔情，话语是轻柔的，但是充满了力量，从她的整个形体和眼神中，你能够看到她对当事人的关怀胜过对事件的关心。也许，正是这样的姿态，让她能够走进很多当事人的心里，探寻他们的内心世界。

柴静在文章中说："采访的时候，我总是习惯性地身体前倾，这是一种发自心灵的倾听姿态。"中央电视台第10套的《人物》栏目做过一期对柴静的专访，对柴静有这样的描述：在我们看到的156次采访中，柴静使用手的次数为138次；在我们看到的213次采访里，柴静的身体与地面呈

45度倾角，她与采访对象距离最近的一次是10厘米；在我们看到的169次采访中，柴静流露出关切的眼神156次；在我们看到的124次采访中，柴静曾116次笑着问出了2320个尖锐的问题。

这就是柴静所有采访的姿态，也正是这些姿态营造了柴静与人交流时的魅力和亲和力。从这些姿态中透露出来的，是她对对方的尊重和关切，这帮助她营造了良好的交流氛围，更好地打开了对方的话闸子，让她总是在采访中听到更多的真实内容，来还原事情的本来面目。

有时，一个意味深长的眼神，胜过千言万语。与人交流时一定要懂得，你应该在什么地方听，在什么地方皱眉，什么时候眼神专注。这些简单的身体语言，能够给你的交流带来不一般的效果。不过，要恰如其分地运用好表情和动作，也不是一件容易的事。因此我们要谨记以下几个要点：

1. 表情自然，态度安详

很多人在众人面前说话时，容易怯场。普遍的表现就是呼吸不正常，这样就很难有流畅的表达。想要说话时呼吸紊乱，氧气的吸入就会减少，这势必影响大脑的正常工作。

说话时怯场就会按下列程序发生一系列不正常情况：怯场——呼吸紊乱——头脑反应迟钝——说支离破碎的话，如果调整好呼吸会使这一情况恢复正常。

说话前进行深呼吸，全身不用力，在吐气时稍加一点力气即可。如此下来，全身便处于松弛的状态，心也就放松踏实了。做出有意识的笑的状态可保持内心镇定。笑的时候，吐气中加入力气，对于缓和全身的紧张状态有很好的作用。笑还能调整呼吸，能使头脑的反应灵活，话语集中。

2. 神态专注，动作稳重

交谈一般是由两方组成的，而每一方都担负着两个任务：说和听。你的"说"是为了对方的"听",你的"听"又促成了对方的"说"。但是我们周围的许多人在与人交谈时却忽视了这一点。他们顾不上听人家说了些什么,或是匆匆忙忙地截断别人的讲话,或是心不在焉地听别人的谈话,或是断章取义地对待别人的谈话,或是滔滔不绝地大吹法螺。

很明显,善于倾听在无形中起到了褒奖对方的作用,是建立良好人际关系的一种手段。

你若能耐心地听说者倾诉,就等于告诉对方"你说的东西很有意义""你是一个我喜欢交往的人",无形中,说者的自尊心得到了满足。于是,说者对听者就会在感情上产生一个质的飞跃。彼此心灵间的交流使双方的感情距离缩短了。

说话可适当做些手势,但动作不要过大,更不能手舞足蹈,或用手指指人。交谈双方距离不宜太远,亦不宜太近,要根据双方关系亲密程度而定。

3. 与肢体语言相配合

与没有反应的人说话如对着木偶人谈话一样,会使讲话人兴趣索然。交谈中要给予对方反馈,反馈的方式包括眼神的交流、点头示意、手势以及显得轻松而有礼貌的表情、姿势等。

加入别人的谈话,要先打招呼。若是恰遇人家在个别谈话,就不要凑前旁听。若要插话,最好待别人把话说完。别人与自己主动说话,应乐于应答。有第三者参与谈话时,应以握手、点头或微笑表示欢迎。交谈中有事要离开,应向对方打招呼,表示歉意。

说话和倾听时的表情和动作,在一定程度上,影响着交流的效果。要想给别人留下良好的形象,取得良好的效果,就要使表情和动作到位而不越位。

轻重火候把握好

《天下女人》的创始人——杨澜，是一个很会说话的人。在《天下女人》之盲人教授杨佳那期节目中，杨佳艰辛曲折的经历让很多人落泪，而杨佳与父亲之间的真情更是让大家感动不已。

在节目现场，主持人李艾听到杨佳父亲的一段话之后，边哭边说："刚才叔叔说到如果有那么一天的话，杨佳老师这边眼泪汪汪的，可能没注意到，但是我看到特别难受。"

我们都能感受到李艾是真诚的，但是，这句"特别难受"，无疑是一种同情。当一个经历过种种艰难的盲人教授听别人泪流满面地说"我同情你"的时候，她的自尊心或许会受到伤害、或许会感到过对自己的过往更加难过，显然，这句话稍显沉重和压抑。

而此时，杨澜接过了李艾的话："别难受，别难受，我觉得不是难受，我是觉得，人世间有这样的一种亲情，如此紧密而深刻的那种纽带，那种联系，是非常幸运的。你要想可能有一些人，他一辈子都没有感受过，这种刻骨铭心的爱。"

其实，在说这些话的时候，杨澜也在竭力控制着自己的眼泪，可以听出来她也哽咽了。但是，她深知，杨佳需要的是积极向上的鼓励，是乐观，而李艾的话会让她伤心，所以，她选择了这种表达方式。

心理学上有调查显示，大众把残疾人看成弱势群体，对他们很同情，但实际上，你如果把他们看成和自己一样的人，用正常的方式对待他们，会更加提升他们的积极态度。所以，与其选择一种沉重的方式，不如用积极乐观的态度来对待他们。

当然，这个例子并没有严重到引起不良后果的地步，李艾的话也是出于爱。但是，把握好言语上的轻重确实是个不容忽视的问题，有时候，我们不经意间的某句话就可能伤了别人。

事情有缓急，说话有轻重。有些人在日常交际中，思考问题时缺乏理智，不考虑后果，说话没轻没重，以致说了一些既伤害他人，也不利于自己的话。所以在与他人交谈时，把握好讲话的轻重火候，言语平和些，态度友善些，既可以使他人的自尊心不受伤害；又可以使得双方保持友好的关系。是选择这种双赢的方式，还是口无遮掩、重语伤人，相信，你已经做出了选择。

避免成为"话痨"的危险

表达不仅仅是一种简单的语言活动，更是一门学问。同样是说话，有的人说了很多却让人不知所云，而有的人的话却能四两拨千斤，一语直中关键核心，这就是一种说话能力的差距。

平日里说话啰里啰唆无可厚非，但如果遇到非常正式的场合，说话就要尤其注意逻辑性和条理性，以便将自己想要说的内容逐字逐句清晰地表达出来，令听话者能立即明白你在说什么。言简意赅，让自己的话有营养，让别人愿意听，否则你就会成为别人不喜欢的"话痨"。

湖南电视台著名主持人汪涵有一次在接受访问时，记者问他说："在你刚出道时，大家会觉得耳目一新。但随着曝光率过高，观众就会产生一定程度上的厌倦心理，尤其是娱乐节目主持人，几乎都会经历这个从新鲜到厌烦的过程，你觉得自己有没有进入这个过程呢？"

对于这个问题，汪涵如此回答："我自己看我都厌烦了，打开电视机哪都是我，能有机会休息一下就最好。我们身边有很多河流，长江、黄河，不会因为你每天看到它会产生厌烦，问渠哪得清如许？为有源头活水来。你只要不断改造、修行自己，主持人开口说话就像水库开闸放水，如果水是清凉、清澈的，还是有人会靠近它，掬一捧水洗洗脸。如果你不去补充，你流出的是泥浆，一定不会有人去靠近你。水库的造型、周遭环境不是吸引人靠近它的最主要原因，而是它里面时时刻刻都有清澈的水，还会有人跳进去畅游。"

倘若仔细琢磨这一段应答的话，就会发现其中充满了智慧和逻辑。汪涵先是以一句"我自己看我都厌烦了，打开电视机哪都是我"自嘲，暗示自己的人缘不错，然后拿江河打比方，巧妙解释自己颇受观众青睐的原因——"为有源头活水来"。紧接着，他又别具一格地将"主持人开口说话"比作"水库开闸放水"，采用两个假设复句"如果水是清凉清澈的，还是有人会靠近他""如果不去补充，流出的是泥浆，一定不会有人去靠近它"，从正反两方面强调了主持人"不断改造，修行自己"的重要性。最后，以一句"不是……而是……"的说辞，言简意赅、深入浅出地直指问题的核心——主持人"吸引人的最主要原因"在于"时时刻刻都有清澈的水"。

首先，有时某些人话多但因其内涵意义的丰厚和新鲜，人们并不会觉得他是话痨，这就需要讲话人不断地充电，保持自己的风格和独特意义。就像汪涵所言，得有源头活水来，要不断完善自己，自我提升，让自己说的话更有营养。

其次，要避免成为话痨、说话喋喋不休，说话要言简意赅。

说话言简意赅，最重要的一点就是所说的话句句都要围绕主题，语句简练，意思完整，将你的所想所悟有条不紊地呈现在听者面前，思路清晰，表义明确。想练习言简意赅的说话方式，最有效的办法就是在日常生活里有意识地培养自己分析问题的能力，试着去透过某一件事的表面现象去抓住背后的本质并去综合概括。只有这样，说出来的语言才能做到准确精辟，一语中的且富有魅力。此外，最好在平时尽可能多地掌握一些词汇，如果讲话者词汇贫瘠，那么在讲话时即使搜肠刮肚也很难保证有精彩的谈吐。

这里需要提出注意的是，言简意赅并不是说说话简单即可，这种简洁要从实际效果出发，简得适当且恰到好处。倘若单纯为了追求简洁而硬是掐头去尾的话，那么只能让人更加迷惑，从而影响沟通的效果。这也就是说，言简意赅中的"简"是相对的简，而不是绝对的，所谓的简短，应当以精确为前提，该繁则繁，能简则简。

在公共场合说话，有的人长篇大论，滔滔不绝，用语言的触角抓住了每一位听者，自然令人钦佩；有的人把自己的意思浓缩成一句话，犹如一粒沉甸甸的石子，在听者平静的心湖里激起层层波浪，同样值得称道。下面邹韬奋先生的一句话演讲，显露了战斗的锋芒，造成了深刻的氛围，值得我们揣摩品味，会心悟解。

我国著名新闻记者、政治家、出版家邹韬奋先生于1936年10月19日在上海各界公祭鲁迅先生大会上发表了一句话演讲：今天天色不早，我愿用一句话来纪念先生：许多人是不战而屈，鲁迅先生是战而不屈。

邹韬奋先生的这一句话演讲，在当时被人们誉为最具特色的演讲。透过这一句话的演讲，我们分明感受到它里边蕴含着极为丰富的内容——既有对当时政治战线、思想战线、文化战线上"不战而屈"的投降派的谴责，又有对鲁迅先生"横眉冷对千夫指"，勇敢战斗，决不屈服的可贵品格的赞颂。"不战而屈"和"战而不屈"，同样四个字的不同组合，成为衡量一个人有没有硬骨头精神的试金石。这极其精练的一句话演讲，巧妙地

会表达 你就赢了

采用了鲜明的对比，使卑微者更渺小，使高尚者更伟大，尽管只是一句话，却激发了人们奋起抗争的勇气，鼓舞人们以鲁迅先生为榜样，挺身而出，战斗不止。

正反对比，一语中的一句话演讲，不允许拐弯抹角，旁生枝节，必须抓住精髓，巧作对比，以求一语中的。

善于人际交往、口才好的人往往思维灵活，善于托物寓意，常常由人们意想不到的角度切入话题，使得听者在会心悟解后，从心底里升腾起一片喜悦之情，造成和谐的、充满意趣的热烈氛围，效果也就不言而喻了。所以，言简意赅再加上灵活思辨，就成功避免了成为话痨的危险。

第二章 用赞美赢得好人缘

把赞赏说到对方心坎里

著名主持人蔡康永是一个语言表达高手。2006年的夏天，蔡康永作为评审出现在超级女声舞台上，他对选手的赞赏和评判到位又精彩，让选手们听得心花灿烂，也给观众留下了深刻的印象。

他评判实力唱将谭维维时说道："惊为天人，好像直接从蓝天大海传出来的天籁的声音。我很少看到力量和青春的外表能够组合在一起，很优秀。"对尚雯婕的独特嗓音他这么赞赏道："运用声音很有胆识。如果你在小酒吧里唱歌的话，我愿意买票来听。"面对形象良好的刘力扬，他说道："我觉得你已经是一个明星了。你这个外形非常罕见。在台湾要好几年才会出一个。不过以后再有人提到你的名字，我会先想到你的样子。"对抒情歌手韩真真，他这么说道："情歌怎么会唱得这么好。我失恋了去酒吧，你一定要来安慰我。"

蔡康永的赞赏功力果然厉害！他针对每个人的特点和需求，一语中的，既真诚又实在的赞赏说得每个选手都乐不可支。生活中，我们也要学习蔡康永的赞赏功夫，把你的赞赏说到对方心坎里，让他美滋滋的，让他知道你对他很上心，这样对方也会对你放心和倾心。那什么样的赞美是对方最渴望听到的呢？抓住他人最胜过于别人的，最引以为豪的东西，并将

会表达你就赢了

其放在突出的位置进行赞美,往往能起到出乎意料的效果。

在人的一生中,有无数让他们引以为自豪的事情,这些都是一个人人生的闪光点。这些东西又会不经意地在他们的言谈中流露出来,例如,"想当年,我在朝鲜战场上……""我的孩子考全国第一名……"等。对于这些引以为荣的事情,他们不仅常常挂在嘴边,而且深深地渴望能够得到别人由衷的肯定与赞美。

当你要赞赏一位老师的时候,你不妨说:"你的学生×××真不愧是你的得意门生啊!现在已经自己出书了。这就是名师出高徒啊!"对于一位老师而言,引以为荣的往往是他教过的学生在社会上很有出息,你对学生的赞美就是对他最大的赞美。

当你面对一位一生都默默无闻但却培养出高材生的母亲时,你可以对她说:"你有福气啊,两个儿子都那么有出息。"她引以为荣的孩子被赞赏,她一定会高兴不已。

老年人总希望别人不忘记他"想当年"的业绩与雄风,所以,同其交谈时,可多称赞他引以为豪的过去。例如,你可以对抗战老英雄说:"你们真是太伟大了,没有你们去打江山,我们现在的生活都不知道是什么样呢!"

跟年轻人交流,你不妨赞扬他的创造才能和开拓精神,并举出几点实例证明他的确能够前程似锦:"刚毕业就自己创业了,成功开拓了三项业务,你真是少年有为、前途无限啊!"

对于经商的人,与其恭维别人生意兴隆,不如赞美他推销产品的努力,或赞美他的商业手腕,称赞他头脑灵活,生财有道。

对于知识分子,可称赞他知识渊博、思想深刻、宁静淡泊。

与发言人交流时,与其泛说久仰大名、如雷贯耳,不如说您上次主持的讨论会成绩之佳,真是出人意料等话。

若对某位明星表达赞美之情时,一句"我最崇拜你"或者一句无关痛痒的赞美,还不如直接夸对方的某个作品如何精彩,如何打动了自己……

不是所有的赞赏,都能收到好的效果。只有把对方放在心上,观察对方最渴望的部分,才能说出满足对方渴求的赞赏,你才能获得他人的认可与信任。

《康熙来了》的节目现场,某嘉宾上台后为了表示对主持人的尊重,就主动地说道:"我很喜欢看这个节目,康永哥很幽默,小S很聪明。"这句赞赏出口后,小S和蔡康永都没有明显的悦色,这位嘉宾也没给对方留下好感。显然这个赞赏没起到效用。

公式般的赞美,千篇一律,是达不到赞美的效果的,有时候还会让人反感。所以,赞美一个人,泛泛地赞赏是不行的,你应该择其所长,集中某点赞赏对方,如此他一定高兴得多。记住,让你的赞赏之词言之有物,满足对方的渴望,让他知道,你把他放在心上。

赞美不当就成拍马屁

赞美可以迅速拉近人与人之间的距离,得到别人的喜爱,也可以给他人信心、快乐。但是,如果表达得不好,就会让人感觉是在恭维,是拍马屁。一个会表达的人,就懂得什么时候送出自己的赞美,送出什么样的赞美。

主持人汪涵在做访谈的时候,回忆自己刚起步的日子。那时候,他还在湖南卫视做场工,属于默默无闻"抬桌子"的打杂工,还不是后来光芒四射的"台柱子"。

当时兴起给参加节目的观众送礼品,什么都有,面条、油、卤蛋粉、皮蛋粉……甚至水龙头。最多的时候，演播厅200个座位，每个座位上都要放一个装了50样礼品的袋子，听得主持人的脸上连同带同情，表情肌都快要僵掉了。汪涵从容淡定地讲："我一个人就在里面，分那些东西，每个袋子里面放50样，然后大概有200多个座位吧，就放50样，然后在每个座位上放好，放好以后呢，我就要跟毛毛一样暖场——毛毛是我特别好的朋友，我见到他特别高兴——然后我就暖场，跟大家说……"

只见镜头切给了现场导演毛毛，毛毛笑眯眯地望着台上挥动着双手讲故事的朋友，羞涩地抿抿嘴。

这个过程从容自然，毫不做作。汪涵只是在聊天，他自然而然地提起了自己的朋友，说起他，让朋友心中充满了温暖。

不同的人对感情的需求也不同，所以通过其他方式表达感情也许是种更有效的赞美。

主持人汪涵上鲁豫的节目，说到感情问题，鲁豫问他："她是你喜欢的那种类型的吗，就是一般人都会有一个喜欢的类型，比如说你可能喜欢瘦瘦的，小小的，长头发，大眼睛……"

只见汪涵云淡风轻地跟了一句："短头发的我也喜欢。"

好高明的"马屁"，而且看起来真情自然不做作，望望鲁豫的短头发，现场观众全都笑了，鲁豫笑得最开心。

每个人都是愿意听好听的，只要你说得有分寸，不流于谄媚，不伤人格，定会博人欢心。红包为什么比工资受欢迎？工资月月发，红包不是月月有嘛。跟人聊天的时候总是恭维人没意思，偶尔随机奉送一个赞美，让得者意外，有拿红包的感觉，比处心积虑的恭维更有效果。

赞美别人是一种说话的能力，更准确一点讲是与人交往中的一种能力，如果掌握不好就会让人觉得是溜须拍马，所以赞美一个人要掌握时机，实事求是，要选好话题，不可过分夸张，更不能无中生有。另外，赞美的话不能过多，多了对方会不自在，觉得你是虚情假意、逢场作戏，因此而不信任你。恭维过多也不利于交谈，在谈话中频频夸对方"好聪明""好有能力"，对方频频表示客气，往往使谈话无法顺利进行。

"最好""第一"的帽子别乱戴

一个气球再漂亮再鲜艳，吹得太小，不会好看；吹得太大，则很容易爆炸。赞美就如吹气球，应点到为止，适度为佳。

哥尔多尼曾说过："过分的赞美会变成阿谀。"因此在赞美他人时一定要坚持适度的原则。夸奖或赞美一个人时，有时候稍微夸张一点更能充分地表达自己的赞美之情，别人也会乐意接受。但如果过分夸张，你的赞美就脱离了实际情况，让人感觉到缺乏真诚的东西在里面。因为真诚的赞美往往是比较朴实的，发自内心的。只有恭维、讨好才是过分夸张和矫揉造作的。

据说有一个年轻人曾经给恩格斯写了一封热情洋溢的信，信中称赞恩格斯是一位无与伦比的革命导师，一位伟大的思想家，甚至称其为马克思的再现等，恩格斯并没有因为这封信而有丝毫的感动，反而生气地回信说："我不是什么导师、思想家，我的名字叫恩格斯。"

恩格斯作为一位杰出的思想家，他不喜欢别人在赞美他时用似乎有些夸张的词汇，又因为他和马克思有几十年的友谊，他非常尊敬马克思，当然会忌讳别人称他为"马克思的再现"。

会表达你就赢了

历史上有一位臭名昭著的马屁精冯希乐，他是一个热衷于夸张拍马屁的人，有一次，他去拜访长林县令，赞叹道："仁风所感，猛兽出境。昨日入县界，见虎狼相尾而去。"刚夸过不久，就有村民来报告："昨夜大虫连食三人！"长林县令很不高兴地责问冯希乐究竟是怎么回事？冯希乐面红耳赤地回答说："是必使道掠食。"

冯希乐夸张得脱离了实际情况，无视野兽吃人的本性，信口雌黄，说野兽已被县太爷的仁义教化所感动，所以离县而去，结果是抡起巴掌，自己打自己的脸，这就是所说的轻言取辱。

与人交流时做到点到为止，褒扬有度是有技巧的。

1. 比较性的赞美

两个人或两件事相比较，在夸奖对方的同时，让他意识到自己的优点和存在的差距，使对方对你的赞美深信不疑。

有一次，汉高祖刘邦与韩信谈论诸将才能高下。刘邦问道："你看我能指挥多少兵马？"韩信回答："陛下至多能指挥十万兵马。"刘邦又问："那你能指挥多少兵马呢？"韩信自豪地回答："臣多多益善耳。"刘邦笑道："既然你带兵的本领比我大，却为什么被我控制呢？"

韩信很诚实地说："陛下不善于指挥兵，但善于驾驭将，这就是我被陛下控制的原因。"刘邦自己也曾说过，统一指挥百万军队，战无不胜，攻无不克，他不如韩信。这是他做了皇帝以后对自己的评价。韩信的赞美，首先肯定了刘邦控制大臣为自己效命的能力，但又指明了他在带兵作战方面与自己相比有不足之处，正与刘邦的自我评价相吻合。

话说得很实在，很坦诚，刘邦不但不怒，反而很满意。此时，韩信与刘邦关系已很紧张，如果他违心地恭维刘邦，说其调兵遣将无所不能，恐怕刘邦不愿意听，甚至会怀疑他在吹捧、麻痹自己。

2. 根据对方的优缺点提出自己的希望

金无足赤，人无完人。有所保留的赞美应既要看到对方的优点和长处，同时还要看到他的弱点和不足，讲究辩证法。常言道，"瑕不掩瑜"，指出对方的缺点和不足，并提出一定的希望，不仅不会损害你赞美的力度，相反，还能使你的赞美显得真诚、实在，易于为人接受。尤其是领导称赞下属时，要有一是一，有二是二，把握分寸，要有所保留。可以多用"比较级"，千万慎用"最高级"。领导可以在表扬时，把批评和希望提出来。

有效的赞美不应该总是绝对化。像"最好""第一""天下无双"这类的帽子别乱戴。有个企业的广告词说："只有更好，没有最好。"这就显示了企业的真诚承诺，而不是哗众取宠，华而不实，在消费者中影响很好。实际上，一般人都对自己有个客观的认识和评价，如果你的赞美毫无遮拦，就会让人感觉你曲意奉承，难以接受。赞美时必须记住：一个人的成绩和优点毕竟是有限的。许多伟人看自己时，也都有所保留。因此，赞美别人，应当一分为二，有成绩肯定成绩，有不足也要说明不足，控制好赞美的度。

过分的夸张对于被赞美者来说也是有百害而无一利的。高尔基曾经说过："过分的夸奖一个人，结果就会把人给毁了。"因为过分的夸奖，往往会使被赞美者不思进取，误以为自己已经是完美无缺了，从而停止前进的脚步。众所周知的方仲永，小的时候因为天资聪慧，于是别人就称其为天才，其父则四处带他去走访宾客，结果等到他长大以后，其才能泯然众人矣，跟别的人没有什么两样了。

赞扬最好辅之以鼓励，这样才能充分发挥赞美的积极作用。

你别出心裁，他喜出望外

赞美是人际交往中不可缺少的语言艺术，正像歌德说的那样："赞美别人就是把自己放在同他人一样的水平上。"学会赞美就要了解人的心理，"喜新厌旧"是很多人具有的心理，所以陈词滥调的赞美，效果不会太好，而新颖独特、别处心裁的赞美，则使人回味无穷。

1. 给人耳目一新的语言

赞美是所有声音中最甜蜜的一种，赞美应该给人一种美的感受。新颖的语言，是有魅力的，有吸引力的。简单的赞扬也可能是振奋人心的，而一种本来是不错的赞扬如果多次单调重复，也会显得平淡无味，甚至令人厌烦。一个女人曾说过，她对别人反复告诉她，说她长得很漂亮，已经感到厌烦了，但是当有人告诉她，像她这样气质不凡的女人应该去演电影，给世界留下一部电影的时候，她真心地笑了。

2. 不一样的角度

一些人在公共场合赞美别人时，自己想不出怎样赞美，只能跟着别人说重复的话，附和别人的赞美。

常言道："别人嚼过的肉不香。"朱温手下就有一批鹦鹉学舌拍马的人。一次，朱温与众宾客在大柳树下小憩，独自说了句："好大柳树！"宾客为了讨好他，纷纷起来赞叹，"好大柳树"。朱温看了觉得好笑，又道："好大柳树，可作车头。"实际上柳木是不能做车头的，但还是有五六个人赞叹："好作车头。"朱温对这些鹦鹉学舌的人烦透了，厉声说："柳树岂可作车头！我见人说秦时指鹿为马，有甚难事！"于是把说"可作车头"的人抓起来杀了。

每个人都有许多优点和可爱之处。赞扬要有新意，当然要独具慧眼，善于发现一般人很少发现的"闪光点"和"兴趣点"，即使你一时还没有发现对方独特的长处，也可以在表达的角度上有所变化和创新。

对一位公司经理，你最好不必称赞他如何经营有方，因为这种话他听得多了，已经成了毫无新意的客套了；倘若你称赞他目光炯炯有神，风度潇洒大方，他反而会更受感动。

某将军屡战屡胜，有人称赞他："你真是个了不起的军事家。"他无动于衷，因为他认为打胜仗是理所当然的事。而当那人指着他的鬓须说："将军，你的鬓须真可与美髯公相媲美。"这次，将军欣然地笑了。

赞美的角度很重要，新颖的角度将起到事半功倍的效果。

3．新鲜的表达方式

赞美他人，在表达方式上是可以推陈出新、另辟蹊径的。

富兰克林年轻时，在费城开了一家小小的印刷所。那时，他参加了宾夕法尼亚州议会的选举。在选举前夕，困难出现了。有个新议员发表了一篇很长的反对他的演说，在演说中，竟把富兰克林贬得一文不值。遇到这么一个出其不意的敌人，是多么令人恼火呀！该怎么办呢？富兰克林自己讲述道：

"对于这位新议员的反对，我当然很不高兴，可是，他是一位有学问又很幸运的绅士。他的声誉和才能在议会里颇有影响。但我绝不会对他表现出一种卑躬屈膝的阿谀奉承，以换取他的同情与好感。我只是在隔数日之后，采用了一个别的适当的方法。

会表达
你就赢了

"我听说他的藏书室有几部很名贵,又很少见的书。我就写了一封短信给他,说明我想看看这些书,希望他慨然答应借我数天。他立刻答应了。"

富兰克林用一种不露痕迹的赞美方式,赞美新议员,恰如润物细无声。

有一个国外的电视连续剧,父亲走入厨房看女儿做饭菜,他对女儿说:"如果没有你做的美妙饭菜就像天上没有星星那么遗憾。"女儿露出了特别快乐的笑容。

表达赞美的方式有很多,要针对不同的人、不同场合、不同时间选择最为恰当的方式。选择赞美方式时,既要考虑表达方式的新意,又要考虑对方的感受及最后的效果,综合去思考,将会找到最适宜的表达方式。

赞美女孩,适当偏重能力与优点

夸赞女孩子漂亮、可爱当然可以获得女孩子的欢心,但现代社会女性的地位大大提高,"女人能顶半边天"。女孩子们也普遍有"我能干"的强烈愿望。如果能找到她们能力上的优点予以称赞,她们会非常高兴。

一次,小蒙去银行取钱,人很多,年轻漂亮的女职员忙个不停,有点不耐烦,看起来她的心情不是很好。小蒙很想跟她交谈,但又不知道怎么开口。

观察了一会儿,小蒙发现了女孩的优点。轮到他填取款单时,他边看她写字边称赞说:

"你的字写得真漂亮!现在像我们这样的年轻人,能写这么一手好字的人，确实不多了。"

女职员吃惊地抬起头，听到顾客的称赞，她心情好了点，但又不好意思地说：

"哪里哪里，还差得远呢！"

小蒙认真地说："真的很好，看上去你像练过书法，我说得对吗？"

"是的。"

"我的字写得一塌糊涂，能把你用过的字帖借给我练练字吗？"

女职员爽快地答应了，并约好了下午到办公室来取。一来二往，两人有了感情，并最终结成了良缘。

当然，在夸女孩子有能力的时候，必须是由衷的，有人在夸赞女孩子能力时往往表现出漫不经心："你的文章写得很好。""你的这件事办得不错。""你唱的歌很好听。"……这种缺乏热诚的空洞的称赞并不一定能使女孩子感到高兴，有时甚至会由于你的敷衍而引起对方的反感和不满。

真正聪明的人在称赞女孩子能力时，则尽可能热情些、具体些。比如，上述三种情形，他会分别说"这篇文章写得很好，特别是后面的这一问题有新意""这件事情办得不错，让我们学了一招""你的歌唱得不错，不熟悉的人没准还以为你是专业歌手呢"。这种充满了真诚、自然的赞美，无疑会使女孩子愉快的接受。

聪明人也会用赞美来鼓励，以保护女孩子的自尊心不受伤害。有的女孩子因第一次干某种事情，所以干得不好，不管她有多大的毛病，都应该说："第一次有这样的成绩就不错了。"对第一次登台、第一次比赛、第一次写文章、第一次……的人，这种赞扬会让女孩子深刻地记一辈子。因此，在适当的场合下，千万不要吝啬你的赞美。

明贬暗褒，逆耳夸人

某一期《天天向上》的节目里，邀请到的嘉宾按照要求分成两队做辩论，主题是：老公长得帅好不好。

经过数个回合，反方一帅气十足的男嘉宾慷慨激昂地讲了一堆有关老公长得帅不好的理由，只听一旁的主持人汪涵手持话筒弱弱吐槽道："那你去毁容撒！"

台上台下一阵欢腾加掌声，被吐槽的男嘉宾被憋得无话可说但心底也在偷笑不已。

说要人去毁容可不是什么好话，但汪涵偏偏就借着这句话讨了个乖，将嘉宾不动声色地恭维了一番。

俗话说忠言逆耳，不好听的话未必就不是好意。正是出于这种考虑，有的时候故意说一些不好听的话，反而能间接表达出一些正面的意思。对于夸奖别人这件事来讲，道理也是一样。要夸人，可以直截了当地夸赞，可以借助第三者的口转达你对他的赞扬，也可以采用明贬暗褒的方式。所谓明贬暗褒，顾名思义就是明着说一些不太中听的话，但延展开来却又包含赞美的意思。这种夸人的说话方式，其实和明褒暗贬所起的作用恰恰相反，但直指人心的功效却又有一些雷同，即一语就能说到对方的心坎里。明褒暗贬能让人心中得暗箭，而明贬暗褒则能将夸赞直接传递到对方心里，令人内心受用不已。

不过，在动用这一说话方式时，要根据你与对方的关系亲密程度以及对方的身份地位酌情选用措辞。一般说来，这种办法多见于私交甚好的知己哥们，互相调侃揶揄时也捎带着夸他几句，例如你可以说你的好哥们

"太傻了""缺心眼儿"来赞扬他的淳朴厚道。但对于一般不太相熟的人，在运用这一说话方式之前就先要动动脑子了，想想看你要说的话合不合适讲出来，以及你讲出来之后对方能不能立即听懂你话中的潜台词。试想，如果你对着一个心胸有些狭隘又与你关系并不是太亲密的人，说"你真是缺心眼儿"，本意是想说他太厚道被人欺负，但很有可能招来对方误会，从而引起他心中的不快。因此，在运用这种说话方式时，务必要想清楚这样说话是否合适。

再有要注意的就是，虽说这一说话的方式可能会令对方心领神会，更为受用，但措辞还是要讲究谨慎的。太伤对方自尊、讽刺味道太浓重的话尽量还是少说，否则可能会出现这样一种结局——纵然对方明知你本意是好的，是想要夸赞他，但碍于面子上下不来台，他还是会和你翻脸。特别是在人多的场合下，这种由于说话不太得体而招致不必要的麻烦的事情也不是什么鲜见之事。

如果你要讲话的对象是一个保守派或是一个头脑简单的榆木疙瘩的话，那么你最好还是有话直说，别和他绕弯子了。

第三章 吃亏，多是因为不懂拒绝

借用别人的意思说"不"

怕破坏关系，我们不好意思拒绝，所以只好自己默默忍受；怕伤和气，我们有求必应，是大家心目中的"老好人"；怕失去机会，我们习惯了服从……把他人的需求摆在第一位，无怨无悔地满足他们的要求，以至于经常耽误自己的事情、花掉不必要的钱和时间，想想这些年因为不懂拒绝，自己受了多少委屈，压抑了多少情感，吃了多少亏？

做人要学会拒绝，敢于说"不"，这样才不会让自己过于憋屈。当然，如果你觉得拒绝的话难以说出口，那么不妨委婉一点。

蔡康永说："其实，大家对于娱乐这两个字的精神理解是不一样的，我有几次来主持大陆的大电影的首映典礼的时候，我访问一些这个电影里主要的演员。他们大概是问一句，答一个字、答两个字的这种。举个例子，像王学圻老师或者是孙红雷老师这一类型的，严肃的、深沉的演员，他们并不会觉得自己是所谓娱乐圈的人，他们是演艺界的人没有错，可是他们可能追求的是像梅兰芳大师这一类的，他的表演到了一个层次就够了，可是他并没有要娱乐你。歌手那英或者王菲，也是一样，就是我的歌艺到了一个程度，娱乐不归我管，我歌唱好就好了。在台湾呢，说实话，就是我们这一批同年龄的或者更小的人，大家都觉得除了专业之外好玩很重要，在生活中也觉得娱乐别人很重要。我觉得两岸在娱乐精神上，本来就不太一样，那《康熙来了》这种节目呢，绝对不是只有两个主持人就能够成就的，它靠的是一整批的娱乐圈的人通通认为娱乐别人很重要。"

当记者问到为什么《康熙来了》不到大陆来办的时候，蔡康永并没有直接说"不可以"，而是找到了两岸对娱乐精神的理解不同这一点来说"不"，这个回答合情合理，听上去让人觉得很舒服，远非一个"不"字所能达到的境界。

有的时候，想拒绝别人某些问题或事情，并且这些问题本来也没有履行的义务，但是直接说"不"也有失妥当，在这里你要借用"别人的意思"，找个人替你说"不"。也就是说，你不妨借别人的口或别人的某种观点来表达自己的看法，把"不"字间接说出口，并且切断所有后路，让对方无法采取别的方式再对你进攻。

那么在什么情境下，适合我们上面提到的方法呢？答案是：有些问题自己直接说不效果可能适得其反的情况下，同时又无间接拒绝的理由可借时，就可以以一个与问题不直接相关的人的名义来说不。如果我们向对方说的"不"是关于一些敏感问题方面的，说这个"不"又难以启齿时，可以说："我的朋友说……""我的同事说……""大家都认为……"其实，这些所谓的"朋友""同事""大家"可以是根本就不存在的人。这种说不的方式，在很大程度上能减轻人们的心理障碍，而使问题得以顺畅地表达出来。

此外，找到替我们说不的人，需要一些智慧，这些人最好是比较权威的人。

生活中有些人和事，只有比较权威的口中的"不"才能镇得住。以自己的名义向他提出"不"，没准碰一鼻子灰，这时最好借权威人士的口来说，效果会比较好。

比如，出于工作需要，你要去跟进某一位领导的工作进度。而他正好

是一个欺软怕硬、专看上级脸色行事的人。你不妨这样说："王局长让我来问问，你们处的工作报告写好了没有？"这样一来，迫使他不得不以认真的态度来回答问题，而你自己又不会被他压住了气势，因为你的身份已经转换为"传话者"而非"办事者"，纵使他心里不情愿，鉴于领导的压力，也不敢怎么样。

对那些工作比较繁忙的对象或对某些问题有解决能力却故意藏而不露的人，说"不"时可以借用含义比较广泛而又模糊的"大家"的口来问，如"大家都想……您能不能给我们说一下""大家让我来问问……"

一般人都会认为"大家"提的问题是重要的问题，尤其是对于矛盾比较大的问题，如果解决得好，则既可以使事情顺利地开展，同时还能在公众心目中树立良好的个人形象。所以，借用"大家"的口说"不"，往往会使对方对问题予以重视。

当然这一招也不能乱用，而且最好是用来拒绝陌生人或者不是很熟悉的人，比如某个推销员或者刚认识的一个还不清楚底细的朋友。如果是很熟悉的朋友你也借别人的嘴巴来拒绝，让朋友知道了，会觉得你不够真诚，从而对你的形象大打折扣。另外，如果对方对你的底细都很了解，这不但会让人感觉你不真诚，还有可能影响彼此间的感情。

所以利用别人的意思来拒绝也要注意使用方式。最好对方不认识你说的这个人，你借用的这个人跟你的关系又很密切，这样才能把拒绝做好。

绕个圈子，达到拒绝的目的

关于张柏芝与谢霆锋婚变的传闻甚嚣尘上，而张柏芝在2011年生日当天，撇下谢霆锋奔赴台湾，与一帮姐妹淘度过结婚五年来最冷清的一个生日。洞悉内情的小S面对各大媒体的争相采访，不愿意透露关于张柏芝与谢霆锋的婚变内情，一次次地拒绝回答这个问题。我们来看看她是怎么巧妙地拒绝媒体的追问的。

小S："关于她的事情我只能讲，我们是在一起过生日没错，讲真的啊，那因为友谊对我来说，比上报纸跟上新闻要重要很多。所以，我身为她的好朋友，我不可能是以她的新闻来多说什么，为了是要上媒体或是什么。"

记者："谢霆锋和张柏芝的事情有没有让你感觉到这是爱情的末日？"

小S："这没办法说啊，真的，这没办法说啊，这个真的没办法说，别为难我了吧，友谊是最重要的。"

媒体一片问声，对小S仍然不依不饶、穷追猛问。

面对媒体，始终保持微笑的小S接着说道："我现在真的不敢说别人坏话，因为又怕被告。"

同样是针对这件事，在另一个活动上，她又被提问。

小S："不可能有身为一个好朋友的朋友，在这个时候，拿别人的人生出来当一个话题，在这边大讲特讲，这完全不是我的作风，所以要先跟大家说抱歉，可能没法从我口中获得什么，他们都是好人，我祝他们幸福。"

每个人都会有自己内心不想被触碰的一个地方，每个人也都有自己不想说出口的事情，当他们被问到这些方面的问题时，就只有拒绝了，然而，拒绝不一定非要表明自己的意思，许多时候，绕个圈子来拒绝，是更聪明的选择。只要合理地从自己的思维中引出一个合乎逻辑的保护圈，巧踢"回旋球"，就会让对方无法打进你的保护圈内部。

小S没有直接拒绝回答记者的问题，而是说，她很珍惜与张柏芝的友谊，所以，不会利用张柏芝的新闻来增加自己的出镜率，她又回答说张柏芝夫妻都是好人并祝福他们。一个是友谊的保护圈，一个是好人的保护圈，两个圈子一绕，记者想再问什么都难。这就是很聪明的绕圈子的拒绝回答方式。

有一大部分人会产生这样的想法，难道我们在现实生活中非要绕着圈子拒绝别人不可吗？我们在拒绝他人时都要采用这些委婉的方法吗？当然不是。

对于某些情况，直接说"不"的效果更好，特别是对于那些违法乱纪的事情，应持坚决的态度来拒绝。对于那些可能引起误解的事情，也应该明确自己的态度，否则会"当断不断，反受其乱"。

但是，在一般的拒绝中，我们应该语气委婉，避免直接强硬的回绝，最好还能面带微笑，这样既达到自己拒绝他人的目的，又消除由于拒绝给对方带来的不快。

在拒绝别人的时候也要顾及对方的尊严。也只有这样，才能赢得别人的尊重。人们的自尊心理得到满足，便会产生一种成功的情绪体验，表现出欢愉乐观和兴奋激动的心情，进而"投桃报李"，对满足自己自尊欲望的人产生好感和亲近力，并采取积极的合作态度，交际随之向成功的方向发展。反之，当人们不受尊重、强硬地被拒绝后，便会产生失落感、不满和愤怒情绪，进而出现对抗姿态，使交际陷入危机。

所以，通常情况下，若拒绝别人，聪明的选择是，要绕个圈子，这种做法既保护了自己的利益不受损害，又给别人面子、保住了提问人的尊严，使他们有个台阶下，也为以后双方的继续交往减少了尴尬，将不利因素降低到最小。

顾及对方的尊严

拒绝别人，技巧很重要，但态度更重要。每个人都有自尊心，我们在拒绝别人时要有同理心，要懂得顾及对方的尊严。人一旦投入社交，无论他的地位、职务多高，成就多大，都会关心外界对他的评价。由于外界评价的性质、强度和方式不同，人们会相应做出不同反应，并对交际过程及其结果产生积极或消极的影响。通常的规律是：尊之则悦，不尊则哀。也就是说，当得到肯定的评价时，人们的自尊心理得到满足，便会产生一种成功的情绪体验，采取积极的合作态度，交际随之向成功的方向发展。反之，则会使交际向着坏的方向发展。

顾及对方的尊严是拒绝别人时必不可少的注意事项，有这样一个例子：

某校在评定职称时，由于高级职称的名额有限，一位年龄较大的教师未能评上。他听说了这一消息后就向一位负责职称评定的副校长打听情况。副校长考虑到工作迟早要做，便和这位老教师促膝交谈：

校长："哟，老×，什么风把你给吹来了？"

老师："校长，我想知道这次评'高讲'我有希望吗？"

校长："老×，先喝杯茶，抽支烟。我们慢慢聊，最近身体怎么样？"

老师："身体还说得过去。"

校长："老教师可是我们学校的宝贵财富，年轻教师还要靠你们帮带呢！"

老师：作为一名老教师，我会尽力的。可这次评定职称，你看我能否……"

会表达你就赢了

校长："不管这次评上评不上，我们都要依靠像你这样的老教师。你经验丰富，教学也比较得法，学生反映也挺好。我想，对于一名教师来说，这一点，比什么都重要，你说呢？"

老师："是啊！"

校长："这次评职称是第一次进行，历史遗留的问题较多，可僧多粥少，有些教师这次暂时还很难如愿，要等到下一次。这只是个时间问题。相信大家一定能够谅解。但不管怎样，我们会尊重并公正地评价每一位教师，尤其是你们这些辛辛苦苦工作几十年的老教师。"

老教师在告辞时，心里感觉热乎乎的，他知道自己这次评上"高讲"的希望不大，但因为自身得到了别人的尊重，成绩受到了别人的肯定，所以能接受那样的结果。用他对校长的话讲："只要能得到一个公正的评价，即使评不上，我也不会有情绪的，请放心。"

这位校长可谓是顾及别人尊严的典范，如果开始他就给这位老教师泼一桶冷水，那么后果就不堪设想了。

在社交场合上，无论是举止，还是言语，都应尊重他人。即使在拒绝别人的时候，也要顾及对方的尊严。因为尊严是一个人活着的脸面，如果失去了尊严，就如同当着众人面被扇了耳光一样，会让人记恨在心。相反，如果你说话时非常注意他人的脸面，把拒绝的原因往自己身上揽，顾全了别人的尊严，那么别人即使知道你是在拒绝他，心里也会喜欢你。只有这样，才能赢得别人的尊重。

把好听的话说在前头

对于他人的话，人们总是会表现出情感反应。如果先说让人高兴的话，即使马上接着说些使人生气的话，对方也能以欣然的表情继续听。利用这种方法，可以拒绝不受喜欢的对象。

有一个乐师，被熟人邀请到某夜总会乐队工作。乐师嫌薪水低，打算立即拒绝。但想起以往受过对方照顾，不便断然拒绝，他心生一计，先说些笑话，然后一本正经地说："如果能使夜总会生意兴隆，即使奉献生命，在下也在所不辞。"

此时夜总会老板自然还是一副笑脸，乐师抓住机会立刻板起面孔说："你觉得什么地方好笑？我知道你笑我。你看扁我，不尊重我，这次协议不用再提，再见！"

这样，乐师假装生气，转身便走。老板却不知该如何待他，虽生悔意，但为时已晚。

因此，面对不喜欢的对象，要出其不意地敲他一下，以便拒绝对方。若缺乏机会，不妨参照上例，制造机会，先使对方兴高采烈，然后趁对方缺乏心理准备，脸上仍有笑意，找到借口及时退出，达到拒绝的目的。

拒绝对方的提议时，说些好听的话也需要看场合和时机。如果对方和你关系不错，提出的要求也不是非常苛刻，你试图拒绝时就可以讲好听的话。但是如果对方是不法之徒，又提出一些违背原则的要求，如果你再去讲软话，他就会觉得你害怕他，即使你要表示拒绝，他也不会给你机会了。

**会表达
你就赢了**

日本成功学大师多湖辉说的这个故事发生在20世纪60年代末的学生运动期间。

某大学的教室里正在上课,一群学生运动积极分子闯了进来,使上课的教授手足无措。当着班上学生的面,教授想显示一点宽容和善解人意的风度,就决定先听一下学生讲些什么之后再去说服他们。

结果与他的善良想法完全相反,学生们乘势向他提出许许多多的问题,把课堂搅得一团糟,再也上不成课了。并且这之后只要他上课就有激进派的学生出现在课堂上,就这样毫无宁日地持续了一年。

从这一教训中,教授悟到一条法则,即若无意接受对方,最好别想去说服他,对方一开口就应该阻止他:"你们这是妨碍教学,赶快从教室里出去,与课堂无关的事,让我们课后再说!"

假如再发生一次同样的事,教授能否应付?就算他显示出了拒绝的态度,学生也会毫不理会地攻击他。如果一点也不去听学生的质问,一开始就踩住话头,至少不会给对方以可乘之机,也不致弄得一年时间都上不好课!

不过现在社会,属于原则性错误的要求已经越来越少,更多的还是朋友间的帮忙或者亲戚的帮忙。这样的拒绝就别忘记说些好听的话。

让谈话的场景愉悦起来

有一位"妻管严",被老婆命令周末大扫除。正好几个同事约他去钓鱼,他只好回答:"其实我是个钓鱼迷,很想去的。可成家以后,周末就经常被没收啊!"同事们哈哈大笑,也就不再勉强他了。

上　篇　高情商的人不会输在言语表达上

用幽默的方式拒绝别人，有时可以故作神秘、深沉，然后突然点破，让对方在毫无准备的大笑中接受拒绝。

有时候拒绝的话像是胡搅蛮缠，但因为它用幽默的方式表达出来，也就在起到拒绝目的同时，让别人很愉快地接受了。

意大利音乐家罗西尼生于1792年2月29日，因为每4年才有一个闰年，所以等他过第18个生日时，他已72岁。他说这样可以省去许多麻烦。在过生日的前一天，一些朋友来告诉他，他们集了两万法郎，要为他立一座纪念碑。他听了以后说："浪费钱财！给我这笔钱，我自己站在那里好了！"

罗西尼本不同意朋友们的做法，但他没有正面回绝，而是提出一个不切实际的想法："给我这笔钱，我自己站在那里好了！"含蓄地指出朋友的做法太奢侈，点明其不合理性。

此外，还可以用假设的方法，虚拟出一个可能的结果，从而产生一个幽默的后果，而这个后果正好是你拒绝的理由。这样，不仅不至于引起不快，还可能给对方以一定启发。

一位演技很好、姿色出众但学历不高的女演员，对萧伯纳的才华早就敬而仰之。她平时生活在众星拱月的环境中，多少有一些高傲神气，总以为自己应该嫁给天下最优秀的男人。某次宴会中，她和萧伯纳相遇了，她自信十足，以最迷人的音调向肖翁说："如果以我的美貌，加上你的天才，生下一个孩子，一定是人类中最最优秀的了！"

萧伯纳立刻微微一笑，不疾不徐地回答："对极了。但是如果这孩子

长成了我的貌和你的才,那将是怎样呢?"这位美女演员愣了一下,终于明白了萧伯纳的拒绝之意。她失望地离开了,但一点也不恨萧伯纳,反而成了他更忠实的好朋友。

不管对中国人还是外国人来说,拒绝别人的话总是不好说出口的,但有时又不得不说出口。这时不妨用幽默的方式说出拒绝的话,把对方遭到拒绝时的不愉快感降到最小。

小王毕业后分到一个小地方打杂,开始时很失意,整天和一帮哥们儿喝酒、打牌。后来逐渐醒悟过来,开始报名参加等级考试。有一天晚上,他正在埋头苦读,突然一个电话打过来叫他去某哥们儿家集合,一问才知道他们"三缺一"。小王不好意思讲大道理来拒绝他们的要求,也不想再像以前没日没夜地玩,便回答说:"哎呀,哥们儿,我的酸手艺你们还不清楚啊,你们诚心让我进贡啊,我这个月都要弹尽粮绝了,这样吧,一个小时,就打一个小时,你们答应我就去,不答应就算了。"一阵哄笑过后,对方也不好食言。

无论一个人的职业是什么,正当的幽默,必能帮助他应付世人。幽默的性格易于传染,快活有趣的人不必开玩笑也能提高大家的情绪。幽默使人发笑,博得他人的好感,缓和紧张的局面,用幽默的话来拒绝别人,别人也会平和地接受。

"恕我能力有限"的拒绝术

用自我贬低的方法或者在玩笑的氛围中拒绝他人,不仅维护了别人的面子，也使自己全身而退。

比如朋友想邀你一起去玩电游，你就可以说："我们都是好朋友了，说出来不怕你们笑话，我学了几年一直玩得不像样，你们看了都会觉得扫兴，为了不影响你们的兴致，我还是不去为好。"又比如说，在同学聚会的时候，你确实不会喝酒，你就可以说："我是爸妈的乖儿子，在家里面又没有什么地位，要是喝了酒，那回去后肯定会被我爸揍死的，甚至还会被我妈骂死，你们就饶了我吧。"同时，你还可以说一些其他的事例进行说明，或者找一些比较好的借口来增强这种自我贬低的效果。

"装疯卖傻法"是一种特殊形式，是"表示自己无能为力，不愿做不想做的事"。也就是说："我办不到！所以不想做！"

根据心理学的调查发现，人们的确有在日常生活中故意装傻的现象。例如在上班族中，有20%的人曾对上司装过傻，而14%的人对同事装过傻。虽然它跟"楚楚可怜法"一样，会导致评价降低，但令人惊讶的是，仍有一成以上的人是在自己有意识的情况下用了这个办法。

上班族会用到"装疯卖傻法"的场合有以下三种：

第一，不愿做不想做的事。例如像是打杂般的工作、很花时间的工作，或单调的工作等。还有像公司运动会之类，公司内部活动的筹办委员也是其中之一。像这种情形便有不少人会用"我不会呀"或"我对这方面不擅长"等理由，来把不想做的事巧妙地推掉。

第二，拒绝他人的请求。当别人找上你，希望你能帮他的忙时，你很难直接说"不"。因此便以"我很想帮你，可是我自己也没有那个能力"的态度来婉转拒绝。拒绝别人这种事，很难直接以"我不愿意"这种态度来拒绝，而且还可能会让对方怀恨在心。因此，若是用能力，也就是自己无法控制的原因来拒绝（想帮你，可是帮不了）的话，拒绝起来便容易多了。

第三，想降低自己的期望值。一个人若能得到他人的高度期待，固然值得高兴，但压力也会随之而来。因为万一失败，受到高度期待的人，所带给其他人的冲击性会更大。

因此，借由表现出自己的无能，来降低期望值，万一将来失败，自己的评价也不会下降得太多；相反，如果成功，反而会得到预期之外的肯定。

"装疯卖傻法"有以下两种实行技巧。

1. 表明自己无能为力

就像前面所说，这招便是表明"我没有能力做那件事，因此我不愿意做"的一种方法。根据工作的内容，"无能"的内容也有所不同。例如：

（别人要求你处理电脑文书资料时）

"电脑我用不好，光一页我就要打一个小时，而且说不定还会把重要的资料弄不见！"

（别人要求你做账簿时）

"我最怕计算了，看到数字我就头痛！"用于与自己平日业务无关的业务上。

不过，所表明的"无能"的理由很明显不具有真实性，就行不通了。例如刚才电脑处理的例子，如果是在电脑公司，说这种话谁信？后面那个例子，如果发生在银行，也绝对会显得很突兀。平常愈少接触到的工作，说这种话时，所获得的可信度也就愈大。所以要说"我没做过""我做得不好"这些话的时候，这些话一定要具有可信度才行。

2. 将矛头指向他人

这招是接着"表示无能"的用法之后，以"我办不到，你去拜托某某比较好"的说法，来将矛头指向他人的做法。搬出一位在这方面能力比自

己强的人，然后要对方去拜托他就行了，但这种方法只有在大家都知道那个人的确比较胜任时才能用。

这个办法有一个问题就是，可能会招致那个被你"转嫁"的人怨恨。想拜托人的人一定会说："是某某说请你帮忙比较好！"对方也就会知道是你干的"好事"。这么一来，那个人心里一定会想："可恶的家伙，竟然把讨厌的事推给我！"

尤其当需要帮忙的工作内容，是人人都不想做的事情的时候，这种惹来怨恨的可能性就愈高。所以，最好在多数人都知道"某某事情是某某最擅长的"这样的场合才用此招。

踢个"回旋球"

拒绝不一定非要表明自己的意思，许多时候，利用对方的话来拒绝他，是更聪明的选择。只要合理地从对方的话语里引出一个合乎逻辑的相同问题，巧踢"回旋球"，让对方"哑巴吃黄连——有苦说不出"。

小李从旅游局的一个朋友那里借了一架照相机，他一边走一边摆弄着，这时刚好小赵迎面走来了。他知道小赵有个毛病：见了熟人有好玩的东西，非得借去玩几天不可。这次看见了他手中的照相机又非借不可了。尽管小李百般说明情况，小赵依然不肯放过。小李灵机一动，故作姿态地说："好吧，我可以借给你，不过我要你不要借给别人，你做得到吗？"小赵一听，正合自己的意思。他连忙说："当然，当然。我一定能做到。""绝不失信。"小李还追加一句说，"绝不失信，失信还能叫做人？"小李斩钉截铁地说："我也不能失信，因为我也答应过别人，这个照相机绝不外借。"听到这，小赵目瞪口呆，这件事也只有这样算了。

有一大部分人会产生这样的想法，难道我们在现实生活中都非要拒绝别人不可吗？我们在拒绝他人时都要采用这些委婉的方法吗？其实这个问题问得恰到好处。

在现实生活中，关于拒绝他人，我们还要注意以下问题：

第一，在日常生活中，我们就应该真诚地对待朋友和同学，积极地帮助他们。每个人都应该明白一个简单的道理"平时帮人，拒人才不难"，这种方法主要应用于那些的确违背我们意愿的事情。

第二，如果是由于自己能力或客观原因，我们应该坦诚相对，说明自己的实际情况，同时，要积极地帮对方想办法。

第三，对于某些情况，直接说"不"的效果更好，特别是对于那些违法乱纪的事情，应持坚决的态度来拒绝。对于那些可能引起误解的事情，也应该明确自己的态度，否则会"当断不断，反受其乱"。此外，由于拒绝不明可能会影响对方，也影响事情的发展方向时，也应该直截了当地拒绝它。

第四，即使我们掌握了一些比较好的方法，在一般情况下，我们在拒绝别人时，也应该语气委婉，最好还能面带微笑，这样既能达到自己拒绝他人的目的，又能消除由于拒绝给对方带来的不快。

第四章　把批评表达得顺耳一点儿

先赞再批的表达让人心生安慰

台湾女主持人侯佩岑是一个懂得语言表达技巧的人，在 2009 年的某期《娱乐·亚洲》里，她的采访嘉宾是王力宏。当时，王力宏刚刚出演了李安执导的电影《色戒》。

节目中，王力宏谈到自己在 2000 年时曾参加过《卧虎藏龙》的试镜，他说，自己很希望能在里面出演一个角色，哪怕是个路人甲都可以，但是，李安导演并没有选中他，言谈中仍带有些遗憾，他说当时他试的就是张震当年扮演的那个角色。

这时候，侯佩岑说道："这两个角色天壤之别，因为张震当年那个角色太狂，就是，整个一个很狂，就是一个野人，你就是一个文绉绉的大学生，你要知道自己的方向在哪里啊！"

王力宏哈哈地笑起来，点头表示认同她的话，说道："我不知道啊，当时，我不知道是什么角色。"显然，力宏很认同侯佩岑的观点。

侯佩岑："哦，那时候，《卧虎藏龙》你不知道。所以后来，第二次试镜，第二次找你再试一次，你应该整个就非常有信心了吧。"

侯佩岑的意思是王力宏可能真的并不适合当年张震饰演的那个角色，但是，她选择了先夸奖王力宏适合扮演年轻朝气、积极向上的大学生，这

会表达
你就赢了

是对他外在形象和内在气质的双重赞美，然后，侯佩岑再说出他应该知道自己的方向。试想，如果这段话没有前面的赞美与夸奖，而直接就提出王力宏应该知道自己的方向在哪里这种话，是不是命令的色彩就稍显浓郁了呢？而且这样说的话，也有显摆自己的嫌疑，好像别人都不如自己似的。同时，王力宏接受起来也不会这么容易。

有很多时候，你对家人、对朋友，总觉得有些话不得不说，可是说了，反会伤害感情，把事情给弄糟。

但是，为什么良药就非要苦得让人难以下咽呢？忠言为什么就一定要让人听了难受呢？医药科学发展至今，许多"良药"或包糖衣，或经蜜炙，早已不苦口。语言科学发展至今，讲究批评的方式方法与语言艺术，也可做到"忠言不逆耳"，老少皆喜欢听。那就是，在批评之前先夸奖，让对方更容易听进去。

一种苦味的药丸，外面裹着糖衣，使人感到甜味，容易一口吞下肚子里去。于是，药物进入胃肠，药性发生了效用，疾病就治好了。我们要对人说批评的话时，先将人家赞誉一番，使人先尝一点甜头，然后你再说批评的话，人家也就容易接受了。

某领导发现秘书写的总结有不妥之处。他是这样批评秘书的："小张，这份总结总的来说写得不错，思路清楚，重点突出，有几处写得很有见地，看来你下了功夫。只是有几个地方提法不妥，有些言过其实，有的地方尚缺定量分析，麻烦你再修改一下。你的文笔不错，过去几次写总结也是越修改越好，相信你这次也一定能改出一个好总结来。"

这样说，秘书会感到领导对自己很公正、很器重，充满期望和信任，因而就会很卖力地把总结改好了。

很多时候，当人听到别人对他的某些长处表示赞赏之后，再听到对他的批评，心里往往会好受得多。就好像你刚在某人左脸上亲吻了一下，当他还在回味那甜蜜的感觉时,你再在他右脸上给一巴掌,这时他疼痛的感觉肯定没有只打不亲时强烈。

在批评别人时,先找出对方的长处称赞一番,然后再提出批评,最后再使用一些鼓励性的词语。这种方法使人认为你的批评是公正客观的,自己既有过失,也有成绩。这样就减少了因批评所带来的抵触情绪,能收到良好的批评效果。

拿自己垫底

有个叫约瑟芬的食品店店员,在一次运货时因马虎而使食品店损失了两箱果酱。为此,领导对他进行了如下一番批评:"约瑟芬,你犯了个错。但上帝知道,我犯的许多错误比你还糟。你不可能天生就万事精通,那只有在实际的经验中才能获得。而且,你在这方面比我强多了,我还曾做出那么多愚蠢的事,所以,我不愿批评任何人,但你难道不认为,如果你换一种做法的话,事情会更好一点吗?"约瑟芬愉快地接受了领导的批评,从此做事认真多了。

在批评他人之前先谈一谈自己从前做过的类似错事,一方面可以为对方提供活生生的例证,让他从这一例证中认识到犯错的严重后果;另一方面也可以带给对方一定程度的认同感,拉近彼此的心理距离,营造出心胸开阔、坦诚相见的良好批评氛围,从而使对方更容易接受。

在电视节目《超级访问》中,主持人李静采访了已经离开央视的著名主持人倪萍。

李静:"那你有什么特别致命的缺点吗?在生活中。"

倪萍:"太多了。你比如说,就是很早,1991年我就学会了开车,因为急性子,好,第一站就上首都机场,这一路连门子带后备箱,全部撞下来。而且当时我,就是在我们台停车的时候,那时候我们司机班就在正面那个楼上嘛,从窗户一看说,快,倪萍停车了,下去瞬间,就我准备练倒车那空,车没了,大广场,别人都开走了。"

李静:"我们节目前段来了个倪萍的好朋友赵忠祥老师,他车技怎么样啊?"

倪萍:"赵老师车技比我好多了,他真的直接上马路牙子。赵老师一天都没耽误,学车四十五天下来之后,赵老师第一次带着我,从电视台到梅地亚。你想想,多近啊,一开始真的就上马路牙子。行了,我下去,你说要真是我让赵老师撞伤了,你说我怎么让他赔偿,我又这么贪财,不赔我就亏了,让他赔他绝不可能给我钱,我们这官司就打到底了,因为一个贪财一个抠门,你想,加一块儿了。"

倪萍:"最近赵老师助手发信息给小倩,说要请我们吃饭,我真的以为赵老师疯了,我跟赵老师工作真的二十多年,我是赵老师真正意义上的朋友,他真的没请过我一次或者半次,或者请个麦当劳也行,没有过,不可能。"

倪萍的这种调侃,让大家在欢笑中也体会到一丝丝真诚的批评。她先说自己的车技有多差,接着就说赵忠祥的车技,她能在说赵老师之前先拿自己开涮,用自我贬低的方法或者在玩笑的氛围中批评他人,不仅维护了别人的面子,也使自己全身而退。

在什么情况下,批评别人之前,要拿自己开涮呢?比如朋友想邀你一起去玩电游,他们玩得并不怎么好,可是你又不好意思直接说他们玩得不好,这时,你就可以说:"我们都是好朋友了,说出来不怕你们笑话,我学了几年一直玩得不像样，你们看了都会觉得扫兴，为了不影响你们的兴致，我还是不去为好。要不，咱们都别去了吧，其实，你们玩得也比我好得有限啊，哈哈。"同时，你还可以说一些其他的事例进行说明，或者找一些比较好的借口来增强这种自我贬低的效果。

如何实施"拿自己开涮，批评他人前先批评自己"呢？

首先，先将自己说的"一塌糊涂"，借此表现出自己的无能，来降低他人对自己的期望值，使得他人对自己的预先评价在遇到现实时也不会下降得太多。表明自己无能为力，就像前面例子所说，倪萍举了一个很长的例子说明自己的车技差，这招便是表明"我没有能力做那件事"的一种方法。

不过，所表明的"无能"的理由明显不具真实性，那就行不通了。例如倪萍例举的生活中的例子，一听就是真实发生的，一个是到首都机场的例子，一个是在单位停车的例子，都是来源于生活的实例。而如果随意乱编例子、胡乱批评自己、拿自己开涮，则会显得很突兀并且缺乏真诚。自我开涮时持着一颗真诚之心，这样，之后再说其他人，才会更加有说服力和真实性，而且被批评者心里也会舒服些，甚至会觉得这批评很可爱，最重要的是，这种方式的批评也不会造成双方关系的恶化。

其次，将矛头指向他人。这招是接着"表示无能"的用法之后，以"我不行，你也不怎么样"的这种劲头儿来继续，来将矛头指向他人，开始你对他的批评。

因为我们已经先将自己置于一个很低的位置，拿自己开涮，拿自己垫底，所以此时再批评别人，别人也比较好下台，对我们的批评就不会那么生气了，就算他想出言"报复打击"，也没有关系，反正你已经先自我批评了。所以，如果真的想恰当地批评他人又不让对方生气的话，不妨试试这个方法。

把批评暗示在谈话中

在日常生活中，常常会用到批评这种手段，但有些人批评起人来简直让人无地自容，下不了台阶。其实，这种批评方式不但无法达到让他人改正错误的目的，而且有碍于人际关系，严重时甚至会毁掉一个人。既然如此，为何还要使用这种"残酷"的手段呢？

在生活和工作中，不可能没有批评，但要学会巧妙地批评，让他人既意识到自己的错误，又理解你善意批评的意图，使他对你心存感激。批评最好的方式就是进行暗示，用意味深长的口吻说出来。下面故事里的班主任就是一个批评高手。

有一次，几个属鼠的男同学在期中考试中考了满分，挺得意，有点飘飘然。他们的班主任发现了，就对他们说："怎么，得意了？你们知道得意味着什么吗？请注意今天下午的班会。"那几个男学生猜想：糟了！在下午的班会上，等待他们的准是狂风暴雨！可奇怪的是，在班会上，班主任的批评妙趣横生，他说："树林子要是大了，就什么鸟儿都有，自然，天下大了，就什么老鼠都有。我就听说过这么一个故事：有只小老鼠外出旅游，恰好两个孩子在下兽棋，小老鼠就悄悄地看。它发现了一个秘密，那就是，尽管兽棋中的老鼠可以被猫吃掉，被狼吃掉，被虎吃掉，却可以战胜大象。于是它立刻认定，自己才是真正的百兽之王。这么一想，小老鼠就得意起来了，从此瞧不起猫，看不起狗，甚至拿狼开心。有一天，它还大摇大摆地爬到老虎的背上，恰好老虎正在打瞌睡，懒得动，就抖了抖身子。小老鼠于是更加得意，还趁着天黑钻进了大象的鼻子。大象觉得鼻子痒痒，就打了个喷嚏，小老鼠立刻像炮弹似的飞了出去。就这么飞呀飞呀飞，好半天，才'扑通'一声掉在臭水坑里！好，现在就请大家注意一下，'臭'字的写法，怎么写的呢？'自''大'再加一点就是'臭'。有趣的是，今年正好是鼠年，咱们班有不少属鼠的同学，那么，这些'小老鼠'们会不会也掉到臭水坑里呢？我想不会，但必须有一个条件，那就是永不骄傲！"说到这儿，这位班主任还特意看了看那几个男同学，那几个男同学当然明白，老师的批评全包含在那个有趣的故事中了！他们很感激，很快改正了自己的缺点。

班主任的说话方式是值得推崇的，没有用急躁和严厉的口吻，也没有当着全班同学的面子点名批评。而是通过讲一个故事，把现实和故事结合起来，既让人明白又不伤及尊严，因此会得到同学的拥护。

有一次宴会上，一位肥胖出奇的夫人坐在身材瘦小的萧伯纳旁边，带着娇媚的笑容问大作家："亲爱的大作家，你知道防止肥胖有什么办法吗？"萧伯纳郑重地对她说："有一个办法我是知道的，但是我怎么想也无法把这个词翻译给你听，因为'干活'这个词对你来说是外国语呀！"

萧伯纳这种含蓄委婉、柔中带刚的暗示性批评，比直接对夫人说她太懒惰效果好得多。这样的批评不仅可以让对方有一个思考的余地，而且还不会伤害被批评者的自尊心，让被批评者自己去理解、接受。你顾及了他人的面子，他人心里就会有所感激，并把你当成和善的且值得交往的人。

批评最忌翻旧账

在对别人进行批评时，翻老账往往会触动别人最敏感的、最不愿意让他人触及的神经，从而使人产生极大的反感。

一名车间工人，因为工作失误，受到一个通报批评的处分。后来，他和一名同事吵了一架，于是车间主任找他谈话，对他进行批评，可只进行了几句，就谈崩了。下面是他们的对话：

车间主任："你对同事大打出手，可真够威风的啊。"

工人："我……"

车间主任（打断工人）："你怎么样？上次那个通报你忘了吧？我可是没忘啊……"

工人："那你就给我再来一个通报吧！一个我抱着，两个我背着！"

车间主任："你……"

批评最忌翻陈年老账，将对方过去的问题一股脑儿地抖出来以显示自己的理直气壮。殊不知，连珠炮式的指责只会扩大对方的对抗情绪，使所遇到的问题更难解决。

"并不是我喜欢揭人的疮疤，而是他的态度实在太恶劣，一点悔过的意思都没有。我这才忍不住翻起旧账来的。"车间主任事后为自己辩解说。

批评应针对当前发生的问题，帮助下属提高认识，将错误改正。翻老账会使下属产生逆反心理，直觉告诉他领导一直在作收集他全部缺点的工作，这一次是在和他算总账，因而会产生对立情绪，不会作出任何配合的。

驾驶员因违反交通规则而受罚时，有的会乖乖顺从，有的却想尽办法推脱。为什么会产生这种差别？这当然和警察对驾驶员的态度有密切关系。特别是当警察看到驾照违例记载栏时的反应，会直接影响警察的态度。

驾照中有违例记载的驾驶员，都不希望别人看到。而警察因为要执行勤务，有责任查看。但看过违例内容后，应避免再追问，只处理当天的案件即可，如果这样做，驾驶员大都会听从处理。如果警察表现出不屑的样子，并盘问不休，驾驶员自然会很反感。

批评人时必须认清这种心理：就算不得不提及以往的错误，也要有意避开，以便能制造容易接受批评的心理状况。

假如领导发现了连下属也没察觉的错误，除非过去犯错累累，不然应避免重提。再说，犯错的员工自己知错，而且也接受了处理，更不可翻旧账，这样做只会增加员工的反感，绝不可能收到批评的效果。

如果下属常犯同样的错误，最好仔细研究一下过去的批评或惩罚，看看下属反省到什么程度，又改进了多少。对下属的改进应给予肯定，且不要重复同样的批评。

不同的人用不同的批评方法

斥责别人时，必须要先看对方属于什么类型的人之后再下决定使用何种语言。个性较温和的人遭到大声怒吼时，只会一味地退缩和保护自己，无法专心听人说教。而个性刚烈的人，则往往会因对方的斥责而亢奋，无法忍气吞声，通常会采取强硬的反驳手段。

因此，斥责要谨慎又谨慎，先考虑对方是属于何种类型的人，然后再决定应该采取的方式。

1. 个性坦率直爽、性格开朗、心理承受能力强的人

这种人知错就改，喜欢直来直去，不喜欢拐弯抹角。对于这种下属，你明确地指出其缺点和错误之所在、性质和危害，他会容易接受。相反，过多地绕圈子，反而会使他纳闷，产生误解，甚至是反感，认为这是你不信任他的表现。

2. 头脑聪明、反应敏捷、接受能力强而自尊心也很强的人

对这种人可采用提醒、暗示、含蓄的语言，将错误和缺点稍稍点破，他们便会顺着上司的思路，找到正确的答案和改正错误的办法。

这种方式有两种表现：一种是面对下属本人，顾左右而言他。看似在讨论别人，其实是在说他本人。这种方法的关键是必须找到相似的事物或相似的人，否则相去甚远，难以奏效。另一种是面对众人，漫无所指，点出一些只有当事人才能心领神会的事情，给其以必要的心理压力。让他知道你是碍于情面，才没有揭发他。这时，他会在内心深处自我警醒、自我矫正。

3. 自尊心强、脸皮薄、爱面子的人

这种人应采用循序渐进式的批评，其特点是把要批评的问题分成若干层次、若干阶段来解决。通过逐步输出批评信息，有层次地进行批评，使犯错误的下属有一个心理缓冲的余地，有一个认识提高的过程，从而一步步地走向你所期待的正确方面。

大量事实证明，在你批评那些自尊心较强而又错误较多的下属时，采取循序渐进的方法，有利于取得批评的积极效果。相反，如果你一次性把下属众多的缺点一股脑儿地倾泻出来，容易伤害下属的自尊心，使其产生

逆反心理。

4. 性格内向、脾气暴躁、爱钻牛角尖或心情不愉快的人

对这种人最好用参照式批评比较合适。这种方式的特点是：在批评时，不直接涉及下属的要害问题，而是运用对比方式，通过建立参照物，来烘托出批评内容。

你可以通过列举和分析其他人的是非，来烘托出被批评者的错误；可以通过被批评者自身以往的经历，来烘托出他现在的错误；也可以通过列举和分析哪些是错误的，来烘托出被批评者为什么是错误的。

正话反说，促其反思

戴先生掌握卓越的技术，早已闻名金融界，以下是他任职总经理时发生的事：

有两位员工到酒馆喝酒，直到打烊时间还赖着不走，酒馆领导只得请警察来处理。结果双方发生冲突，其中一位柔道二段的员工，把警察打得头破血流。第二天，其他同事到警察局来看他们，看到他们两人很自责，后悔做事太冲动。同事向戴先生报告实情后，戴先生立刻开口说："原来我们公司也会出英雄，值得称赞！"

而那两位员工听到戴先生的话，更加自我反省，以后的工作态度也完全改变了。表面看来，这是十分荒谬的批评方法，但站在心理学的观点上，实在是十分巧妙。

任何人做事失败时，或多或少都会反省。这时领导如果没有加以批评，员工的工作士气不免会低落，也不会反省，心想："我在公司已经没

有前途了……"反抗心理会更明显。

再看看戴先生的员工，本以为会挨一顿臭骂，不料却获得意外的称许，而这称许仿佛一盏明灯，照亮了员工的心灵，让他们勉励自己不再犯错。

如此看来，能确实掌握对方的反省方向，才能加强对方的反省念头。某教练接受杂志采访时，发表了以下这番发人深省的谈话。他表示："每位选手都希望在球场上努力表现，而要求自己不失误。如果那位选手虽已尽力却仍犯错，然而他能自我反省，我就不会再施加压力，对他加以批评。"在这个时候采取一种正话反说的形式对他"赞扬"一番，可以缓和紧张气氛，促其反思。

秦朝有个很有名的幽默人物名叫优旃。有一次，秦始皇要大肆扩建御园，多养珍禽异兽，以供自己围猎享乐。这是一件劳民伤财的事，但大臣们谁也不敢冒死阻止秦始皇。这时优旃挺身而出，他对秦始皇说："好，这个主意很好，多养一些珍禽异兽，敌人就不敢来了，即使敌人从东方来了，下令麋鹿用角把他们顶回去就足够了。"秦始皇听了不禁破颜而笑，并破例收回了成命。

优旃利用"赞扬"达到了批评的目的，同时也保全了自身性命。表面上是赞同皇上的主意，言外之意则说如果长此以往，国力必将空虚，敌人就会趁机进攻。

反语是指所说的道理或所举的事例全是和真理明显相违背的。这种手法贵在故意传达明显的悖谬给对方，使对方在明显的悖谬中省悟到自己错了，因此而改变主意。

反语批评在特殊的场合或特殊的人物面前若运用得好，常常能收到意想不到的效果。这种手法无论对什么样性格的人都适用，就连残虐无比的秦始皇，也被优旃的反语批评说服了。

无独有偶，古代君王都好玩乐，而他们身边总是有一些懂得以"赞"促"改"的贤臣才子对其加以劝谏。

景公爱喝酒，连喝七天七夜不停止。

大臣弦章上谏说："君王已经连喝七天七夜了，请您以国事为重，赶快戒酒，否则就请先赐我死。"

晏子后来觐见齐景公，齐景公便向他诉苦说："弦章劝我戒酒，要不然就赐死他。我如果听他的话，以后恐怕就尝不到喝酒的乐趣了；不听的话，他又不想活了，这可怎么办才好？"

晏子听了便说："弦章遇到您这样宽厚的国君，真是幸运啊！如果遇到夏桀、殷纣王，不是早就没命了吗？"

于是齐景公果真戒酒了。

吃喝玩乐似乎是君王的天性，倘若直言劝谏，告诉他那是大错特错的，有多少的坏处，恐怕他很难听进去，反而会大发雷霆。把想要说的话调转180度，效果也会相应调整180度。

没有人希望自己在众人面前被批评，对于一些有自知之明的人来说，根本用不着太严厉的批评，采用这种正话反说的批评方式最好不过了。

私底下指出他人的缺点

每一个人都难免有缺点，并且可能在公众场合表现出来，破坏气氛。面对这种情况该怎么办呢？是当场指出别人的缺点，还是先忍下，等到

**会表达
你就赢了**

私底下再指出来？私底下指出应该是面对别人缺点采取行动的第一步。但有的人却常常要么容忍别人的缺点，要么就直接对外宣扬，让别人下不来台。这种做法是不可取的。

做人要拥有一颗宽容的心。"金无足赤，人无完人。"记得有位专家说过，不要苛求别人，宽容才会让你自己不断完美起来。在别人的某些缺点比较严重时，我们应该以私下谈心的方式委婉地指出来。疾风暴雨不如和风细雨，当场训斥不如私下谈心。只有我们拥有了一颗宽容的心，别人才能感受到我们的真诚，在我们指出他们缺点的时候才能心悦诚服地接受。

朋友之间，指出缺点总是要担负伤和气的风险的，但作为朋友，应该承担这种风险。风险有大有小，关键是用的方法适当与否。从小处说，就是在私底下指出别人的缺点。人都爱面子，指出他人的缺点时应该顾及对方的面子，说话尽可能婉转一些，尤其不要当众给朋友生硬"挑刺"。即使在私下场合指出缺点和错误，也应充分考虑让对方愉快接受的方式，最好先聊聊其他事情，以便在沟通感情、融洽气氛的基础上再婉转地指出问题。

指出缺点更多时候是发生在角色地位并不平等的人之间，比如上司对下属，老师对学生。地位高的人可以公开指出地位低的人的缺点吗？当然也不应该。上司和老师照样应该维护下属和学生的面子。

当员工违背明确的规章制度时，当然应当众指出其过错，在让他认识到缺点错误的同时，也可对其他人起到警示作用。假若员工在工作上出现小小的失误，而且不是有意的行为，可在私下为其指出来，或以含蓄、暗示的方式使其意识到自己的缺点。这样既能维护他的面子，又能达到帮他改正缺点的目的。

作为老师，对学生的缺点也要有一些"春秋笔法"。

刘老师班上有个女生很优秀，有一段时间，她看到别人比自己成绩好，心里就不平衡。刘老师就通过网上聊天工具和她聊天，引导她克服心理障碍。这个女生很感激，顺利地调整了自己的情绪。对其他有缺点的学生，刘老师也尽量采取类似方法。刘老师照顾学生们的面子，学生们也尽力改正自己的缺点。

有一次，刘老师经过教室，听到一位同学用粗话骂老师，他装着没听见，事后私下把那位同学请到办公室，告诉他老师已经听到他说的那句话了，之所以没有当着全班人来批评他，是为了尊重他。于是，该学生很诚恳地承认了自己的错误并向老师道歉，后来变得很有礼貌。

试想，如果刘老师当时走进教室狠批他一顿，不但自己下不了台，还有可能换来学生更难听的粗话。

一位教育专家这样评价刘老师：刘老师这样做是讲策略的，育人工程最艰辛，关键要用心！

人活一张脸，树活一张皮。一个人的自尊心是最宝贵也是最脆弱的。很多谈话高手在批评别人时，都会选择一种委婉的方式，而不是不看场合、直言直语、大批一通。因为这样会令对方难堪至极，不但达不到批评教育的目的，还会使对方心生芥蒂。聪明人总是在发现对方的不足时，想办法找个机会私底下向他透露，而且批评也是较为含蓄的，甚至他会将批评隐藏在玩笑中，这样就能让对方很容易地接受建议了。

第五章　倾听是世界上最美妙的语言

少说多听，做一个高雅的说话者

古希腊有一句民谚说："聪明的人，借助经验说话；而更聪明的人，根据经验不说话。"在人际交往中，尽可能少说而多听。在我们身边，经常会有这样的人，他们喜欢多说话，总是喜欢显示自己的博学。这样的人，总以为别人会很佩服他们，其实，只要稍微有点社会阅历的人，都会不以为然。更聪明的人，或者说智慧的人，往往会根据自己的经验，知道自己要是多说，必然会说得越多错得也就越多，所以不到需要时，总是少说或者不说。当然，到了说比不说更有效时，还是一定要说。

卡耐基曾被邀请去参加一个桥牌集会。卡耐基不玩桥牌，在场的一位金发女郎也不玩。她发现卡耐基以前曾是罗维尔·托马斯进入无线电业之前的经理，也发现他在准备生动的旅行演讲的时候，曾在欧洲各处转过。因此她说："啊，卡耐基先生，我请求你把所有你过去的那些美妙的地方，以及你所见过的那些美丽景色，全部告诉我。"

坐在沙发上，金发女郎说她和丈夫最近刚从非洲旅行回来。"非洲！"卡耐基惊叹："多么有意思！我一直想看看非洲，但除了有一次在阿尔及利亚待了24小时以外，我从没去过。告诉我，你是否去过那个狩猎王国？真的，我多羡慕你，请把非洲的情况告诉我。"

45分钟就这样过去了。这位女郎一次也没有问卡耐基到过什么地方，看到过什么。其实她并不想听卡耐基谈论他自己的旅行,她所要的只是一个感兴趣的听众,她滔滔不绝地告诉卡耐基她到过的地方。

这位女郎与众不同吗?不是,许多人都像她那样,都有一种倾诉以及渴望被聆听的欲望。简单地说,世界上任何人都喜欢有人听他说话,只有对于听他说话的人,他才会有反应。聆听也是尊重的一种最佳表示,表示我们看重他们。我们等于是在说:"你的想法、行为与信念对我都很重要。"

在谈到沟通的艺术时,卡耐基说:"最重要的是聆听,在你开口告诉别人你有多棒之前,你一定要先聆听。然后你才能开始认识别人,与别人交谈,千万别高人一等。多跟别人交谈,用心倾听,不要太快下决定。"

很奇妙的是,要想说服别人赞同你的想法,最好的办法是听听他的意见。美国前总统约翰逊的国务卿鲁斯克经过几十年与全世界最顽强的政治领袖谈判的经验,学会了"聆听,是以你的双耳去说服他人"。没错,要说服别人赞同你的想法,聆听确实是强而有力的工具。

拥有私人银行桑德斯·卡普公司的银行家汤姆·德斯说:"关键在于先了解对方,他的价值观以及他对投资的看法,再决定你是否能诚实地说出我们的投资方式是正确的并对其有利。"

桑德斯协助大企业进行天文数字般的巨额投资。他的首要能力是什么?正是聆听他人。他说:"一切都由聆听开始。他心里到底想怎么样?他为什么不答应?真正的理由到底是什么?"

"我与美国电讯公司(AT & T)已经维持了25年的关系,而且是很好的关系。我认为真正的聆听功不可没。"

他又说:"我可以提供印刷精美的小册子,也可以运用幻灯片,可是,

我仍然必须弄清楚什么才能真正吸引对方。他考虑什么？担心什么？他看事情的角度如何？"

要想成为积极有效的聆听者，首先必须体会聆听的重要性；其次，必须有聆听的意愿；最后，你必须经常练习这种全新的聆听能力。

反之，如果你要知道如何使别人躲开你，在背后取笑你，甚至轻视你，这里也有一个方法：决不要听人家讲上三句话，要不断地谈论你自己。如果你知道别人所说的是什么，不要等他说完。他不如你聪明，为什么要浪费你的时间倾听他的闲聊？随时插话，使他住口。

这种人自以为了不起，自以为很重要。只谈论自己的人，所想的也只有自己。哥伦比亚大学校长尼古拉斯·巴特斯博士说，"只想到自己的人是不可救药的无知者，他没有受过教育，不论他曾上过多好的学校。"

多听少说，善于倾听别人讲话是一种很高雅的素养。因为认真倾听别人的讲话，表现了对说话者的尊重，人们往往会把忠实的听众视作完全可以信赖的知己。所以，做一个注意听话的人。

别人说话的时候尽量不多嘴

当看到你的朋友和另外一个你不认识的人聊得起劲时，可能有加入进去的想法。因为你不知道他们的话题是什么，而你突然加入，会令他们觉得不自然，也许因此话题无法继续下去。

更糟的是，也许他们正在进行着一项重大的谈判，却由于你的加入使他们无法再集中思想而无意中失去了这笔交易；或许他们正在热烈讨论，苦苦思索解决一个难题，在这个关键时刻，也许由于你的插话，会导致对他们有利的解决办法告吹，到后来场面气氛就会转为尴尬而无法收拾。

此时，大家一定会觉得你没有礼貌，进而厌恶你，导致社交失败。假设一个人正讲得兴致勃勃时，你突然插嘴："喂，这是你在昨天看到的事吧？"说话的那个人因为你打断他说话，绝对不会对你有好感，很可能其他人也不会对你有好感。

然而生活中，有些人总是在别人谈着某件事的时候，在说到高兴处时，冷不防半路杀进来，让别人猝不及防，不得不偃旗息鼓。这种人不会预先告诉你，说他要插话了。他插话时有时会不管你说的是什么，而将话题转移到自己感兴趣的方面去，有时是把你的结论代为说出，以此得意洋洋地炫耀自己的口才。无论是哪种情况，都会让说话的人顿生厌恶之感，因为随便打断别人说话的人根本就不知道尊重别人。

有一个老板正与几个客户谈生意，谈得差不多的时候，老板的一位朋友来了。这位朋友插进来了，说："哇，我刚才在大街上看了一个大热闹……"接着就说开了。老板示意他不要说，而他却说得津津有味。客户见谈生意的话题被打乱，就对老板说："你先跟你的朋友谈吧，我们改天再来。"客户说完就走了。老板的这位朋友乱插话，搅了老板的一笔大生意，让老板很是恼火。

随便打断别人说话或中途插话，是有失礼貌的行为，但有些人却存在着这样的陋习，结果往往在不经意之间就破坏了自己的人际关系。要获得好人缘，要想让别人喜欢你，接纳你，就必须根除随便打断别人说话的陋习，在别人说话时千万不要插嘴，并做到：

（1）不要用不相关的话题打断别人说话；

（2）不要用无意义的评论打乱别人说话；

（3）不要抢着替别人说话；

（4）不要急于帮助别人讲完事情；

（5）不要为争论鸡毛蒜皮的事情而打断别人的话题。

你必须掌握的插话技巧

听别人说话时是不可以随便打断的，但是，也不可能一直听而不言，只有掌握了插话的技巧，我们才可以更好地与别人交流沟通。那么在倾听过程中如何插话，才有助于我们达到最佳的倾听效果呢？一般来说，我们应根据不同对象，采取不同的方法。

当对方在同你谈某事，因担心你可能对此不感兴趣，显露出犹豫、为难的神情时，你可以伺机说一两句安慰的话："你能谈谈那件事吗？我不十分了解。""请你继续说。""我对此也是十分有兴趣的。"

此时你说的话是为了表明一个意图：我很愿意听你的叙说，不论你说得怎样，说的是什么。这样能消除对方的犹豫，坚定他倾诉的信心。

当对方由于心烦、愤怒等原因，在叙述中不能控制自己的感情时，你可用一两句话来疏导："你一定感到很气愤。""你似乎有些心烦。""你心里很难受吗？"

说这些话后，对方可能会发泄一番。因为，这些话的目的就是把对方心中郁结的一股异常情感"诱导"出来，当对方发泄一番后，会感到轻松、解脱，从而能够从容地完成对问题的叙述。值得注意的是，说这些话时不要陷入盲目安慰的误区。你不应对他人的话做出判断、评价，说一些诸如"你是对的""你不应该这样"一类的话。你的责任不过是顺应对方的情绪，为他架设一条"输导管"，而不应该"火上浇油"，强化他的抑郁情绪。

当对方在叙述时急切地想让你理解他的谈话内容时，你可以用两句话来综述对方话中的含义:"你是说……""你的意见是……""你想说的是这个意思吧……"

这样的综述既能及时地验证你对对方谈话内容的理解程度,加深对其的印象,又能让对方感到你的诚意,并能帮助你随时纠正理解上的偏差。

以上三种倾听中的谈话方法都有一个共同的特点,即不对对方的谈话内容发表判断、评论,不对对方的情感做出是与否的表示,始终持一种中性的态度。有时在非语言传递信息中,你可以流露出你的立场,但在语言中切不可流露,这是一条重要界限。如果你试图超越这个界限,就有陷入倾听误区的危险,从而使一场谈话失去了方向和意义。

听懂话后再发表言论

交谈,是人际交往中不可或缺的。它是人们传递信息和情感、增进彼此了解和友谊的重要手段,但在与他人交谈时,也有很多需要注意的事项。通常而言,讲出的话转瞬即逝,不会再像磁带一样倒放,交谈双方都是相互影响的,我们总要根据别人讲的话来决定自己接下来要说些什么。同样,我们的话也决定了别人后面要说的话。所以说,交谈时需静下心来,认真倾听,直到明白、听懂后再开口。

只有听懂了别人的话,我们才会知道自己该怎么说、怎么做。只有注意听,我们才能够准确判断出对方的话是否已经讲完,才不至于冒昧打断别人的话。

林克莱特是美国的一个非常著名的电视节目主持人。在一次现场随机访问中,他问一位小朋友:"你的梦想是什么,也就是说,你长大后想干什么?"那位被问到的小朋友想了很久,非常天真地说道:"我长大了想

要当一名飞机驾驶员。"

林克莱特接着问道:"假如有一天,你所驾驶的那架飞机飞到了太平洋的上空,你却又发现你飞机油箱里的燃料已经不多了,你会怎么办?"小朋友想了一会儿,回答说:"那我会先让飞机上的人系好安全带,然后我系上降落伞先跳下去。"

小朋友的话音刚落,全场的观众便都笑得前仰后合。林克莱特继续关注着那位小朋友,想看一看他究竟是不是在自作聪明。没想到的是,小朋友的眼泪瞬间夺眶而出,就在那一刻,林克莱特深深发觉到了小朋友内心的悲悯之情。于是,他又问小朋友:"那你究竟为什么要这么做呢?"小朋友立即回答道:"我要马上去找找燃料,找到后我还要回来!我还要回来!"

这个回答完全透露出了小朋友最真挚的一面。看了这则小故事,你是否问过自己,当你与别人交谈时,是否真的听懂了对方的意思?如果不懂,就不妨听对方把话说完,这也是听话的一门艺术。

一个人在说话前一定要先听懂别人的话,倘若不明白别人的意思,就随便接话,只能说明你是一个蠢人。听话既不能只听一半,也不能将自己的意思强加在别人头上,要等别人将意思表达完整,听懂话后再发表言论。

找到"漏洞",掌握交流主导权

在现实生活中,一个聪明的人总是善于知晓他人,之后乘虚而入,紧紧抓住对方的"漏洞"不放,以不容置疑的论证将对方击败。

在美国历史上,林肯是一位极有声誉的总统。在担任总统以前,他曾当过一段时间的律师。

一次，得知自己亡友的儿子小阿姆斯特朗被控谋财害命，并经初步判断有罪的时候，林肯便以被告律师的资格向法院申请查阅全部案卷。在不断查阅案卷的过程中，他发现原告一方的证人福尔逊所提供的证据是：某一天晚上11点钟，证人在月光下清楚地目击了小阿姆斯特朗用枪击毙了死者……在一番认真的查阅之后，林肯极力要求重新复审。

于是，复审便开始了。

依照当时美国法庭的惯例，被告律师林肯与原告证人福尔逊，必须同时进行一场面对面的对质。

林肯："你说你曾认清小阿姆斯特朗？"

福尔逊："是的。"

林肯："你在草堆的后面，而小阿姆斯特朗在大树之下，两者相距二三十米，请问，你能认得清吗？"

福尔逊："看得很清楚，因为月光皎洁明亮。"

林肯："你肯定自己不是从别的方面认清的吗？"

福尔逊："嗯，我能肯定自己认清了他的脸蛋，因为月光正照在他的脸上。"

林肯："你能肯定时间是在11点吗？"

福尔逊："能够肯定。因为我回到屋里看了一下时钟，那时是11点1刻。"

当林肯听到对方如此肯定的对话时，便转过身对在场的观众说道："现在情况已经甚为清楚，这个证人是一个彻头彻尾的骗子。因为只有在月光的照射下，才能看清被告的脸庞，而案发那天晚上，正值上弦月，到晚上11点的时候，月亮早已下山，所以并不可能有月光照射到被告的脸上。既然如此，福尔逊所说的'看得很清楚，因为月光较洁明亮'显然是其捏造的虚假证词，倘若以此而定被告的罪，于情于理，则是不能成立的。"

听到林肯极有说服力的话语，在场的观众报以热烈的掌声。与此同时，福尔逊就像泄了气的皮球，一股脑儿地瘫在证人席上。

从这个故事中，我们能够得知，林肯之所以能够胜筹帷幄，就在于他能够在听懂别人的话语后，乘虚而入，有力地揭穿对方的谎言。因此，从某种程度而言，只有在听懂别人的话语后适时加以反驳，才能在整个推论的过程中具有无可辩解的逻辑力量。

在交际中，我们应设身处地地倾听对方，让对方把话说完。通过对方的话语，明白对方的感受和内心世界，用心去体味，真正去感受对方，然后再在适当的时候发表自己的言论。你就会成为交际圈中的能说将军。

会听的人知道适时附和

著名推销员乔·吉拉德说过这样一句话："上帝为何给我们两个耳朵一张嘴？我想，意思就是让我们多听少说！倾听，你倾听得越久，对方就会越接近你。"倾听是世界上最美妙的语言，但不是每个听力正常的人都会听，不信，看看下面的例子就知道了。

这里所说的听是倾听，是对说者表现出了极为专注的听。有人做过一个实验，来证明听者的态度对说者有着极大的影响。

让学生表现出一副心不在焉的样子，结果上课的教授照本宣科，不看学生，无强调，无手势；让学生积极投入——倾听，并且开始使用一些身体语言，比如适当的身体动作和眼睛的接触。结果教授的声调开始出现变

化，并加入了必要的手势，课堂气氛生动起来。

由此看出，当学生表现出一副心不在焉的样子，教授因得不到想要的反应而变得满不在乎起来。当学生改变态度，用心去倾听时，其实是从一个侧面告诉教授：你的课讲得好，我们愿意听。这就是无声的赞美，并且起到了积极的效果。

从上面的例子也可以看出，倾听时加入必要的身体语言，是非常有必要的。

行动胜于语言。身体的每一部分都可以显示出激情、赞美的信息，可增强、减弱或躲避、拒绝信息的传递。善于倾听的人，是不会做一部没有生气的录音机的，他会以一种积极投入的状态，向说话者传递"你的话我很喜欢听"的信息。

录音机是没有眼睛的，俗语说，"眼睛是心灵的窗口"。适当的眼神交流可以增强听的效果。这种眼神是专注的，而不是游移不定的；是真诚的，而不是虚伪的。发自灵魂深处的眼神是动人心魄的。

录音机做不了"小动作"，而倾听者则必须做一些"小动作"。身体向对方稍微前倾，表示你对说者的尊敬；正向对方而坐，表明"我们是平等的"，这可使职位低者感到亲切，使职位高者感到轻松。自然坐立，手脚不要交叉，否则会让对方认为你傲慢无礼。倾听时和说话人保持一定的距离，恰当的距离给人以安全感，使说话者觉得自然。动作跟进要合适，太多或太少的动作都会让说者分心，让他认为你厌烦了。正确的动作应该跟说话者保持同步，这样，说话者一定会把你当作知心朋友。

倾听并不意味着默默不语，除了做一些必要的"小动作"外，还得动一动自己的嘴。恰当的附和不但表示了你对说者观点的赞赏，而且还对他暗含鼓励之意。

当你对他的话表示赞同时，你可以说："你说得太好了！""非常正

**会表达
你就赢了**

确！""这确实让人生气！"

这些简洁的附和让说话者为想释放的情感找到了载体，表明了你对他的理解和支持。

同时，听者还可以用一些简短的语句将说者想传达的中心话题归纳一下，能够使说者的思想得以凸显和升华，同时也能提高听者的位置。

另外，我们还可以向说话者提一些问题。这些提问既能表明你对说者话题的关注，又能使说者说出欲说无由的得意之言。

学会倾听其实是赞美艺术的第一步。我们要赞美别人，首先得有赞美的依据。那些没有根据的子虚乌有的赞美只能引起对方的反感。而听就是我们获取赞美所需的依据的必要手段。我们可通过听第三人的谈话，而获取必要的信息；我们也可直接在听说话者的同时，找到赞美对方的材料。为了知道更多的东西，为了让我们的赞美变成温暖他人的阳光，我们就必须进行有效的倾听。

入神地倾听本身就是一种赞美。它能使我们更好地理解别人，有助于克服彼此间判断上的倾向性，有利于改善交往关系。在入神地倾听别人谈话时，你已经把你的心呈现给对方，让对方感受到了你的真诚。我们在倾听别人的时候，也就是我们设身处地地理解他们的幸福、痛苦与欢乐的时候，这样可以使我们能够把对方的优点和缺点看得更清楚。而这些结论再通过我们有效的附和来传达到对方心里，这才能算是一次完美的交流。

入神地倾听，并在适当的时间附和，有利于对方更好地表达自己的思想和情感。在对方明白我们的倾听是对他的尊重以后，他同样会认真地听我们说活，这样我们的赞美才能产生良好的效果。

"不说"是一种更具魔力的表达

生活中，有些人在遇到麻烦的时候，常常喋喋不休，唠叨不止，其实，话太多不见得是好事，反而会坏了大事。心理学家认为，无声语言所显示的意义，要比有声语言多得多，而且深刻得多。曾有国外的心理学家对此列出了一个公式：

人与人之间的讯息传递 =7% 言语 +38% 语气 +55% 表情。

对这个公式所表达的言语、语气、表情在信息传递中信息承载量的比例尚可作进一步的研究和探讨，但它强调无声语言在人际传播中的作用，还是有很大的意义的。真正善于表达的人，不仅会用嘴说，还懂得如何用"不说"来说。

某一位印刷厂老板得知另一家公司要购买他的一批旧印刷机，他感到十分高兴，但是外表却是一副不在乎的样子。经过一再计算，他决定以250万元为底价的价格出售这批机器，并且自认为已经准备了充足的理由要说服对手成交。

议价会议时，他坐在谈判桌上，以沉稳的气势不说一句话。

果然，过了几十分钟，大家的客套话说完了，买主首先沉不住气了，滔滔不绝地对机器进行挑剔，希望把价格砍得更低。然而，面对买主的一再杀价，印刷厂的老板很沉得住气，他一言不发，只是报以微笑。这样的举动让买主摸不着头绪，甚至乱了方寸，因为买主完全想不透他到底在玩什么花样，他也不反驳，也不据理以争，完全和买主所设想的不同。这时，买主心头一惊，心想：难道这位印刷厂老板早就已经找到了买主，所

会表达你就赢了

以才如此镇定？

最后，买主按捺不住了，心理防御完全崩溃，低声咬着牙说道："这样吧！我出350万元，但除此之外，一个子儿也不能多给了。"

350万元！这比印刷厂老板原来的估计要高出许多，这是他始料不及的，就这样，印刷厂老板"不说话"就顺利卖出了旧机器。

事后，他说自己之所以敢用如此大胆的策略，是因为早就听说这位买主因为和股东拆伙，手上资金不多，但最近又接了好几十批货要印，没有机器肯定交不了货，一旦违约损失更惨重，他是无论如何都要买的，为了压低价格，他只能虚张声势、投石问路，试试能不能省点钱。事实上，只要卖方不要太积极回应，感觉上好像可卖可不卖，或者已经有人抢先出价了，买方心理上就会开始恐慌，生怕价格出得太低，失去了这批旧机器，因此才会急着出高价买下。

"雄辩是银，沉默是金。"沉默像乐曲中的休止符，它不仅是声音上的空白，更是内容的延伸与升华。它是一种无声的特殊语言，是一种不用动口的口才。无声胜有声，适时地利用沉默，有时发挥的作用可能反而要比说话大得多。

第六章　有一种魅力叫幽默

幽默——沉重话题的添加剂

前面我们谈到过《天下女人》之盲人教授杨佳那期节目，嘉宾杨佳给大家诉说了自己既艰难又幸福的人生。杨佳，1963年出生，中国科学院研究生院教授，联合国残疾人权利委员会副主席、第十一届全国政协委员、中国科学院十大杰出妇女、中国盲协副主席。杨佳19岁大学毕业留校任教，24岁成为中科院最年轻的讲师，但在29岁时不幸失明。她毅然选择在困境中重生，克服种种困难，付出比别人多几倍的心血和汗水，不仅重返讲台教博士生，组织科研项目，还成为哈佛大学建校300年来第一位获MPA学位的外国盲人学生，成为联合国残疾人权利委员会副主席。

杨佳如此艰难曲折的人生，既让人佩服、又让人心疼，许多人情不自禁地留下了泪水。面对这样一个场面，杨澜意识到不能这么沉重下去，要给人希望和力量，所以，她极力地将沉重的话题扭转成积极的场面。

当大家感动于爸爸对杨佳多年来的默默奉献，都在流泪时，杨澜说了一句："我觉得老爸爸特棒，你看他那精神头，腰板特直，叔叔您年轻时候是帅哥吧。我还有个问题想问杨佳，当一个人眼睛看不着的时候，他对这个世界的感知会发生什么变化，往好处说啊，当然我们都知道失去视力，这个是在各种残疾当中，我觉得最残酷的一个，但是比如说，你现在对声音非常敏感，对吧。"

杨佳:"对。"

杨澜:"然后你所感知的这个世界,与我们这种成天五光十色的,看到的有什么不一样,它甚至可能会让你,对这个世界的认知更清楚一点,我的猜测。"

杨佳:"你的猜测非常正确。就我自己啊,后来的这一段经历,引用你当时那个,做《正大综艺》的那个话,就是说,不看不知道,世界真奇妙。我用另外一种方式来看世界,去领悟世界。"

杨澜:"不,你应该这么说,当初我是说'不看不知道,世界真奇妙',你说'不看才知道,世界真奇妙'。"说着,全场笑了起来,并报以热烈的掌声。

嘉宾杨佳背负了太多艰难的人生,必定会让现场的谈话氛围变得沉重和压抑,而杨澜却能用两句诙谐的谈话扭转了现场的悲伤沉重,重新赢取观众的笑声与掌声,这就使得谈话积极轻松了些许,而且给人们一种乐观向上的勇气。

其实,在生活中也是如此。为了应付人生大大小小的挑战,你需要力量——不论你是为人父母或是为人子女,是教师或是学生,是售货员或是消费者,是领导或是职员,是上司或是下属,幽默都能赋予你战胜困难的力量。在沉重的话题中,幽默也能赋予你举重若轻的力量。幽默的力量体现在沟通上,就像我们打开电灯开关,电力便沿着电线输送到机器上一样,只要按下幽默的按钮,也能促使一股特别的力量源源而来。我们可以把这股幽默的力量导向他人,并与他人直接沟通。

了解了沉重话题诙谐讲的重要性后,我们还要明白如何将沉重的话题诙谐地说,让谈话轻松起来。

首先,沉重的话题大多为生活中的烦恼与困难,我们先要正视这些问

题。生活中绝非全是幸福，与幸福相对的就是烦恼与沉重，它们是一对孪生的兄弟，谁也离不开谁。面对沉重，人们应该先去找解决的办法，而不是畏难、止足不前。创设诙谐的氛围，谈论沉重的话题，学会更快乐的生活，以轻松的心情面对自己，让沉重变得轻松一些。

其次，善于从积极角度思考问题。我们在谈论沉重的话题时，除了要理解他们的艰难，往往还要运用积极乐观的思考方式，使沉重的话题变得轻松，让人们感受到积极乐观的鼓励而不是悲伤的同情。在沉重的话题里，幽默可以发挥令人意想不到的效果，它可以增进交谈双方的感情，调节气氛，制造亲切感，它还可以消除悲伤和低落感，使谈话氛围能够轻松融洽，让人们快乐地面对生活。

最后，添加幽默。我们要学会以笑来代替苦恼，借着幽默的力量，我们能使自己和他人超越痛苦。真正的幽默力量是从内心涌出来的，它更甚于从头脑涌出。

用诙谐语言讲沉重话题，让幽默的力量体现在沉重的话题里，可以消除紧张，解除压力。它可以把我们从个人的体壳中拉出来，可以化解伤痛，使我们获得成长；它还可以使我们精神振奋，信心陡增，使我们脱离许多不愉快的事情。

幽默是沉重话题的添加剂，关键是你能不能发现它，并且用幽默的语言来解释它。如果做到了，你的生活就会更加充满乐趣。幽默是艰苦生活的调味剂。生活有时是相当艰苦的，有幽默感的人善于苦中作乐，用幽默作为艰苦生活的调味剂，鼓励自己克服困难，渡过难关。

不拿无聊当有趣

什么是幽默？对于幽默的含义，每个人都有自己的理解，当年鲁迅、

**会表达
你就赢了**

蔡元培、林语堂等大家为 humor 是译成"幽默"还是"诙摹"有过一番争论。"幽默"一词在中国得以广泛流传，林语堂先生功不可没。他说，humor 既不能译为"笑话"，又不尽同"滑稽"；若必译其意，或可用"风趣""谐趣""诙谐"，无论如何，总是不如音译的直截了当，也省得引起别人的误会。凡善于幽默的人，其谐趣必愈幽隐；而善于鉴赏幽默的人，其欣赏尤在于内心静默的理会，大有不可与外人道之之滋味。

幽默，生动有趣而意味深长，中国古代称笑话为雅谑或雅浪，而幽默字义有幽者雅也，默则可理解为机智冷静，林语堂的译法可谓独到。

列宁说，幽默是一种优美的健康的品质。幽默应是对噱头、调侃、贫嘴、说教、卖弄、装傻卖乖或尖酸刻薄的超越。在我们当下流行的文化里，在我们的电视里，在我们广播的电波里，让人感到非常遗憾，实在是因为噱头、调侃、贫嘴、说教、卖弄、尖酸刻薄和装傻卖乖等伪幽默已经泛滥成灾。相声、小品、文娱节目，演员们、主持人们、追逐时髦的少男少女们，几乎都在"幽默"着，而现场的观众居然也被逗笑了。

在幽默语言中，不管是舞台表演，还是人际交往，性暗示过分强烈的叫作荤幽默或黄色幽默，反之则可以理解为"素幽默"。黄色幽默发生在公开场合，有伤大雅，引人反感，即使本来可能接受它的人，也往往顾忌朋友师长的态度而不知如何反应是好。所以，这种荤幽默最不宜在公众场合讲，否则不但会令人不愉快，还会降低自己的魅力。

另外，制造幽默千万不要拿别人的要害当原则，勿以讽刺他人为乐。众所周知，幽默是以社会生活为基础产生的，它不是虚飘在空中的幻景，它的存在本身体现了人们多方面的社会功利需要，包括惩恶扬善、沟通心灵、调解纷争等，这使幽默必然地要和讽刺、嘲笑、揭露联系在一起。但是，幽默所有的善意的讽刺、温和的嘲笑，其中灌注着深厚的情感因素，正像萨克雷《布朗先生致侄儿书》所说的："幽默是机智加爱。"爱减弱了

幽默批评的锋芒，通过诱导式的意会发生潜移默化的作用。苛刻的幽默很容易流于残忍，使人受到伤害、陷于焦虑之中。通常，讥讽、攻击、责怪他人的幽默，也能引人发笑，但是它却常常造成意想不到的后果，使本应欢乐的场面变得十分难堪。

一位中学教师在出差途中拎了一兜香蕉去看望一个多年未见、新近升为副处长的老同学。老同学心宽体胖，雍容富态，开门见是同窗好友，一边让进屋，一边指着他手中的兜戏谑道："你何时落魄到走门子了？本处长清正廉明，拒绝歪风邪气腐蚀贿赂。"一句讥讽的调侃，使教师自尊心受了伤，反感顿生，扭身就走。

显而易见，幽默既不等同于一般的嘲笑、讥讽，也不是为笑而笑，轻佻造作地贫嘴耍滑。幽默是修养的一种体现，它与中伤截然不同。幽默好似"维生素"，中伤却似恶人剑；幽默笑谈是美德，恶语中伤是丑行。真正的幽默是真情实感的自然流露，是严肃和趣味间的平衡，它以一种古怪的方式激发出来，却经常表现出心灵的慷慨仁慈。

正因为这样，讥讽他人受到许多幽默理论家的一致反对。林语堂认为幽默与讽刺极近，却不能以讽刺为目的。讽刺每趋于酸腐，去其酸辣，而达到冲淡心境，便成幽默。但绝对不要讽刺，讽刺会使你和受害者都变得冷酷无情。

如果总是在与你地位、处境相差很远，确切地说是比你背景差的人身上打主意，对那些不如你的人拼命调侃，这可算是幽默的一大伪造。客观而论，站在你的角度上，比你混得差的人可笑之处肯定不少。如果总是津津乐道地笑话不如你的人，你就会被别人笑话，笑你不厚道、笑你没出息，专捡软柿子捏。高明的幽默一般是避开、淡化了题材中人物的面目，

或者将聚光灯对准"大人物",找乐子。

幽默之所以成为幽默,其必要条件就是使人快乐,而一切痛苦或不愉快的因素都不能因它而生,否则就不是真正的幽默。

当你运用自己的"幽默"时,千万别轻视别人的职业或种族。

职业蔑视很致命。你嘲笑对方本来就不满意的职业无异于嘲笑对方的才干、信仰、人品甚至人格,因而随意玩笑的结果只能是造成彼此深切的隔阂。

一位向来内向、腼腆的女大学生在自谋职业之时,被迫改变初衷做了一家宾馆的公关小姐,她讨厌终日在客人面前说笑周旋,而渴望当一名文静的女教师。一日,当她出席同学聚会时,她最亲密的女友迎过来:"哇,好漂亮!全体起立,向我们的卖笑女郎致敬!"欢快的笑声中,本来春风满面的她顿时目瞪口呆,随即伤心地冲出了聚会厅。

人的职业选择有自愿和不自愿两种,因而心理上也会产生骄傲或自卑两种截然不同的情结。洋洋得意者固然从你的风趣中感受到了羡慕,而更多的失意者则只能从你的调侃里嗅出轻蔑的气味,由此产生无法消除的误解。

同样,种族蔑视也是施展幽默的一大障碍。人特别是东方人最讲宗族,民族的一切都被披上神圣的色彩,轻慢抑或戏谑对于民族感情来说是十分危险的。不但费力不讨好,还可能招致灾祸,引起对方强烈的不满。

幽默家赫伯·特鲁有一次去看一个朋友,他以这样一句话来开始彼此的谈话:"我来讲个波兰人的笑话。"

"算了,赫伯,"他的朋友说,"我不愿听。"

"我真不明白,"他抗议道,"你是波兰裔的美国人,而我也算半个波兰裔的美国人。为什么我们不能说个波兰人的笑话来听听呢?"

"算了吧,"朋友坚持,"不要告诉我任何波兰人的笑话。"

这个例子中所蕴藏的正是一种"说不清道不明"的微妙情绪,如果冒犯它无疑会引发冲突,从而带来关系与感情的破裂。

单纯的搞笑不叫幽默

在《时尚·先生》举办的首届"时尚先生"评选活动中,白岩松获得了首届"中国时尚先生"奖。

白岩松说:"我今天有三句话:首先非常感谢《时尚》杂志把时尚先生的奖项颁给我,这是一个非常有幽默感的举动,就像我不会游泳却坐在游泳池旁边。不过,非常感谢《时尚》杂志让我第一次和时尚沾边了。第二句,'先生'是在我心中值得尊敬的词,我配不上,但有一点我配得上,我的确是男人,而且目前没打算改变性别。最后要说的是时尚,有人说时尚是一种追逐,我说偶尔坚守也是时尚;有人说时尚是色彩,我说留一点时间辨别黑白也很重要。感谢《时尚》杂志,感谢主持人。"

这段幽默的获奖感言,听后会使人受益匪浅,白岩松的话既表示了感谢,表达了自己对时尚的观点,又流露出自己对这场活动的态度。细细品味,三句话中所包含的绝非上面提到的那些,还有更深层的道理,幽默的语言蕴含着厚重的意义。

事实上,幽默不仅仅是单纯的搞笑,它往往闪耀着思想、智慧的光芒。许多幽默的语句，看似顺手拈来，实则深思熟虑。蕴含着道理的幽默是用看似具体的、浅显的、熟知的语言去说明抽象的、深奥的、生疏的道理的一种手法。说理中，把精辟的言语与深厚的道理糅合为一体，既能给人以哲理上的启迪，又能给人以艺术上的美感。

幽默到了这个层次，可不是一般的人所能达到的，在这个境界中的幽默，反映了一个人的道德修养、学识水平、思辨能力。要想使自己具有此般魅力，光靠技巧是不够的，一味地追求技巧而忽略自身的素质培养只能是舍本逐末。因此，我们在学习幽默的语言技巧的同时，还应全面提高自身的个人修养。

幽默是以生活为内容的，有生活，有实践经验，才有幽默的内容。因此，对于家事、国事，都要经常关注，以吸取对我们有用的东西。对于所见所闻，都要加以思考、研究一番，尽量去了解其发生的过程、意义，从中悟出一些道理，武装自己的头脑，让自己说话的内容丰富起来，渐渐就会有了幽默的资本。多读书多看报、积累警句、谚语，积累幽默的素材。在认真吸收的同时，还要好好地去运用，懂得如何运用，一句普通的话也可能会带来幽默惊喜的效果。

生活中经常需要我们说明某个道理，把比较枯燥的大道理直接说给别人听，他们也许会接受，也许会拒绝。但若我们将道理蕴含到一系列幽默语句之中，可能一下就会深深抓住对方的心，使他欣然接受，甚至会跟着思考。

史密斯是英国律师和保守派政治家，从1915年到1919年，担任代理监察长，后升为大法官。

在担任代理监察长期间，史密斯惹怒了伦敦一个俱乐部的会员们，因为他不是该俱乐部的成员，却经常在去议会的途中停下来使用俱乐部的卫生设备。这使得对他没有好感的会员们十分不快,他们要求管理人员制止这种"掠夺"。

一天,史密斯又若无其事地走进了该俱乐部的卫生间,马上跟进来一位侍者。他提醒史密斯注意本俱乐部有只对内部会员开放的规定。

史密斯毫不犹豫地说道:"厕所也是俱乐部吗?"

"厕所也是俱乐部吗?"谁想过这样的问题?但是史密斯想到了,从而不仅制造了幽默,也回击了俱乐部的会员们森严的等级观念。这句幽默就包含着人人平等的道理,有力的回击了自以为高高在上的有钱人。

此外,蕴涵道理的幽默在运用时还应注意以下几个问题:

1. 高雅纯正

在使用这一手法时,要坚持文明表达。以理服人的原则。格调高尚文雅,内容纯净正派。要以德胜人。以理服人,切忌粗俗低级。所谓泼妇骂街式的幽默语言令人不齿,是十分不可取的。

2. 隐藏道理

这是该种幽默的要点。含而不露,幽默横生,是运用这种手法的基本要求,如果忽视这一点,就会失去风趣、讥讽和辩论的力量。幽默好比软鞭子,抽在身上,皮肤不留痕迹,但道理可以伤及人骨,刺入对方心里,使对方陷入其中,不能自拔,直到领悟了道理的真谛。

3. 沉着冷静

始终保持良好的举止修养,彬彬有礼地发挥出该有的幽默水平,巧妙地把自己的道理寓在和风细雨的幽默话语中,你的话才能更有说服力,更富战斗性。

蕴含着道理的幽默,只要运用得当,不但能够增加言语谈话的力度,

使道理这一颗子弹在幽默的外衣下更具威力,而且能够有效地控制住谈话的气氛。

紧急时用幽默平息对方的怒气

在大多数时候的大多数的场合,大多数的人还是更加喜欢风趣幽默、能给他们带来欢乐的人,这是人的天性。

在一期《实话实说》节目中,一个小伙子面带怒色地问崔永元:"崔哥,你的'实话实说'怎么没有过去好看了?"

崔永元:"不错,我也觉得没有过去好看,我们有责任,不过主要责任在你。"

崔永元:"小伙子,你结婚没?"

小伙子:"没有。"

崔永元:"我告诉你,结婚的感觉和恋爱的感觉是不一样的。"

小伙子听完崔永元的话,哈哈大笑起来,现场观众也跟着笑了起来。

观众的提问,本来是挺尖锐的问题,再加上提问人还略有生气和不满,可是崔永元用他的幽默平息了小伙子的怒气,让对方反怒为笑。

幽默的语言往往给人以诙谐的情趣,使人在笑意中有所领悟。幽默是缓解紧张、消除畏惧、平息愤怒的最好方法。

一个可怜的、严肃的省议员觉得自己受到了别人的侮辱,他怒气冲天,迫不及待地想报复,但一时又找不到什么方法,结果,他的行为举止好像一个小学生一样幼稚:小学生往往会去找老师告状,要求老师去惩罚他的敌人,这个议员则是去主席那里申诉。

这个议员找的是麻省省议会的主席柯立芝。这个议员所受的委屈使他相信柯立芝一定会当场替他主持公道的，但是，柯立芝却以一种非常幽默的方式把这件事解决了。

纠纷是这样引起的——

当另一个议员在做一个很漫长的演讲时，这个议员觉得对方占用的时间太长，就走到对方跟前低声说："先生，你能不能快点……"话未说完，那个正在演讲的议员便回过头来，用严厉的口气低声呵斥他道："你最好出去。"然后仍旧继续演讲。

于是，这个受了委屈的议员走到柯立芝面前说："柯立芝先生，你听见某某刚刚对我说的话了吗？"

"听见了，"柯立芝不动声色地答着，"但是，我已经看过了有关的法律条文，你不必出去。"

这种回答实在是太聪明了。柯立芝把那位议员的愤怒当成了玩笑，他没有让自己卷入这种儿童式争吵的漩涡中去，就是因为他能看出这种无聊争吵的幽默之处。

在把事情弄得很紧张、很严重的时候，能从这种白热化的僵局中看出其中所包含的幽默成分，便可巧妙地避免麻烦和纠纷。如果柯立芝对于争吵也采取一种较真的态度，那对于大家又有什么好处呢？无非是更加激化双方的矛盾。而由于采取了一种幽默的态度，柯立芝便缓解了那种伤感情的纠纷，从而制止了进一步的争论。

2006年在上海浦东召开的某活动现场，某位明星迟到20多分钟仍没有任何消息，台下观众很是生气，主持人董卿多次上台解释，但台下的观众还是怒气难平,很不耐烦地说:"董卿,你唱一个吧。"听了这话,董卿立刻非常幽默地回答道:"不行的,主持人是说得比唱得要好听。如果今天我唱了,明天各大报纸会说董卿说不好,只能现场卖唱了。"话音刚落,台下的观众都哈哈笑了。

作为一个有经验的主持人,董卿发挥了她的幽默长项,用一句玩笑话稳定住了观众的情绪,分散了观众的注意力,有效地消除突发情况给观众带来的负面影响,平息了他们的怒气。

不论是为芝麻大的小事还是天大的事,无论是草根人物还是拥有雄才伟略的大人物。难免都有动怒的时候,不存在一个从未因某个物、某个人、某件事而生气的人。而一旦动怒,无论程度如何,都会让人们措手不及,陷入尴尬的境地,如果不能及时、巧妙地化解,必将留下遗憾,会在人际交往中留下不好的印象,甚至会影响双方的感情。在生活中,即使我们没有专业主持人那么能说会道和随机应变,也应冷静及时地处理这种问题,用幽默平息他人的怒气,让对方反怒为笑。

用幽默平息他人的怒气,大致上有以下几个需要注意的地方:

(1)心态要淡定,嘴巴要灵活。在对方比较愤怒的情况下,首先我们要将自己内心的怒气平息下去,然后用适当的玩笑话和幽默的语言来缓和气氛。

(2)多读书,不妨丰富一下学识,同时积累幽默语言。

(3)掌握好幽默的尺度,幽默的目的有大有小、有远有近,幽默的尺度,则是幽默的支点。找到这一支点,能缓解气氛;掌握不好,将成为社交场合的破坏性炸弹。

在紧急时刻用幽默巧妙地平息他人的怒气,让对方反怒为笑,不仅及时化解了尴尬,减少了人际交往中的不愉快,还能更好地维护双方的友好

关系。同时，在他人看来，你能用幽默平息怒气，一定是个有智慧、有包容、大气的人，所以，周围的人们会非常愿意和你成为朋友。

借题发挥出幽默

人生在世，谁不希望拥有一个轻松的环境和愉悦的心情呢？无论是社会、家庭、夫妻间、亲朋好友间，都是如此。幽默能使人与人的交流保持一种相对轻松的环境。有幽默感的人，才能轻松地克服困难，排除障碍。所以，我们要学会幽默地表达自己的内心想法。

借题发挥，就是很不错的一种表达方法。借题发挥法，顾名思义，就是借现场的人、事、物甚至对方的语言为题，加以发挥、阐述，诠释出全新的思想来，从而制造了幽默。

德国科学家亚历山大·冯·汉保尔特访问美国总统杰弗逊的时候，看见他书房里的一张报纸，上面刊载了对他攻击辱骂的言论。

"为什么让这种诽谤言论在报上发表呢？"汉保尔特拿起那张报纸说道，"这家胆大妄为的报社为什么不查禁？或者对该报的编辑加以罚款？"

"把报纸放进你的口袋里吧，先生，"杰弗逊笑嘻嘻地回答说，"万一有人怀疑我们是否有新闻自由，你可以把这张报纸给人们看看，并且告诉他们你是在什么地方找到它的。"

上例中，杰弗逊接过对方的话题，把它与"新闻自由"联系起来，令人拍案叫绝。

借题发挥常能让人巧妙地达到自己的目的，尤其在某些场合，它比直言其事更显得委婉曲折。借题发挥是指巧妙地借助别人的某一话题，引申

发挥，出人意料地表达自己的某种思想。在日常生活中，有些场合，有的话不宜直截了当地说，这时巧用借题发挥，会起到意想不到的效果。

相传南唐时，京师连日未下雨，大旱。于是某日，烈祖问群臣："外地都下了雨，为什么京师不下？"大臣申渐高说："因为雨怕抽税，所以不敢入京城。"烈祖听后大笑，并决定减税。

申渐高的话就是借题发挥，巧借烈祖的话，引申发挥了京城的税多，应该减税的意思。非常巧妙，效果也很好，烈祖在笑声中接受了他的意见。

在现实生活中，由于受传统文化的影响，人们的大脑中存在着许多忌讳观念。如大年三十不能说"死""亡""灭"等不吉利的词语，吹灭蜡烛应当说成"止烛"；婚宴上不能说"离""散""死"等词语。诸如此种禁忌，在我们的生活中很多很多，但有时不自觉地说出或做出了一些有违"大忌"的话或事时，也可以运用借题发挥的幽默术来消除尴尬，抹掉人们心头的阴影，使快乐重新回到心头。

张天应邀参加一位朋友的婚礼，可天公不作美，小雨从早到晚一刻也未停过。等张天赶到朋友家时，衣服上溅满了星星点点的泥水。当新人双双向他敬酒时，朋友看到他满身泥水，略带歉意地说："冒雨前来，叫你辛苦了。这都怪我没选好日子。"张天赶忙接过话茬幽默地说："老兄此言差矣，自古道：'久旱逢甘雨，他乡遇故知，洞房花烛夜，金榜题名时'，这人生的四大喜事，让你们小两口一天就赶上了两个，这才叫双喜临门呢。"一句话说得满堂喝彩，大大活跃了当时的气氛。张天意犹未尽，接着说道："既然说到了雨，敝人有首打油诗，借此机会赠给两位新人。"接着便吟道:"好雨知时节,当婚乃发生。随风潜入夜,听君亲吻声。"一首歪诗吟罢,逗得新娘面颊绯红,引来满座欢笑。

上例中,张天机智地临场发挥,使本来不受婚礼欢迎的雨,瞬息之间带上了逗乐喜庆的色彩。

不过,临场发挥是很讲艺术性的,要发挥得招彩而又得体是不容易的。但只要在这方面做个有心人,那么,不久的将来,你的口中也会妙语连珠,幽默诙谐。

把脸上的灰指给对方看

如果你有风趣的思想,轻松地面对自己,你便会发现自己可以坦然地接受自己的身高、体重或其他身体特征;你也会发现幽默能帮你以新的眼光去看你对经济的忧虑。也许你无法得到真诚的爱,但是你能使你的人际关系充满温暖和谐——与人分享欢乐,甚至和仅仅有一面之缘的人也会有很好的关系。

自嘲是自己对自己幽默,是消除自己在沟通中胆怯的良方。

自嘲是运用戏谑的语言,向别人暴露自身的缺点、缺陷与不幸,说得俗一些,就是把脸上的灰指给对方看。

俗话说得好:"醉翁之意不在酒。"自嘲同样是这个道理,有着独到的表达功能以及实用价值。

长篇小说《围城》重版,《谈艺录》与《管锥编》问世以后,钱钟书的名声日盛,求访者愈来愈多,钱钟书有不愿意接受访问的脾气。有一天,有一个英国女人打电话给他,要求拜访,钱钟书在电话里说:"如果你吃了一个鸡蛋感觉很好,又何必认识那只下蛋的母鸡呢?"

**会表达
你就赢了**

　　在这里钱钟书自比"母鸡",虽然看似有意贬低自己,但实际上却是在说英国女人没有必要来拜访他。正如人们喜欢谈论一些关于别人的笑话一样,在适当的时候,也要拿自己开开玩笑,要善于自嘲。

　　美国著名的律师乔特是最善于讲关于自己笑话的人。有一次,哥伦比亚大学的校长蒲特勒在请他做演讲时,曾极力称赞他,说他是"我们的第一国民"。

　　这实在是一个卖弄自己的绝好机会。他可以自傲地站起来,一副得意洋洋的神气,仿佛是要对听众说:"你们看,第一国民要对你们演讲了。"

　　但是聪明的乔特并没有如此。他似乎对这种称赞充耳不闻,却转而调侃自己的"无知"。这种自嘲很快博得了听众的好感。

　　他说:"你们的校长刚才偶然说了一个词,我有点听不太懂。他说什么'第一国民',我想他一定是指莎士比亚戏剧里的什么国民。我想,你们的校长一定是个莎士比亚专家,研究莎士比亚很有心得,当时他一定是想到莎士比亚了。诸位都知道,在莎氏的许多戏剧中,'国民'不过是舞台的装饰品,如第一国民、第二国民、第三国民,等等。每个国民都很少说话,就是说那一点点话,也说得不太好。他们彼此都差不多,就是把各个国民的号数彼此调换,别人也根本看不出有什么分别的。"

　　这实在是一种非常聪明的方法,它使自己与听众居于同等的地位,拉近了自己与听众的距离。他不想停留在蒲特勒所抬举的那种高高在上的地位上。如果他换一种说法,用庄重一点的言辞,比如,"你们校长称我为第一国民,他的意思不过是说我是舞台上的一个无用的装饰品而已。"虽然表达的意思是一样的,但是绝对不能把那种礼节性的赞词变为一种轻松的笑话,也绝对不会取得那样的效果。

无论是在一帮很好的朋友中，还是在一大群听众中，能够想出一些关于自己的笑话，能够适当地自嘲，是赢得别人尊敬与理解的重要方法，远远要比开别人玩笑重要得多。拿自己开开玩笑，可以使我们对世事抱有一种健全的态度，因为如果我们能与别人平等地相待，就可以为自己赢得不少的朋友。相反，如果我们为显示自己是怎样的聪明，而拿别人开玩笑，以牺牲别人来抬高自己，那我们便难以交到朋友，更不用说距离成功有多遥远了。成功的人士从不试图掩饰自己的弱点，相反，有时他们会拿自己的弱点开开玩笑。而现实生活中，我们却经常可以遇到一些喜欢遮掩自己弱点的人，他们也许脸上有些缺陷，也许所受教育太少，也许举止粗鲁，他们总要想出方法来掩饰，不让别人知道。但这样做以后，他们于无形中背弃了诚恳的态度，毫无疑问，与之交往的朋友会对他们形成一种不诚恳的印象，使人们不敢再与他交往。

世界上最不幸的就是那些既缺乏机智又不诚恳的人。很多人常常自以为很幽默，经常喜欢拿别人开玩笑，处处表现出小聪明，结果弄得与他交往的人不敢再信任他，以前的朋友也会敬而远之，纷纷躲避。

适当地拿自己开开玩笑吧，这不仅是一种机智，更是驱散忧虑、走向成功的法宝。

化干戈为玉帛的幽默表达技巧

崔永元和冯小刚早年曾因为电影《手机》结下了梁子，对于这部直接影射自己和当初那个让自己疲惫不堪的栏目的影片，小崔甚至在文中建议应该把《手机》这部影片划为三级片。崔永元参与了《手机》的前期创作，那时冯小刚跟他说，要拍一个以主持人为背景的贺岁片，而且得是一个谈话节目主持人，栏目名字就叫有一说一，主持人叫严守一，就是套着

《实话实说》和崔永元。可崔永元并不知道影片的情节中涉及乱搞男女关系。崔永元生气的原因是冯小刚不应该瞒着他安排了很多不必要的情节。

影片上映后，种种猜测、联想、臆断接踵而至，一时间蜚短流长……虽然在这之后，无论冯小刚还是刘震云，都坚决否认电影跟崔永元有任何牵连，但这事对崔永元造成的负面影响是不可避免的。

在这件不愉快的事情过去几年后，2011年，《小崔说事》请来了嘉宾冯小刚。

崔永元："你参加过好多节目，一上来就是——请坐，然后就开始，一个问题接着一个问题问你，是吧。"

冯小刚："咱们这儿是站着。"

崔永元："咱们这儿站着。"

王雪纯："因为你的座被别人占了。"说着，她坐了上去。

崔永元："这就是冯小刚导演的那个导演椅，他捐给了我的电影博物馆，所以你们以后到我那个电影博物馆，都可以坐在这个椅子上照相，出去都可以骗吃骗喝的。我说的意思是每个节目都是把导演请出来坐在那儿就聊，这个节目不是，不光站在这儿，还不让导演坐，不光不让他坐，还不让他说，让他唱！"

冯小刚："通常来说呢，我们是不敢露这怯，但小崔说，我们这节目，其实就是好玩，跟大家有一个开心，我觉得要过年了，咱也别端着，是吧，另外，底下人也不会对我唱歌寄予什么期待，所以他也不会有多么大的失望。"

崔永元："一看你就没开过个人演唱会，你先把场子搅和热了，你拿着话筒就说，这边观众好吗？"

听了小崔的话，冯导也就照着比划起来，并说到："这边观众好吗？

那边的声儿我听不见。"说完后，他还转身笑呵呵地问崔永元，"是这样的吧？"

冯小刚导演唱完歌后，崔永元说："唱得特别好，我觉得比你电影拍得好。"

冯小刚："下回，干这个了。"

崔永元："其实，你有的电影要比这歌好得多，有的电影可能还不如这个歌。"

冯导笑着点头，表示同意地说："嗯，嗯。"

几个玩笑下来，多年的不和就这样打破了，崔永元不仅巧妙地将当年的电影拍得让他不满意的信息传达了出来，而且也赞扬了冯导的好片子，这样的幽默让他们化干戈为玉帛。冯导的积极配合，又打招呼又唱歌的表现也表明他在化解两人矛盾上的努力。

拿上面这件事来说，幽默发挥了它化干戈为玉帛的作用。一般人都会认为，冯导是很严肃的，怎么跟他幽默。其实跟严肃的人也能运用幽默缓和紧张形势，营造友好和谐的气氛，这样就拉近了双方的心理距离，钝化了对立感。因此，幽默能使你在遇到矛盾时左右逢源，常常在"山重水复疑无路"时变得"柳暗花明又一村"。

因此，谈话中要使自己进退自如，没有幽默力量帮助是难以达到预期的效果的。适度的幽默能够建立良好的气氛，让大家精神放松，进一步密切双方关系。这样就可以营造一个友好、轻松、诚挚、认真的合作氛围，对谈话双方来说，都是具有实质性意义的。

1943年，英国首相丘吉尔与法国总统戴高乐由于对叙利亚问题的意见产生分歧，两人心存芥蒂。直接原因是戴高乐宣布逮捕布瓦松总督，而此

会表达
你就赢了

人正是丘吉尔颇为看重的人。要解决这一件令双方都颇为棘手的事，只有依靠卓有成效的会晤了。

丘吉尔的法语讲得不是很好，但是戴高乐的英语却讲得很漂亮。这一点，是当时戴高乐的随员们以及丘吉尔的大使达夫·库柏早就知道的。

这一天，丘吉尔是这样开场的，他先用法语说道："女士们先去逛市场，戴高乐和其他的先生跟我去花园聊天。"然后他用足以让人听清的声音对达夫·库柏说了几句英语："我用法语对付得不错吧，是不是？既然戴高乐将军英语说得那么好，他完全可以理解我的法语的。"戴高乐及众人听后哄堂大笑。

丘吉尔的这番幽默消除了紧张，建立了良好的会谈气氛，使谈话在和谐信任中进行。

每个人的脖子上都顶着不同的脑袋，人的思想也不可能相同。因此，当意见不一致时，要学会运用幽默来化解，避免让双方进入对话的死胡同，从而化干戈为玉帛。

中 篇

掌握表达技巧，搞定人摆平事

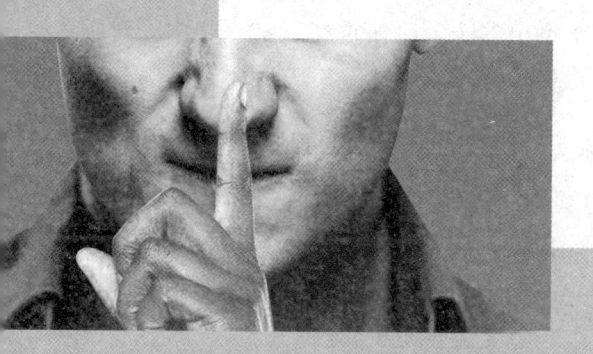

第七章　灵活巧妙，讨人喜欢的表达技巧

给别人最想要的称呼

在日常生活中，称呼别人司空见惯，但这个细节非常重要，很多时候我们输在语言表达上，就是因为不注意这些细节问题。

称呼得好，可以迅速拉近彼此之间的心理距离，对方觉得你礼貌可亲，双方很快建立友好关系，想办成的事，可能顺顺当当就办好了；称呼得不到位，关系尚可的会变得冷淡，素不相识的今后还是会形同陌路，关系难以发展。那么该如何称呼别人呢？

第一，你要做到合乎礼仪，不出岔子。比如说在日常交往中，对领导、对上级可以不称官衔，以"老张""老李"相称，使人感到平等、亲切，也显得平易近人，没有官架子，明智的领导会欢迎这样的称呼的。而对于那些比较在乎自己官职的领导，最好还是称呼"张经理""王总"。如果在正式场合，如开会、与外单位接洽、谈工作时，称领导为"王经理""张厂长""赵校长""孙局长"等，常常是必要的，因为这能体现工作的严肃性、领导的权威性和法人资格。不但使外单位人意识到领导的地位，也会对顺利开展工作起到推动作用。

小可最近有些郁闷，从前平易近人的王总现在对他总是冷言冷语的。小可上班的公司较小，人也不算多，平时大家都称呼王总为王哥，王总也乐呵呵地应着。前几日王总宴请客户，带着小可一起。席间敬酒，小可脱口而出："王哥……"王总和客户的脸色变了变，岔开了话题。

看似是简单的吃饭，其实不然。倘若是本公司聚会，没大没小反而显得热闹。若有客户在，平时再平易近人的领导，也要加好官衔。

第二，如果有人身兼数职，或者是在不同时期担任过不同职位，当然要以他目前的职位为称呼的首选。但是如果你是他的老部下，偶尔称呼一下他的旧职位也无不可，这可以唤起对方的亲切感。

第三，对于领导尊长，称呼要表达足够的敬意，而对于同等身份、年龄也差不多的人，则以称呼名字为佳。

有位大学生应邀到老师家吃饭，老生的爱人开门迎接，这位学生当时不知怎样称呼为好，脱口说了声"师母"。老师的爱人感到很难为情，这位学生也意识到似乎有些不妥，因为她也就比这位学生大5岁左右。

按身份，老师的爱人，当然应称呼"师母"，但这是旧称，人家因年龄关系可能不愿接受。按年龄差距，似乎该称呼"姐"，但是又显得不够尊重。最好的办法就是称呼"老师"，不管她是什么职业，称呼别人老师含有尊敬对方和自谦的意思。

第四，对于同龄人，一些比较大众化的称呼就不必使用了，这会使对方感觉你和别人完全一样，没什么特别的，你们之间的关系也是一般而已。所以你应该使用一些比较特别的，让别人感觉亲近的称呼来迅速改变你们的关系。

总之，称呼别人要灵活，根据具体情况来，关系好的朋友可以直呼名字，拿不准的称呼先不要贸然开口……如何称呼别人，归根结底还是要把

对方的感受放在第一位,不能只想着自己叫着省事和顺口。否则自己省事了,今后麻烦事就多了。

伤人的话不要轻易说

"良言一句三冬暖,恶语伤人六月寒。"伤人的话就像一把长长的利剑,会刺入对方的心灵,留下一道深深的伤痕。身体的伤口会渐渐愈合,消失。而心灵上的伤口,可能永远在滴血。

不管你出于恶意还是无意,说出的伤人的话,就是泼出去的水,你再怎么后悔也是收不回来的。它造成的后果只有两个:一是你伤了爱你的人,二是你得罪了不爱你的人。伤了爱你的人,你得到的会是他们对你的失望与自己内心的自责、悔恨。得罪了不爱你的人,人家不跟你计较也就罢了,人家要是耿耿于怀,那迟早是自己埋下的定时炸弹,这又何苦呢?

所谓祸从口出,千万别图一时畅快而对你身边的任何一个人说任何一句难听的伤人的话。但凡那些善于表达、惹人喜欢的人,都是不会说伤害别人的话的。因为不说伤人的话,既是把对方放在心上,尊重对方的表现,也是自己优良素养的体现。红遍全国的主持人蔡康永就是一个不说伤人话语的人。

2006年9月22日,"超级女声"年度四强在祝福声中诞生,人气选手厉娜遗憾出局。

当厉娜唱《执着》时,因为严重忘词,所以表现与自己的以往水平有很大差距。这时,蔡康永对她的评语是:"你有一个很让人舒服的外表,很完美。希望有一天,你的歌艺能和你的外表一样。"

面对离开,厉娜跪谢雪梨,最后蔡康永用了很大的篇幅说到了在离开的瞬间对厉娜的感受:"超级女声的舞台上充满了善良与感动,厉娜离开时的一段话让我很感动,她是在用生命做承诺,用她的方式感谢她的歌迷们,这表明她是在用生命做承诺,自己对她以后的发展很放心。"

对于厉娜的失误和弱点,蔡康永只是含蓄地指出,点到为止,寄予厚望而不是打击批评,还真情实意地表达对厉娜的喜欢和希望。蔡康永的说话水平之高,就在于任何尖锐的话经过他的嘴说出来后都变得温和有理,让人易于接受,也让人听后获益匪浅。这样的表达方式,是最受欢迎的,因为体现出了对听者的关怀和尊重。

小S说:"跟康永哥聊天绝对不会被刺伤,还会被他附带的一两句小夸奖逗得心花怒放,但又感觉那么真诚不滑头,让人不爱都难!"你想不想成为像蔡康永一样因为会说话而倍受喜欢的人呢?如果想的话,你可以从这些方面做起:

把对方放在心上,对人关心和体贴,自然会让人感到温暖。多说关心别人的话,会赢得真心的感动和感激。体贴,代表了对别人的爱护、关切和照顾。歌曰:"只要人人都献出一点爱,这个世界将变成美好的人间。"对别人体贴就是对别人献出了爱,别人受爱的感化,也会以爱相回报。体贴的话会换来友爱,换来真诚,而"友爱"和"真诚"是每个人都需要的。有些人不是慨叹这世上"友爱"和"真诚"太少了吗?其实,只要问问他:"你又给过别人多少体贴呢?"恐怕回答起来就很尴尬了。

与别人交往时为了表达出自己的关怀之情,在说话的时候,你可以参考下面的几种方法:

1. 示之以鼓励

给遇到磨难或陷于某种困境的人指出希望,让他振作精神,乐观地从困境中走出来,对方会对你的善意表示感激。这个时候,任何一句伤人的

话都有落井下石的嫌疑，你千万不要说出口，记住，别人最需要的是你的鼓励而不是你的指责。

2. 示之以关心

不拘位卑位尊，贫贱富贵，对所有人都怀有关心之情，并真诚地表达出来。在必要的时候向别人表示关爱的感情，别人也会把同样的善意之球抛掷给你。

3. 示之以同情

如果周围的人遇到了什么挫折和不幸，我们真诚地给以同情的表示，就可以让他感受到我们对他的体贴和关心。这样就能多少减轻一些他内心的痛苦，也可以加深他对你的信任和感情。

当然，同情不是无原则的附和。如果对方的情绪产生于错误的判断，就不应当随便表示同情，以免助长其错误情绪。比如说评定奖金，张三本来劳动态度不好，因而未评上一等奖，他发起了牢骚，你如果在这时表示同情，那就等于助长他的错误思想，也不一定会起到安慰的作用。这时需要的是委婉地劝导他正确对待，好好工作，下次争取。

4. 示之以尊重

小S说了这样一段话："我都会评估一番是否值得，是否会伤害到对方。如果是，我会选择用更多的时间来倾听。"其实，小S在主持《康熙来了》时不会只为收视率而不顾及嘉宾感受，她是在斟酌思量之后才说话。考虑对方的感受，就是对对方的尊重，对对方的关怀。只有尊重对方，才能不触碰对方的禁区，不说出伤害对方的话，而被你尊重的人，也会对你尊重，对你敬爱。

不管采用什么方式，相信如果你的话语中充满了关怀之情，对方就知道你把他放在心上，他一定会被你所折服，你们的友谊也就更加牢固。此外，你平时对别人表现出的关怀，还会成为你求别人办事的一种途径。想想你平时对别人那么好，谁还能拒绝为你办些事情呢？

不该问的不要问

人人都有这样的经验：有时，同某人在一起，谈话很愉快，而同另外一些人在一起，感到很烦，本来很感兴趣的话题也不想谈下去。究其原因，主要是因为对方说话不讨人喜欢，该问的问，不该问的也问，所以让我们觉得厌烦。说话要讲究轻重、曲直，更要察言观色，知道哪些话该说，哪些不该说，哪些该问，哪些不该问。

著名主持人杨澜在采访赵薇时，深知赵薇不愿意提到刚出道时被记者逼哭的事情，于是，她并没有提问这件事的原因、过程和解决办法，而是简单含蓄地叙述："你刚刚出名的时候，那个时候参加记者招待会，我还记得有一次，好像是因为人家没有通知到你，你迟到了，然后有记者很不礼貌地说让你滚回去什么一类的话，然后你一下就没有办法承受，当时觉得很委屈，对不对。"

这个问题，很显然没有纠缠于"你到底为什么迟到啊？你为什么哭了"之类，而是站在赵薇的角度，站在关怀人的角度提问，重点是问赵薇是不是感到特别委屈，而且当赵薇非常配合地回答之后，杨澜由衷地补充道："就是说，你们（逼哭赵薇的记者）干吗都那么狠啊！对吗？"这句话说完，赵薇记忆的闸门一下被打开，又接着这个问题回答了更多的内容。

同样的事情，别人提问，可能就问那些不该问的，比如说去求证这件事的缘由、过程，而杨澜的问题切入点选的很聪明，由于杨澜知道什么该问，什么不该问，所以得到了赵薇更多的回答，甚至主动回忆起当年。在提问军旗服事件时，杨澜更是巧妙地将其称为"服装事件"，避开了敏感词汇，同时，她不问这件事的真伪，不问这件事的结果，而是问道："当你在你最难受的时候，特别是那个服装事件之后，当那种批评和不知哪里来的仇恨如排山倒海般到来时，有没有想过躲起来？"

其实，有些问题一旦提出，就会破坏了交往过程中营造起来的温馨气氛，所以，为了避免不必要的伤害，不该问的尽量不要问，但该问的也无须讳言，该问即问。懂得如何区分什么该问、什么不该问是交谈顺利进行的关键。这就要求我们学会察言观色、问话讨人喜欢。

问题是展开话题的钥匙。有些问题，当你得不到满意的答复时，是可以继续问下去的，但有一些问题就不宜再问。比方说你问对方住在哪里，他如果只说地区而不说具体地址，你就不宜再问在某路某号。如果他愿意让你知道的话，他一定会主动详细说明的，而且还会补充上一句，邀请你去坐坐，否则便是不想让别人知道，你也不必再追问了。举一反三，其他诸如此类的问题，如年龄、收入等也一样不宜追问，以免引起对方不快。

不可问别人同行的情况。同行相忌，这是多数人的忌讳。因为他回答你时，若不是对其同行过于谦逊的赞扬，便是恶意的诋毁。在一个人面前提及另外一个和他站在对立地位的人或物总是不明智的。

此外，在日常交际中要知道的是：不可问及别人衣饰的价钱；不可问女士的年龄（除非她是六岁或六十岁左右的时候）；不可问别人的收入；不可详问别人的家世；不可问别人用钱的方法；不可问别人工作的秘密，如化学品的制造方法；等等。

凡别人不知道或不愿意让人知道的事情都应避免询问。问话的目的在于引起双方的兴趣，而不是使任何一方没趣。若能让答者起劲，同时也能增加你的见识，就是问话的最高本领。

一位社交家说："倘若我不能在任何一个见面的人那里学到一点东西，

那就是我的处世的失败。"这句话很发人深省,因为虚怀若谷的人,往往是受人欢迎的。记住,问话不仅能打开对方的话匣,而且你可以从中增益学问。同时,问话也要有个限度,凡事当问则问,不当问就不要问。

表达想法时避开他人的痛处

《新闻调查》节目报道了某城镇6名学生连续服毒的事件,两名死亡,四名获救。是什么原因让这些少年选择了这样极端的方式?孩子们选择沉默,不想说出事件的原因始末以及自己的伤痛。主持人、采访记者柴静采取如剥茧抽丝般的方式,慢慢地和他们交流,没有直接地追问,而是避开他们的痛处,通过问一些帮助孩子们释放情绪的问题,让孩子们慢慢地说出自己内心的秘密。

服毒自杀女孩苗苗的表弟拘谨地坐着,剪影中紧张的肢体透露出内心的痛苦和不安。柴静身体前倾,轻声地提问。

柴静:"你自己心里有疑问吗?"

苗苗表弟:"有。"

柴静:"那你去问谁呢?"

苗苗表弟:"问自己。"

柴静:"没法去问大人吗?"

苗苗表弟:"是。"

柴静:"你觉得这件事他们不能给你解释吗?"

苗苗表弟:"不相信他们的解释。"

柴静:"那你自己能回答得了自己吗?"

苗苗表弟:"回答不了。"

柴静:"你回答不了自己的时候,心里会觉得难受吗?"

苗苗表弟："难受。"

柴静："难受怎么办？"

这时，男孩已经泪流满面，哽咽着说不下去。柴静蹲下身去，用手拭去男孩的泪水，片刻的沉默之后，柴静继续发问。

柴静："你在心里跟你姐姐说过话吗？"

苗苗表弟："说过。"

柴静："你跟她说什么呢？"

苗苗表弟："（抽噎着）你好吗？"

……

从上面的对话中我们看到，柴静很多时候都是小心翼翼的，她完全站在对方的立场上，避开孩子的痛处，提出这些人性化的问题，让如惊弓之鸟、对成人充满不信任和排斥的孩子渐渐开口，说出了自己的心里话。可见，表达要有"忌口"，别触碰别人的痛处，才能营造良好的交流氛围，进行良好的互动沟通。

每个人都有自己的痛处和忌讳，人人都讨厌别人提及自己的忌讳。说话时如不小心就会冲撞了对方，让对方受到伤害，引起对方的反感，有的甚至招来怨恨。所谓"说者无心，听者有意"，自己随口而出的一句话可能正好在别人的伤口上撒了把盐，让人恨得牙痒痒。聪明的人在生活中要多观察、多总结，避开别人的痛处，只有这样，才能够准确恰当地与他人沟通。

小马先天秃头。一天，大家在一起聊天，得知小马的发明专利被批准了。直肠子的小莉快嘴说道："你小子，真有你的，真是热闹的马路不长草，聪明的脑袋不长毛。"说得大家哄堂大笑，小马脸也红了起来。

中　篇　掌握表达技巧，搞定人摆平事

小莉原本是想夸奖小马，然而她的一句"聪明的脑袋不长毛"正好戳到小马秃头的痛处，夸奖不成，反而招致小马的不悦和埋怨。

如果真的一不小心戳到了别人的痛处，应该尽快采取补救措施，比如也戳一下自己的痛处，自嘲一番，让别人好过。

某女生寝室，新生正在分床位。晓玲见比自己小几日的王月排在最末的床位不开心，便说道："好啦，你排在最末，是咱们寝室的宝贝疙瘩，你又姓王，以后就叫你'疙瘩王'啦。"说者无心，听者有意，原来王月长了满脸的疙瘩，每每深以为恨，此时焉能不恼？晓玲见又惹来了风波，心中懊悔不已，表面上却不急不恼，巧借余光中的诗句揽镜自顾道："'蜷在两腮分，依在耳翼间，迷人全在一点点'。唉，这真是'一波未平，一波又起'呀！"王月听了，不禁哑然失笑——原来晓玲长了一脸的雀斑。有一新生当场暗自感叹：无意中弄痛了对方，那就对着自己的某个痛处猛烈开火，就这份气度和勇气，便容易妙趣横生。

很多人天性敏感、心细，与这样的人说话时尤其要十分注意，避免无意中触到别人的痛处还不自知，更不要故意拿别人的短处、痛处来作为谈资。宇宙之大，谈话的资料取之不尽，用之不竭，我们何必一定要把别人的短处作为话题？我们若仔细想想，就会明白，我们所知道的关于别人的事情不一定就完全可靠，也许别人还有许多难言之隐非我们所详悉。若我们贸然把听到的片面之词宣扬出去，就容易颠倒是非，混淆黑白。我们若说出了什么话，就很难收回来了，即使事后明白了事情真相，也必须设法收回去，找那些听过我们说此话的人作更正。因此，若我们不是确切地知道某件事情的真相，切忌乱说。

另外，如果别人向我们谈起某人的短处的时候，如何应对呢？最好的办法是听了便罢，不要深信这种传言，不必将此记在心中，更不可做传声筒。而且还要提醒谈论别人短处的人是否对所谈的事情有所调查、确有把握。

朋友相聚，都不免要找个话题闲聊。新近流行的服饰、新出的化妆品、正在热播的电影电视剧、最近旅游的见闻，等等，都是绝好的谈话内容。何必说东家长西家短，无事生非地议论人家的短处呢？爱说人家短处是一种不礼貌的行为，我们必须学会克服。

掌握"慢"的表达智慧

说话要学会把握节奏，尤其是想用语言掌控别人时，更要注意快慢有序，不要一开始就暴露你的意图，否则只会引起别人的反感。

有人做过这样一个实验，将锅里盛满凉水，然后放进去一只青蛙。青蛙在水中欢快地游着，丝毫不介意环境的变化。这时，再把锅慢慢加热，青蛙对一点点变温的水毫无感觉。慢慢地，温水变成了热水，青蛙感到了危险，想要从水中跳出来，但为时已晚，因为它已经快被煮熟了！

青蛙之所以快被煮熟也没跳出来，并不是因为青蛙本身的迟钝，事实上，如果将一只青蛙突然扔进热水中，青蛙会马上一跃而起，逃离危险。青蛙对眼前的危险看得一清二楚，但对还没到来的危机却置之不理。这就是青蛙法则，在与人说话时，我们也可以借用这个温水煮青蛙的智慧，用温和缓慢，又丝丝入扣的语言逻辑，网罗住你要掌控对象的心。

以商店的售货员为例，当顾客选购衣服时，精明的售货员不会看到顾客就紧随其后，喋喋不休地一件件介绍客户摸过的所有商品，而是给客户充足的时间，去挑选，去试穿。他们的话一般都不多，但非常有分量，这样才能激起顾客的购买欲。

试想，如果售货员把商品所有的优点都列举出来的话，势必会导致无必要的废话，反而会引起不信任。而且怀疑和犹豫可能出现并反复发生在顾客购物的各个阶段，包括在购物以后，如果售货员针对其中的一个或几个商品说一些有分量的话，那么会令人信服得多。当然，如果对商品的部分重要优点没有点到并强调让顾客回家后自己去了解的话，只会改善购物行为的后效应，而不会产生任何副作用，也不会影响销售效果。需要强调的是，"有分量"并非是把话说得绝对、武断。绝对的口气会使得顾客产生心理上的防御反应，比如，顾客把话听了一半就突然离去。或者不加反驳地听售货员说话，然后坚定地拒绝购买。

表达自己，不要给别人急躁之感，否则，对方会觉得你很急，可能有什么隐情，以至于对你有所保留。所以，不管是商业推销，还是在其他时候，只要你想用语言掌控别人，就要懂得"慢"的智慧。慢慢来，一步步掌控对方，具体有以下几个技巧：

（1）多用肯定句，少用否定句。肯定句与否定句意义恰好相反，不能随便乱用，但如果运用得巧妙，肯定句可以代替否定句，而且效果更好。

（2）避免命令式，多用请求式。命令式的语句是说者单方面的意思，没有征求别人的意见，就强迫别人照着做；而请求式的语句，则是以尊重对方的态度，请求别人去做。

（3）言词生动，语气委婉。让对方觉得你是尊重和理解他的。

总而言之，做任何事都要一步一步来，切勿操之过急。只要这样做，就可以温水"煮"对方，使他受你掌控，难以脱逃。

聪明的人不会逞口上之勇

2010年,"娱乐百分百"萧亚轩听证会上,罗志祥突然吓了一下萧亚轩,萧亚轩很镇静,黄宏生于是感叹她的潇洒,此时,萧亚轩说:"因为我平时生活中,也是这个样子。"

罗志祥:"什么啊,上次她彩排的时候,我在后面吓她,她就'哇'的一声叫出来,被吓到后,她就站起来,后来拿着椅子在大马路上打我。"罗志祥回忆这件事是想说她的胆子没那么大,但还是会令萧亚轩略显尴尬,此时黄宏生就替萧亚轩解围:"因为有观众在。"萧亚轩笑着说:"好了,今天开始我和小鬼主持。"罗志祥识趣地结束了正在说的话,紧接了一句:"我主持费可不可以先拿,哈哈。"

毕竟,"娱乐百分百"是个娱乐节目,为了节目效果,这种主持人和嘉宾的笑梗说出来并没什么关系,而且罗志祥和萧亚轩又是非常好的朋友。所以,这种对萧亚轩胆子大小的讨论也没什么关系,可即使如此,当萧亚轩开玩笑地说她要和小鬼一起主持的时候,实际上是希望罗志祥停止说这个话题,机敏的罗志祥立即结束了这个话题,顺着萧亚轩的话就接了下去,并没有一定要得出萧亚轩胆子小的结论,挣个嘴上的胜利。

可生活中我们经常遇到这样一种人,他们雄才纵横、逻辑清晰、学富五车;他们口若悬河、侃侃而谈、很有想法;他们喜欢让别人听他说话,却不太喜欢听别人说话。但是,他们普遍并不怎么受欢迎。这其中的原因是什么呢?

因为,他们会把别人逼得哑口无言,非得逞一时之勇,非得在说话上战胜别人。如果你在无意中也存在这样的情况,那么请记得,上帝给了

中　篇　掌握表达技巧，搞定人摆平事

我们两只耳朵一张嘴。我们有权说话，他人也一样，当你要求他人倾听你时，你也要懂得倾听他人。这种逞口上之勇的人若遇上一个包容的人，可能会给对方留下不好的印象，下次避开他绕着走；若遇上一个钻牛角尖儿的人，双方极有可能争执起来，发生语言甚至行为上的冲突。

人际交往中的语言冲突是十分有害的。它很容易造成一些尴尬的局面，甚至产生不可预想的结果，这对交往是十分不利的。所以，在与人交谈的过程中，应极力避免冲突。

何必争这种没有意义的口头上的胜利呢？把无谓的胜利让给对方，让自己成为一个低调、谦卑、有风度、懂得迂回与有分寸的人，结识更多的朋友，这样岂不是更好？

言语能力并非人天生的本能，而是后天练习的结果。口才的完善是很长一段时间思想、语言行为、仪态、情绪等各个方面综合磨炼的过程，也是内在修养的过程。

要避免冲突，首先就要提升自身的修养，避免与他人起冲突。再者，对于别人无意间的语言冲撞也要表现出应有的大度，让自己占据主动优势。即使是别人有意冲撞，你对之进行反驳时，也要严守一个"度"，把握住应有的分寸，否则就会造成不必要的损失。

1. 尊重他人的意见

说话是人的思想的反映，尊重他人的意见，也就如尊重他这个人。但有些人为使自己的意见突出，引起他人对他谈话价值的充分认同，常常有意或无意地对他人意见加以贬低、否定，结果引发了对方的不满和对抗，不仅自己意见未得到重视，反而遭到冷落和否定，自己的形象也受到贬损。有些善于表达者，在发表己见时，恰恰采取相反的态度，他们会巧妙地从不同角度对已发表出来的意见加以肯定和褒扬，甚至采取顺势接话、补充发言的方式陈明己见，这样别人就会保持一个积极的良好的心态倾听

他们的高论，他们的意见圆满发表了，他们的风格也显示出来了。

2. 不与他人抢话争话

自己有真知灼见希望尽快发表出来，这种心情是可以理解的。但你同样也要给别人发言的机会，不能迫不及待，在他人侃侃而谈时，硬是卡断他的话头，让自己一吐为快；或者他人正欲发言时，你捷足先登，把别人已到嘴边的话硬是挤回去，让自己畅所欲言。发表己见首先应具备的修养就是耐心，待别人充分发表了意见之后，或轮到你的次序时，你再发言也不迟，这不仅不会减轻你发言的分量，还会调动大家的情绪。

3. 不说侮辱性话语

说到口才修养，不得不提口德，"德"可以说是口才的灵魂。生活中，有些词语我们应尽可能避而不用，尤其是有关生理特点的，如胖猪、矮冬瓜、瘸子、聋子，以及有关身份的，如身份卑贱的乞丐、私生子、拖油瓶、妓女……一个注重言语修为的人，一个有益于他人的人，自然易于为他人所接受，他的话也就可能被别人奉为圭臬。"文如其人"是从写作角度说的，我们也完全有理由说"言如其人"。心理上的专注力、耐受力、进取心等品质，也将使你更具个人魅力，使你的口才更富内涵。

总之，中国人办事讲人缘，中国人成功靠人缘。没有好的人缘，不知要失去多少成功的机会，干多少事倍功半的事情。人缘靠什么来维护？靠的就是这嘴上的功夫。一句话说对了，可能扶摇直上，平步青云。而一句话说过了，则可能"一着走错，满盘皆输"，毁掉一生前途。因此，要想讨人喜欢，立足于社会，就一定要懂得把无谓的胜利让给对方，不争顺气争人气。

中　篇　掌握表达技巧，搞定人摆平事

第八章　声情并茂，得人帮助的表达技巧

表达的自信，可信度就会提高

自信的人，表达的时候更富激情，很容易引起别人的注意，所以事情往往容易办成。而不自信者，则往往相反，即使给别人讲述一个很好的道理，对方有时也会半信半疑。这种差异，直接影响着我们说的话在别人那里受到了多大重视，也直接影响了我们所办之事能否成功。

所以，我们要把自信带到我们的日常表达中。当然，自信不是自负，那种觉得自己哪一方面都很强、都很优秀的方式是不好的，会给人轻浮感。但在自己的专业领域内，或者自己感兴趣的方向，一定要表现出自信来。我们不期望自己以一个全能者的身份出现，但至少我们要有自己能够很好地掌控的领域。这样，才能让我们得到更多的认同。

阿里巴巴创始人——马云讲话一直是以激情和自信著称的。听马云讲话，会让人觉得很振奋，因为他的自信能够很好地传达到听众的内心，从而给人力量。

在2010年中国地方与行业网站高峰论坛会上，马云说：

我不是第一次来参加站长大会了，十年八年以前我参加各种论坛，我是坐在那里倾听别人，并不是为了获取什么来去倾听，听别人成功和失败的时候，我反思回去做什么。学习别人成功的时候，一定要花一点时间学习别人是怎么失败的，有哪些错误。只有你相信你是站长，只有

会表达你就赢了

你相信你可以影响很多人，你才能影响很多人。什么是最近流行的话，就是心有多大。舞台就有多大，真正的是你的责任心有多大你的舞台就有多大，你愿意为一个人承担责任，你就是自己；你愿意为十个人承担责任，你就是经理；你愿意为几百万人承担责任，你就是市长；你愿意为十几亿人承担责任，你就是胡总书记。希望一定是需要时间和付出大量的代价，这些代价到了的时候，你就一定可以，不是所有人都可以，但是一定有人可以在这个房子里面，一定有。我想我是尊重大家的，因为你们比我们强大太多了，中国的希望一定是在你们的身上，而我们这些人是在靠手势在维护，淘宝不要倒，阿里巴巴不要倒，而你说我们还在发展，刚刚成长之中。谢谢！

  上面一段话，是马云在参加一次活动的时候，回答一位观众的提问时讲到的。从中我们可以感受到一种力量，能够给听者以信心。而这份力量的来源，自然就是马云的自信。

  自信是可以传染的。跟一个自信的人对话，会让人感觉振奋，因为通过他们的自信，也让我们对自己增加了信心。因此，想要让自己的话有更多人听、有更多人信，就要培养一种积极自信的心态。然后将这份自信传递出去，用自信的口吻跟人说话，会让人觉得这个人很优秀，也很有实力。而不自信的那种不确定性的口吻，则会让人怀疑。

  自信说起来是一件极为简单的事，但做起来却没那么简单。尤其是一个本来不自信的人，想要变得自信，是需要一个过程的。首先就是要看到自己的优点，而不是看别人的优点，然后拿来跟自己的缺点比。前者会让我们觉得自己优秀，从而产生自信，后者会让我们觉得自己太过平庸，从而滋生自我怀疑情绪。

  建立起个人的自信之后，就是传达自信了。在跟别人讲话的时候，尤

其是讲到自己擅长的领域时，口吻坚决些，语气坚定些，多说些有力量的话。这样都能提高我们的可信度。培养自信，或者说些有自信的话，最重要的是走出第一步。只要第一步走出去了，之后自然就顺利了。

满足对方心理，用诚意将其打动

人们往往喜欢尽量表现得比别人强，或者努力证明自己是有特殊才干的人。一个真正有能力的领袖是不会自吹自擂的，所谓"自谦则人愈服，自夸则人必疑"就是这个道理。

在办事过程中，你努力做到先在心理上满足对方心理，并用诚意将其打动，那么，对方还有什么理由不为你办事呢？

美国著名政治家帕金斯30岁那年就任芝加哥大学校长，有人怀疑他那么年轻是否能胜任大学校长的职位，他知道后只说了一句："一个30岁的人所知道的是那么少，需要依赖他的助手兼代理校长的地方是那么的多。"就这短短的一句话，使那些原来怀疑他的人一下子就放心了。

求人办事，用感动别人的方法让他来帮助你，再好不过了。但要感动别人，就得从他的需要入手。你必须明白，要一个人帮你做事情，唯一有效的方法就是使他自己情愿。同时，还必须记住，人的需要各不相同，各人有各人的癖好偏爱。只要你认真探索对方的真正意向，特别是与你的计划有关的，你就可以依照他的偏好应对他。

首先，你应让自己的计划适应别人的需要，这样你的计划才有实现的可能。比如说服别人帮你最基本的要点之一，就是巧妙地诱导对方的心理或感情，以使对方就范。如果你特别强调自己的优点，企图使自己占上风，那对方反而会加强防范。所以，应该先点破自己的缺点或错误，使对方产生优越感。

此外，有些被求者因为帮助了你，有恩于你，心理上会不自觉地产生一种优越感，说不定还要对你数落一番。当你认为自己可能被人指责时，不妨先数落自己一番，当对方发觉你已承认错误时，便不好意思再指责你了。

先提小要求，再提大请求

心理学中有一个"登门槛效应"，指一个人一旦先接受了他人一个微不足道的要求，为使自己的形象看起来不自相矛盾，在心理惯性的支配下，就有可能接受他人更高的要求，哪怕是原本不愿接受的要求。

曾有社会心理学家做过一个经典而又有趣的实验，他们派了两个大学生去访问加州郊区的家庭主妇。

实验过程是这样的：首先，其中一个大学生先登门拜访了一组家庭主妇，请求她们帮一个小忙：在一个呼吁安全驾驶的请愿书上签名。这是一个社会公益事件，每年死在车轮底下的人不知道有多少！不就是签个字吗，太容易了。于是绝大部分家庭主妇都很合作地在请愿书上签了名，只有少数人以"我很忙"为借口拒绝了这个要求。接着，在两周之后，另一个大学生再次挨家挨户地去访问那些家庭主妇。不过，这次他除了拜访第一个大学生拜访过的家庭主妇之外，另外还拜访了另外一组家庭主妇。与上一次的任务不同，这个大学生访问时还背着一个呼吁安全驾驶的大招牌，请求家庭主妇们在两周内把它竖立在她们各自的院子的草坪上。可是，这是个又大又笨的招牌，与周围的环境很不协调。按照一般的经验，这个有点过分的要求很可能被这些家庭主妇拒绝。毕竟，这个大学生与她们素昧平生，要求她们帮这么大的忙，真的有些难为她们。

中　篇　掌握表达技巧，搞定人摆平事

实验结果是：第二组家庭主妇中，只有17%的人接受了该项要求，但是，第一组家庭主妇中，则有55%的人接受了这项要求，远远超过第二组。

对此，心理学家的解释是，人们都希望给别人留下前后一致的好印象。为了保证这种印象的一致性，人们有时会做一些理智上难以解释的事情。在上面的实验中，答应了第一个请求的家庭主妇表现出了乐于合作的特点。当她们面对第二个更大的请求时，为了保持自己在他人眼中乐于助人的形象，她们只能同意在自家院子里竖一块粗笨难看的招牌。

这个实验告诉我们，一个人一旦接受了他人的一个小要求之后，如果他人在此基础上再提出一个更高一点的要求，那么，这个人就倾向于接受更高的要求。这样逐步提高要求，就可以有效地达到预期的目的。心理学家把这种对别人提出一个大要求之前，先提出一个别人很容易接受的小要求，从而使别人对进一步的较大的要求更容易接受的现象称为"进门槛效应"。

为什么会发生"进门槛效应"呢？

当你对别人提出一个貌似"微不足道"的要求时，对方往往很难拒绝，否则，似乎显得"不近人情"。而一旦接受了这个要求，就仿佛跨进了一道心理上的门槛，就很难有抽身而退的可能。因此当再次向他们提出一个更高的要求时，这个要求就和前一个要求有了顺承关系，让这些人容易顺理成章地接受。此种方法比乍一上来就提出比较高的要求，更容易被人接受。

日常生活中有许多利用"进门槛效应"的例子。比如一个推销员，当他可以敲开门，跟顾客进行交谈时，其实，他已经取得了一个小小的成功。此时，如果他能够说服顾客买一件小东西的话，那么，他再提出进一

步的要求，就很可能被满足。这是为什么呢？因为那位顾客之前答应了一个要求，为了前后保持一致，他的确会有较大可能性接受进一步的要求。男士在追求自己心仪的女孩时，也并不是"一步到位"提出要与对方共度一生的，而是逐渐通过看电影、吃饭、游玩等小要求来达到目的的。

　　有的孩子向妈妈要求，可不可以吃颗糖果？当妈妈答应他的时候，他可能会提出进一步的要求，那可不可以喝一小杯果汁呢？妈妈通常是会答应的。

　　这个心理效应给我们的启示是，在人际交往中，当我们要提出一个比较大的要求时，可以不直接提出，因为这个时候很容易被拒绝。你可以先提出一个较小的要求，一旦对方答应，再提出那个较大的要求，就会有更大的被接受的可能性。

激起心理共鸣，达到你想要的结果

　　人与人之间，本来有许多地方是相同的，但是要使彼此真正共鸣起来，需要一定的表达技巧。

　　在你对一个人有所求的时候，这样的论点也同样适用。最好先避开对方的忌讳，从对方感兴趣的话题谈起，不要太早暴露自己的意图，让对方一步步地赞同你的想法，当对方跟着你走完一段路程时，便会不自觉地认同你的观点。

　　伽利略年轻时就立下雄心壮志，要在科学研究方面有所成就，他希望得到父亲的支持和帮助。

　　一天，他对父亲说："父亲，我想问您一件事，是什么促成了您同母亲的婚事？"

"我看上她了。"父亲答道。

伽利略又问:"那您有没有娶过别的女人?"

"没有,孩子。家里的人要我娶一位富有的女士,可我只钟情于你的母亲,她从前可是一位风姿绰约的姑娘。"

伽利略说:"您说得一点也没错,她现在依然风韵犹存。您不曾娶过别的女人,因为您爱的是她。您知道,我现在也面临着同样的处境。除了科学以外,我不可能选择别的职业,因为我喜爱的正是科学。别的对我而言毫无用途,也毫无吸引力!难道要我去追求财富、追求荣誉?科学是我唯一的需要,我对它的爱有如对一位美貌女子的倾慕。"

父亲说:"像倾慕女子那样?你怎么会这样说呢?"

伽利略说:"一点也没错,亲爱的父亲,我已经18岁了。别的学生,哪怕是最穷的学生,都已想到自己的婚事,可是我从没想过那方面的事。我不曾与人相爱,我想今后也不会。别的人都想寻求一位标致的姑娘作为终身伴侣,而我只愿与科学为伴。"

父亲似乎有所感悟,但始终没有说话,仔细地听着。

伽利略继续说:"亲爱的父亲,您有才干,但没有力量,而我却能兼而有之。为什么您不能帮助我实现自己的愿望呢?我一定会成为一位杰出的学者,获得教授身份。我能够以此为生,而且比别人生活得更好。"

说到这,父亲为难地说:"可我没有钱供你上学。"

"父亲,您听我说,很多穷学生都可以领取奖学金,这钱是公爵宫廷给的。我为什么不能去领一份奖学金呢?您在佛罗伦萨有那么多朋友,您和他们的交情都不错,他们一定会尽力帮忙的。他们只需去问一问公爵的老师奥斯蒂罗·利希就行了,他了解我,知道我的能力……"

父亲被说动了:"嗯,你说得有理,这是个好主意。"

伽利略抓住父亲的手,激动地说:"我求求您,父亲,求您想个法子,

尽力而为。我向您表示感激之情的唯一方式，就是……就是保证成为一个伟大的科学家……"

伽利略最终说动了父亲，他实现了自己的理想，成为了西方历史上一位著名的科学家。

这里，伽利略采用的就是"心理共鸣"的说服方法，为最终实现自己的理想奠定了基础。

人其实都是一样的，只是表现方式各异。你要找到你与所求之人之间的共同点，得到对方心灵的回应，就获得了求人成功的钥匙。

至于具体如何实现与对方心理共鸣，通常可以通过三个途径：一是避开对方的忌讳，从对方的兴趣谈起，不要太早暴露自己的意图；二是让对方一步步地赞同你的想法；三是当对方跟着你走完一段路程时，就会自然而然地认同你的观点。

告诉对方"你很重要"

许多事业上卓有成就的人成功的原因是他懂得驭人之术。而其中最重要的一点，也即最有效的一点就是：让别人感到自己很重要。因为每个人都想获得来自他人的尊重，得到别人的重视。那么，你就不妨满足他这个需要。

罗斯福是一位懂得使别人感到自己很重要的人。只要是去过牡蛎湾拜访过罗斯福的人，无不被他那博大精深的学识所折服。不管对方从事多么重要或卑微的工作，也不管对方有着什么样显赫或低下的地位，罗斯福和他们的谈话总能进行得非常顺利。

也许你会感到十分的疑惑，其实不难回答，每当他要接见某人时，他

都会利用前一天晚上的时间仔细研读对方的个人资料，以充分了解对方的兴趣所在，从而让对方感觉到自己被重视了。这样的精心准备怎能不使会面皆大欢喜呢！

贵为总统尚且如此，我们普通人为何不肯承认别人的重要？所以，要使他人真心地尊敬和喜欢你，非常乐意为你做事，原则上是要拿对方感兴趣之事当话题，让他感觉到自己的重要。在别人觉得自己受重视之后，很多事情都迎刃而解了。

据一些权威人士表示，甚至有人会借着发疯来从他们的梦幻世界中寻求自我满足。一家规模不小的精神病院的医生说："有不少人进入疯人院，是为了寻求他们在正常生活中无法获得的受重视的感觉。"人们为求受重视，连发疯都在所不惜，试想如果我们肯多给对方一分尊重、一句赞美，它的影响该有多大？

那么，在什么时候才能让对方感受到他的重要？答案是：随时随地都可以。

譬如，你在饭店点的是鱼香肉丝，可是，服务员端来的却是回锅肉，你就说："太麻烦您了，我点的是鱼香肉丝。"她一定会这么回答："不，不麻烦。"而且会愉快地把你点的菜端来。因为你已经表现出了对她的尊敬和重视。

一些客气的话实际上就表达了你对别人的重视，如"谢谢你""请问""麻烦你"之类，可以很容易就让对方感到他被尊重、被重视。

很多人，尤其是身居上位者，极易产生一种高高在上之感，极易用一种俯视的心态去面对他人，仿佛他们只是自己实践理想的"棋子"，而忽略了其身为人对于自身肯定的需求。用真诚的心去肯定别人，就会拉近心与心的距离，形成一个良好的人际关系。

在通常情况下，人们内心所想的东西，即使不用嘴说出来，不用笔

会表达
你就赢了

写出来，也会被对方觉察体会出来。假如你对对方有厌恶之情，尽管你没有说出来，但是由于你这种心理的支配，你多少会露出一些"蛛丝马迹"，被对方捕捉住，或被对方体察出来，不久，他也会对你产生坏印象。这跟照镜子是一样的道理，你对它皱眉头它也对你皱眉头，你对它露出笑脸，它也还你一张同样的笑脸。同样的，如果我们怀着一颗真诚的心去肯定对方，对方也会同样从内心感激你，用心回报你，直至将你所交代的事情做到完美为止。

正如美国著名企业家杰克·韦尔奇所说："天下最易使人颓丧不振、冲劲全失的就是来自上级主管的批评、责骂。"抛开那些伤人的话语，随之以各种各样的方式告诉他，"你很重要"，受到肯定的人自然会在尊重与肯定下以诚相待、全力以赴帮忙。

用他人想不到的方式表达

在众多所求者中，想要让人答应你的请求为你办事，就要有跟别人不一样的地方，也就是我们常说的要有个性。我们知道马云是一个个性十足的人。他的个性不仅表现在其做事风格上，更是表现在他的语言表达上。

马云的话一向有其强烈的个人风格，简练、有力、情绪感染力强，当然，也常有着不一样的角度。像"今天很残酷，明天更残酷，后天很美好，但大多数人死在明天晚上。"这种带有强烈的马氏风格的话，便是马云的标签。

想要成为一个表达高手，不一定要学习马云的风格，但一定要有自己的风格。这风格便是我们的标签，是我们成事的杀手锏。到时候，不管走到哪里，都会有人知道我们。这就是最好的名片和成事利器。

我们先来看一看，马云是怎么样表现他的语言个性的。以下，是马云

做客"财富人生"的时候，与主持人的一段对话。

叶蓉：说起来我觉得很风趣的，前段时间我跟前程无忧的 CEO 甄荣辉在聊天，他就说起来前两年做互联网的日子很不好过，但是突然互联网的春天就来了。比如像网易、新浪都宣布盈利，我想打听一下现在阿里巴巴目前的经营状况如何？

马云：其实别人觉得互联网的春天来了，但我并没有觉得互联网的春天来了。我自己这么看，我说天天准备着冬天了，我希望冬天越长越好。

叶蓉：怎么会这么讲？

马云：首先我是个乐观主义者，我觉得有冬天一定有春天，有春天一定有冬天，一年四季都像春天的话你会过腻的。人也会生病，在冬天的时候不一定人人都会死，在春天的时候也不一定人人都会开花结果，任何一个产业都有这样的过程。所以今天是大家都好了，我反而更加警惕，大家都好了不等于我会好，在以前冬天的时候大家都不好，不等于我们不好，其实阿里巴巴现在经营一直不错，应该来讲今年的利润会在一个亿以上，所以整个公司已经开始慢慢地进入一个比较好的(状况)。

这就是马云的表达风格。哪怕不知道他做过什么的人，只要听到这样一段话，那么立即就会对他产生兴趣，想要了解一下这到底是个什么样的人，他到底做过什么。马云的这种带有强烈的自我风格的表达方式，为他的人生和事业自然有诸多帮助。

我们跟别人沟通，不仅在于让人答应你的请求，更在于得到对方的认可。而带有强烈标签，有自己独特风格的语言方式，自然是达到这些目的的最佳手段。

每一个个体都是独一无二的，他有区别于其他所有人的地方。但是有的人却将这些地方隐藏了起来,从而变得跟别人一样了。这样的做法是不值得提倡的。这是一个张扬个性的时代,要的就是属于自己独一无二的标签。我们应该将自己的个性拿出来,展示在众人面前,给众人留下更多的印象,而不是将之隐藏在内心深处,让自己变成跟其他人一样的个体。

个性的语言,不仅可以让我们引起更多人的关注,更有利于我们培养属于自己独特的行事风格,这些都对我们的人生和事业有帮助。

第九章　谨言慎行，获取好感的表达技巧

高调的表达只会让自己陷入不利境地

现代社会提倡表现自己，但这个"表现"只能充分体现在做的方面，而不是说的方面。这就是说，我们在表达的时候应该尽量低调一些。

有的人在日常生活中说话调子非常高，以显示自己很有能耐，无所不知，无所不会，但是这样的人很难得到大家的好感。如果在表达的时候有这样的毛病，必须要改正，否则会被自己的交际圈子边缘化。

来到新公司的头几个月，陆洁连一个知心的朋友都没有交到。为什么呢？因为她每天都使劲吹嘘自己在工作方面的成绩、她新开的存款户头……陆洁自认为工作做得不错，并且引以为荣，但令她费解的是，她的同事们不但不乐意分享自己的快乐，而且显得非常不高兴。陆洁渴望他们能够喜欢自己，很希望成为他们的朋友，但大家似乎都在躲着她。

迷茫的陆洁到一位咨询师那里寻求指导。这以后，她很少再谈起自己的成绩来，而是尽量多说些其他的话题。现在当陆洁和同事们一起闲聊的时候，就请他们把自己的欢乐都说出来，让大家一起分享。只有在特定的场合下，她才说一下自己的成绩。时间长了，大家就越来越喜欢她了。

陆洁不再彰显自己的成绩，开始低调地对待身边的朋友和同事，慢慢地，她开始获得了大家的好感。这是什么原因呢？也许我们可以从下一个

案例中找到答案。

旅居美国的徐女士开了个中餐馆,女儿从英国牛津大学毕业回到美国以后,在纽约曼哈顿一家金融机构供职,每月薪水上万美元。徐女士非常自豪,自己几乎是身无分文来美国发展的,30年来很多理想都没有实现,现在这些理想在自己女儿的身上终于实现了,她高兴得几乎发疯。于是,在面对亲朋好友的时候,徐女士言必称女儿的风光,言必道女儿的薪水。女儿对此极力阻止,说如果经常突出自家的好处,人家会有什么感受?不要因此伤害了别人的感情。

徐女士女儿的话合情合理。上述两个案例都在向我们讲述一个道理,那就是我们在与亲人、朋友、同事等交往的时候,要防止太过高调。过分突出自己,让别人感觉相形见绌,让别人感觉心里不平衡,产生不快,以至于影响双方之间的关系。应该多提到别人的长处,让别人也有优越的感觉。这样可以在和别人分享快乐的同时建立起良好的人际关系。

把坚持和真诚带入言谈中

如今是一个盛产流行语的时代,其中有一个就是接地气。所谓接地气就是不空洞,有内容。在语言表达方面,指的就是说话比较亲切,能让人有认同感和代入感,而不是说那种大而无当的话。不管是与陌生人还是与熟人交流,不管是两个人的对话还是在公共场合的演讲,宏大叙事都是要不得。那种大而无当的空洞言语,只能让听者觉得厌烦,一点也无法体现出言说者的高大上来。

言语亲切,不仅在于语气上,更在于言说的内容。要懂得站在普通人

的角度讲话，要讲些普通人比较感兴趣的话题。这样，就可以瞬间拉近两个人之间的心理距离，可以给人一种亲切感。

关于如何才能做到这点，马云的行为很值得我们学习。马云是世界首富，但他从不忘初心。在一次访谈中，他曾说：

"我自己觉得我今天比十几年前的我能干了很多，我的团队也比当年的我们强大很多，重走路一定走不出来，感恩和敬畏是真心，我是没有机会做到今天的，没有机会，再走一次一定死，别去成为他，人的最后的境界是做自己。我想干吗干吗，只是不去伤害别人。我没有失去过这个（做自己），我当班主任的时候最快乐的是我跟同学的感情，今天也一样，前一段时间他们刚好校庆回来看我，我特别高兴。今天我跟同事的感觉一样，还像当年一样。我的很多同事我有批评他们，我也开除他们，我把他调岗，他可以恨我，就像我当班主任的时候，我可以罚他，他可以恨我，我知道十年以后，因为我的出发点我不会后悔。"

由这段话可以看出马云的心路历程，他一直将自己放得很低。虽然有狂言傲语，但从来没真正觉得自己凌驾于别人之上过。正因为马云觉得自己的成功跟机遇有很大的关系，所以他才能保持初心。这份初心，让马云说起话来一直比较接地气，给人一种非常亲切的感觉。这便是马云亲和力的来源了。

荆林波（信息服务与电子商务研究室主任）：马总过去十多年，我们一直关注你。我隐隐约约有一种担心，就是社会上乃至你们集团内部慢慢在膨胀一种对你的过度崇拜，刚才大家听到这个现场一代宗师这种大的帽子扣下来，我们真的担心，幸好你还清醒。

会表达你就赢了

马云：我觉得我就是我，这十多年来我经历了人生可能常人没有这种福气去经历的各种各样的痛苦、烦恼、快乐，我知道我从哪里来。我就是一个普普通通家庭的孩子，只要证明马云成功，中国80%的年轻人都能成功，这是我当初创业的一个原因。今天也一样，别人看我，其实我知道他们看的不是我，是他们想象中的马云。我不敢说我清醒，但我知道我自己是谁。我知道我做了什么，我没做什么，我点燃了我的同事的心里面的几盏灯，而且是巧合中点燃，这些同事共同点燃了700万家卖家的灯，形成了这个事，点了一下而已。我自己觉得，别人点也会亮，我只是运气比较好。所以今天我在想的问题是，假设我还能够点什么灯，我觉得中国经济在继续成长，未来三年到五年，我希望它能够放慢了，我们今天的脚步速度超越了我们的灵魂。我们走得越快，我们付出的代价越多，你不知道自己是谁，不知道昨天的经历，未来走到哪只会是越来越大的灾难，我们这个时代是缺乏信仰的时代，信就是感恩，仰就是敬畏。

"我知道我自己是谁"是一句很简单的话，但真正能做到这点的却不多。很多人成就没多大，架子却长了不少，总是一副高高在上的样子，说出来的话也多半空洞无味，一味寻求宏大。这样的人，即使说得再多，也不会得到别人的认可，反而会让人觉得讨厌。

不管我们面对的是谁，都应该放下身段来，以真实和亲切为原则进行交谈。只有这样的交谈才有意义。真正决定一个人地位的是别人对他的评价，而不是他自己吹嘘出来的东西。一味夸赞自己，不仅不能得到别人良好的评价，反而会让自己在别人那里丢了形象。

因此，保持一颗初心，跟人亲切地交谈，切不可把自己弄成一副不食人间烟火的样子。

中　篇　掌握表达技巧，搞定人摆平事

说话需要开门见山，也需要按部就班

在日常说话中，总是存在话语的先后，即表达顺序。也许很多人都会认为这是无关紧要的小事，两句话先说哪一句都无妨，可事实却恰恰相反，有时候，哪句话放在前头说，哪句话放在后头说，对别人的心理影响大不相同，这就是心理学上的冷热水效应。

准备三杯水，一杯冷水，一杯热水，还有一杯温水。先将手放在冷水中，再放到温水中，你会感到温水很热；但是如果你先将手放在热水中，再伸入温水中，就会感到温水很凉。

同一杯温水，温度并没有发生变化，为什么会出现两种不同的感觉呢？这种奇妙的现象就是冷热水效应。这种现象的出现，是因为人人心里都有一杆秤，只不过是秤砣并不一致，也不固定。随着心理的变化，秤砣也在变化。当秤砣变小时，它所称出的物体重量就大，当秤砣变大时，它所称出的物体重量就小。人们对事物的感知，就是受心中秤砣的影响。

鲁迅先生的老师曾经说过："若是有人提议在房子墙壁上开个窗口，势必会遭到世人的否决，窗口必定开不成。可是若是提议把房顶直接掀掉，世人则会响应退让，赞成开个窗口。"这位老师的精辟阐述，谈的就是运用冷热水效应去促使对方赞成。当提议"把房顶直接掀掉"时，对方心中的"秤砣"就变小了，对于"墙壁上开个窗口"这个挽劝方针，就会顺遂承诺了。冷热水效应可以用来挽劝他人，若是你想让对方接管"一盆温水"，为了不使他拒绝，不妨先让他试试"冷水"的滋味，再将"温水"端上，如此他就会欣然接受了。

**会表达
你就赢了**

某化妆品公司的严经理，因工作上的需要，决定让家居市区的推销员小王去近郊区的分公司工作。在找小王谈话时，严经理说："公司研究，抉择你去担任新的主要工作。有两个处所，你任选一个。一个是在远郊区的分公司，它有三个销售网点……另一个在近郊区的分公司，它主要负责的区域……"小王听到远郊区三个字时，心里顿时一百个不愿意，她不愿离开已经十分熟悉的市区。但当她听到近郊区三字时，顿时喜出望外，不假思索地回答自己要去近郊区。小王的选择，恰恰与公司的决定相符合。而且，严经理并没有多费唇舌，小王也认为选择了一项自己觉得高兴的工作岗位，双方都达到了想要的结果，问题得到解决。

在这个事例中，"远郊区"的呈现，缩小了小王心中的"秤砣"，从而使小王顺遂地接受去近郊区工作。试想，如果当时严经理先说的是"近郊区"，然后再说"远郊区"，那么对不愿离开市区的小王来说，也许怎样的选择都不是她所欣喜的了。

一次，一架客机即将着陆时，机上乘客忽然被通知，因为机场拥挤，无法下降，估量到达时刻要推迟 1 小时。马上，机舱里一片埋怨之声，乘客们在期待着这难熬的时刻过去。几分钟后，乘务员发布揭晓，再过 30 分钟，飞机就会平安下降，乘客们如释重负地松了口吻。又过了 5 分钟，广播里说，此刻飞机就要下降了。虽然晚了十几分钟，乘客们却喜出望外，纷纷拍手相庆。

生活中和这种情况相似的例子有很多，比如对于饭店服务员来说，客人会催问菜要做好需要几分钟，如果服务员说的时间比实际情况长了，那么上菜时客人会感到喜出望外；相反，如果服务员说的时间比实际情况短，客人会感到失望甚至是发火。所以，聪明的服务员不会把时间往短了说，宁可先让客人有一点小失望，也不愿意菜没按时上来，让客人发更大的脾气。

所以说语言表达顺序是很重要的，先说哪一句后说哪一句，所起的效果也是不同的，所以在我们平时说话的时候要注意表达顺序，该按部就班、娓娓道来的要按部就班，该开门见山的就要开门见山。

点到即止，不逼人认错

人非圣贤难免会犯下这样或那样的错误。但人的本能是不愿意承认错误的，因为这毕竟是件不愉快的事情，会伤面子，脸上挂不住，况且还有可能要去承担某种因此带来的责任。

我们应该认识到，在许多时候，逼别人认错是种不会做人的做法，因为这样做无疑伤害了别人的面子，对于自己也是有百害而无一利。既然乐意认错的人如此之少，我们在日常生活中就要少和别人争辩，因为争辩的目的常常是想告诉别人你是错的。

有一位社交专家说：应酬的最高效果，是你绝不使用任何强制手段而使对方照着你的意思去做。对方完全出于自愿，比你要别人怎么做的效果好得多。

查尔斯·史考勃有一次经过他的钢铁厂。当时是中午休息时间，他看到几个人正在抽烟，而在他们的头上，正好有一块大招牌，下面清清楚楚地写着"严禁吸烟"。如果史考勃指着那块牌子对他们说："难道你们都是文盲吗？！"这样显然只会招致工人对他的逆反和憎恶。

史考勃没有那么做，相反，他朝那些人走去，友好地递给他们几根

雪茄，说："诸位，如果你们能到外面抽掉这些雪茄，那我真是感激不尽了。"吸烟的人这时立刻知道自己违犯了一项规定，于是，便一个个把烟头掐灭。同时对史考勃产生了好感和尊敬之情。

因为史考勃没有简单地斥责，而是使用了充满人情味的方式，使别人乐于接受这样的批评。这样的人，谁不乐于和他共事呢？

人无完人，人都会犯错误。承认错误虽是件好事，但有这种度量愿意当面承认错误的人终究是少数。因为大家都觉得不认错，就不会有批评，甚至自己的过错也不会一再被提起。所以，如果你想要别人当面认错，无疑是件愚蠢的事。因为，即便你逼迫别人认了错，得到一时之快，但这种违背他内心意愿的做法会激起他的逆反心理，使事情的错误得不到及时的解决，还会在他心中积下怨恨。如果这种事发生多了，你应该明白"怨恨"会转化成什么。

所以，我们能做的是，在别人做错事情时尽量引导对方，可以旁敲侧击，也可以摆事实、讲道理（前提是你了解对方是个知错就改的人，而没有死不认错的前科）。否则，你过于纠缠于表面现象和枝节问题，对方不但不会知错就改，反而会对你怀恨在心。这对你来说也是相当不利的，因此，你还不如点到即止，让对方心中有数即可。

他人的心思看破但不要点破

在交际中，一般应尽量避免触及对方的敏感区，避免使对方当众出丑。心理学的研究表明，每个人都不愿自己的错误或隐私在公众面前"曝光"，一旦出现这种情况，就会感到难堪或恼怒。必要时可委婉地暗示对方的错处或隐私，给他造成一些心理压力。

中　篇　掌握表达技巧，搞定人摆平事

　　魏王的异母兄弟信陵君，在当时名列"四公子"之一，知名度极高，因仰慕信陵君之名而前往的门客达三千人之多。

　　有一天，信陵君正和魏王在宫中下棋消遣，忽然接到报告，说是北方国境升起了狼烟，可能是敌人来袭的信号。魏王一听便打算召集群臣共商应敌事宜，坐在一旁的信陵君则不慌不忙地："先别着急，或许是邻国君主行围猎，我们的边境哨兵一时看错，误以为敌人来袭，所以升起烟火，以示警戒。"

　　过了一会儿，又有报告说是邻国君主在打猎。

　　魏王很惊讶："你怎么知道这件事情？"信陵君很得意地回答："我在邻国布有眼线，所以早就知道邻国君王今天会去打猎。"

　　从此，魏王对信陵君逐渐地疏远了。后来，信陵君失去了魏王的信赖，晚年沉溺于酒色，终致病死。

　　任何人知道了别人都不晓得的事，难免会产生一种优越感，对于这种旁人不及的优点，我们必须隐藏起来，以免招祸。而隰斯弥就是因为知晓这一点，才没有走上信陵君那样的路。

　　齐国一位名叫隰斯弥的官员，住宅正巧和齐国权贵田常的官邸相邻。田常为人深具野心，后来欺君叛国，挟持君王，自任宰相执掌大权。隰斯弥虽然怀疑田常居心叵测，不过依然保持常态，丝毫不露声色。

　　一天，隰斯弥前往田常府第进行礼节性的拜访，以表示敬意。田常依照常礼接待他之后，破例带他到邸中的高楼上观赏风光。四周风景一览无遗，唯独南面视线被隰斯弥院中的大树所阻碍，于是隰斯弥明白了田常带他上高楼的用意。

隰斯弥回到家中,立刻命人砍掉那棵阻碍视线的大树。

正当工人开始砍伐大树的时候,隰斯弥突然又命令工人立刻停止砍树,他道出了其中的奥妙:"能看透别人的秘密并不是好事。现在田常正在图谋大事,就怕别人看穿他的意图,如果我按照田常的暗示砍掉那棵树,只会让田常感觉我机智过人,对我自身的安危有害而无益。不砍树的话,他顶多对我有些埋怨,嫌我不能善解人意,但还不致招来杀身大祸。"

在人际交往中,有的事不必弄得太明白,即使心里明白,也不一定非得说出来。适时地糊涂一把,有百益而无一害。

能透视对方的内心,只不过是使你得到一种有利的武器罢了,更为重要的是,你要懂得如何使用抓在手中的这把利器。如果胡言乱语,到处宣扬,很有可能伤害到自己。

所以即使看破别人的心思也不要去点破,这是在人性丛林中生存的法宝。因为你不去点破他人的心思,充其量是落得他人的埋怨,但却不至于造成生存危机。

传递正能量,把"坏"事往好里说

评价一个人口才的,不仅仅是他的讲话技巧,更多的还是他传递出来的是什么样的信息。同样的道理,表达技巧好的人,自然更受欢迎。可是,如果一个人表达上欠缺,但总是能讲出更深的道理,而一个人虽然表达技巧好,但常常言之无物,同样是前者更受欢迎。所以,想要让自己的讲话吸引更多人,还要在讲话内容上下功夫。

对于当今的社会,更能吸引人的,自然是正能量的话。所谓正能量的话,就是能够让人振奋的,可以给人加油、鼓劲的话。这样的话能够点燃人们内心的激情，让人听了之后在内心燃起希望。

马云就是一个传递正能量的人。如果对马云足够了解，自然会知道，他很少抱怨，在遇到困难的时候，也从不将原因归结为环境的变换，而是总在第一时间寻找解决办法。这个态度就是正能量的。更为重要的是，即使是不太具备正能量的话，他也能够讲出正能量来，这就是一种境界了，总是能把"坏"事往好处说。

在讲到创业的艰难时，马云说：

什么是品牌和企业？我比别人活得长。你活着人家死了，你就是品牌，就是这么简单。

我觉得做一件事，经历就是一种成功。你去闯一闯，不行你还可以掉头；但是，你如果不做，就像"晚上想想千条路，早上起来走原路"一样的道理。

如果一个年轻人今天和你说他要做什么，三年后依然说他要做这个，而且坚持在做，那你就一定要给这个年轻人机会。

创业者就是要乐观地面对困难

在面对困难的时候，你要学会用左手温暖你的右手。你在开心的时候，把开心带给别人，那么在你不开心的时候，别人也会把开心带给你。

开心快乐是一种投资，你开心时和别人分享，有一天别人也会回报于你。做一份工作，做一份喜欢的工作就是很好的创业。

没有经历过困难的人，很难克服更多的困难。别人能帮助自己一次、二次，很难一直帮助自己，人只有靠自己。另外还要记住，这个世界上充满着爱、充满着关怀和关心，所以遇到困难时应该想：今天碰到的是运气不好的事，比自己倒霉的人多得很。

会表达
你就赢了

别人怎么说，是没办法的事。你自己要明白，我要去哪里？我能对社会创造什么价值？创业的时候，我的同事可能流过泪，我的朋友可能流过泪，但我没有，因为流泪没有用。

我告诉自己，我做的事情是对的，我做的事情是非常艰难的，很少有人做得了，但是我愿意尝试。这是一个临界，你跨过这个临界——最艰难的黑暗，你就有可能看到曙光。黎明前的黑暗是最难挨的。

最重要、最珍贵的是，犯了很多错误，走了很多弯路，使得我们更有信心面对明天的挑战。

遇到困难的时候不要怕，而是迎难而上，将之解决。这就是马云的行事之道，也是他一直在传达的理念。正是这份理念，让马云感染了一批又一批人。

很多人都有一个不好的习惯——爱抱怨。工作不顺利的时候，他们抱怨工作环境不好；不开心的时候，他们抱怨这个社会太过冷漠。总之，他们身上的一切不好的东西，都不是由他们本身造成的，而是外在环境造成的。这样的人就是不讨喜的，他们的言谈给人的感觉就是这是一个阴郁的、不敢承担责任的人。他们的话自然也就是负能量的话，不仅不会获得别人的认同，反而会让很多人产生厌烦感。

而传递正能量的人则不然。他们总是有一种积极乐观的心态，也有一份勇往直前，不畏艰险的精神。一个能够给别人力量的人，自然是大家都喜欢的人。

沟通是为了获得别人的认同，因此不要总是讲些消极的话，那样只会让我们变得讨厌。让自己积极起来，多给人传递些正能量，自然能够得到我们想要的。

第十章 把握分寸，不得罪人的表达技巧

"重"玩笑开不好伤人也伤己

开玩笑是生活的调味品，开玩笑可以减轻疲劳，调节气氛，缩短朋友和同事之间的距离。彼此之间产生矛盾时，一句玩笑话可以化干戈为玉帛，消除积怨；开玩笑也可以用作善意的批评或拒绝某人的要求。但开玩笑要把握尺度，掌握分寸，若玩笑开得过火会给人一种被耍弄的感觉，弄不好"说者无意，听者有心"，会加深或引发与他人的矛盾。

爱说笑的人一般都心怀善意，他们想做的只不过是给人增加一份快乐而已。但无论怎样，玩笑话有伤人的可能，其界限是耐人寻味的。开玩笑时，要小心翼翼，不能踏错一步，否则一步走错全盘皆输，得不偿失。万一说了伤人的话，一定要诚心诚意道歉，不能就此放任不管。

开玩笑要注意对象，还要有轻有重，"重"的玩笑多半是开不得的，它只能在比较特殊的场合才能开。若在一般场合开比较"重"的玩笑，可能就不再可笑了，甚至会变成悲剧。朋友聚会，为了活跃气氛，应该选择一些比较轻松的玩笑开，如果不是特殊需要，切不可开比较"重"的玩笑。

据某报刊载：张某和几个朋友一起喝酒，几两酒下肚后，张某脑袋就有些昏昏沉沉了。两位朋友边喝边和他开玩笑："瞧你这丑样，你那儿子倒很漂亮，莫不是你媳妇跟别人生的？"张某是个小心眼的人，平时也爱

丢三落四，但此时在醉态中却牢牢记住了这句开玩笑的话。等张某跌跌撞撞回家后，就向妻子找茬："你说！我长的是啥样，为什么这孩子却是那模样？到底是不是和我生的？"他边说边逼近妻子。突然，他冷不防从妻子怀里抓过孩子，拎着小腿，把孩子扔到炕上，又顺手抓起枕头压在了哭叫不已的孩子的脸上，可怜的孩子顿时没有了哭声。见此情景，妻子极力想救孩子，却被丈夫打倒在炉灶前。妻子急恨交加，顺手抓起炉灶旁边的炉钩，死命地甩向张某。只听张某"哎呀"一声，松开了枕头，慢慢地瘫倒在地上。妻子从地上爬起来，不顾一切地向儿子扑了过去。她急忙掀去枕头，儿子的小脸儿憋得青紫，已经奄奄一息了。再看丈夫，他倒伏在地上，一动不动，一股青红色的液体顺着他的右腮淌下。原来她甩过去的炉钩的尖端，刚好嵌进张某的右边太阳穴，她见状吓得昏了过去。

一边是只剩下一口气的宝贝儿子，一边是一口气也没有的丈夫。顷刻间，好端端的一家人，家破人亡，毁于一旦。

看来，开玩笑之前，务必要考虑这个玩笑带来的后果，不该开的绝不要随便开。有时开玩笑，还要考虑到自己的特殊身份及开玩笑的对象，不然，也会发生意外，这是应该引起我们注意的。

总之，开玩笑不能过分，尤其要分清场合和对象。开玩笑的忌讳主要有以下几点：

（1）和长辈、晚辈开玩笑忌轻佻放肆，特别应忌谈男女情事。几辈同堂时的玩笑要高雅、机智、幽默、解颐助兴、乐在其中。在这种场合，忌谈男女风流韵事。当同辈人开这方面玩笑时，自己以长辈或晚辈身份在场时，最好不要掺言，只若无其事地旁听就是。

（2）和非血缘关系的异性单独相处时忌开玩笑（夫妻自然除外），哪怕是开正经的玩笑，也往往会引起对方反感，或者会引起旁人的猜测非议。要注意保持适当的距离。当然，也不能拘谨别扭。

（3）和残疾人开玩笑，注意避讳。人人都怕别人用自己的短处开玩笑，残疾人尤其如此。俗话说，不要当着和尚骂秃子。

（4）朋友陪客时，忌和朋友开玩笑。人家已有共同的话题，已经形成和谐融洽的气氛，如果你突然介入与之玩笑，转移人家的注意力，打断人家的话题，破坏谈话的雅兴，朋友会认为你扫他面子。

有主见地表达，不人云亦云

生活中不乏这样一些人，他们没有自己独立的思想和见解，或者不敢坚持和维护真理，说起话来哼哼哈哈、人云亦云，对人对事态度不明确，一味"好好好""是是是。"这样的人可能是不动脑筋的懒汉，也可能是圆滑世故、趋炎附势的小人。在人际交往中，他们最终会落个失败的下场。

有一些人，思想懒惰，不愿动脑筋，在交际时看到别人说什么，自己也跟着说。他们既不去研究别人说的话是正确的还是错误的，也不去思考自己应该怎么说和不应该怎么说。比如要推荐一个干部，大家都说好，他也跟着说好，大家都举手，他也把手举起来。你要问他为什么赞成，他是说不出原因的，因为对他来说，赞成是盲从，不赞成也是盲从。

人云亦云，就像鹦鹉学舌一样，他不明白人家为什么这样说，只是见人家这样说了，他也就学人家的样子把人家的话搬过来说。这样不分情况地乱用人家的话，除了收不到好的效果，说不定还会带来不良后果。

佛经中有这样一个故事：有一次，僧人舍利佛和摩诃罗来到一个德高望重的长者家里。这位长者极为富有，且又好客，见两位僧人来后，十分高兴。恰巧这一天，长者家里有位到海外的商贩获得了很多珍宝，此时国

会表达
你就赢了

王又赐长者为该部落的头领,长者的妻子又生下了一个男孩,几件值得欢庆的大喜事都聚集到了这一天。

他俩来后受到了热情的款待。此时,舍利佛对长者说了几句祝愿的颂词:"今日良时得好报,财利乐事一齐集;踊跃欢喜心悦乐,信心诵发念十力。"(十力为佛教中佛与菩萨的十种力量)

"像今天这样吉祥的日子,希望今后常常来临。"

长者听完这篇颂词,心中十分高兴,便马上施舍给舍利佛两匹最精细的白毛巾。摩诃罗却什么也没得到。

事后,摩诃罗心想:舍利佛之所以得到东西,不就是由于几句庆贺祝愿的颂词吗?我以后也要学学。

过了些时日,长者又宴请僧人。这次摩诃罗被尊为上座。当时正值长者家中商贩出海获得的珍宝被海盗抢劫去了,长者的岳父家里又牵连了一起官司,长者的男儿夭亡,而摩诃罗却对长者学说了一遍舍利佛教给他的那几句颂词,并说:"但愿像今天这样的吉祥日子以后常常来临。"

长者听到这样的颂词,肺都要气炸了,立刻叫人鞭打他并将他驱逐出去。可怜摩诃罗挨打还不知是何缘故。

鹦鹉是没有头脑的,而人作为高级动物应该学会说话的技巧,如果不分情况,别人怎么说你怎么说,吃亏的将是你自己。

有些人,为了巴结权贵或者为了勾结同类,不分是非,别人说"对",他就说"不错";别人说"假",他就说"不真"。与他人唱一个调子,好像应声虫一样。这种人虽然暂时能受到少数人的恩宠,但却为大部分人所不齿,长期如此,不会有好下场。

赵树理的小说《李有才板话》中有个农会主席叫张得贵,他就是这样一个典型。他为了巴结老村长阎恒元,事事和阎恒元唱一个调子,为此,

李有才给他们编了一段板话：

张得贵，真好汉，跟着恒元舌头转。
恒元说个"长"，得贵说"不短"。
恒元说个"方"，得贵说"不圆"。
恒元说"砂锅能捣蒜"，得贵就说"捣不烂"。
恒元说"公鸡能下蛋"，得贵就说"亲眼见"。
要干啥，就能干，只要恒元嘴动颤。

张得贵长个舌头，好像就是专门附和阎恒元的，他说的话简直是老村长的翻版，农民会喜欢听吗？

说话的目的主要是表达自己内心所想所感，并不是模仿别人的美丽辞藻、动人声调，就能谈笑风生。

有位先生曾因病住院，痊愈后他抒发感想：

"有些朋友真不愧为知心，像张三就是很不错的一个。虽然他只来看我一次，但浑身充满友情，叫人感动万分。"

张三到底用什么方法探病，而让这位朋友感激涕零？是否说了许多漂亮辞藻，而以动听的言辞慰问呢？

全然不是。他一踏进病房就说：

"怎么回事？脸上这么苍白，你这笨家伙，怎么又病了？躺着比较舒服是不是？不起来没关系，但老是睡在床上，不是愈睡愈糟吗？

"别哭丧着脸，赶快振作起来啊！这两天你不在，连喝酒也浑身不对劲，兴致全无。"

这些话多少带点粗犷味道，但在那位先生耳朵里，却充满诚挚的情意。他看着张三的表情，内心在想：啊！真谢谢你，只有你才能使我如此

会表达
你就赢了

开心。这样想着,眼眶不由得一阵湿热,激动得无以名状。

相反的,对那些碍于情面,不得不来虚应一番的人,尽管用动听言辞与柔美声调来致安慰之意,他仍是毫不领情。当别人说:"唉!真不幸!我想应该马上就好了,我回去会替你向神祷告。"他内心的声音是:算了吧!祷告什么?我又不想上天堂!赶快走远一点,心里倒舒服多了。

这是必然现象。最基本的要领未能把握,再好的词汇也无济于事。多看一些雄辩的书,或有关颂赞的词的参考书籍,是否就能使能力提升?老实说,此路不通。这些参考书,即使有其本身价值,但做这种拾人牙慧的事,其结果必将落得一无所得。毕竟那些是别人的话语,不能成为我们心里所思所想的真意。

管好不经意间出口的口头禅

本来很好的语言,如果加入许多口头禅,会好像被玻璃蒙上一层灰一样,大大减少它原有的光彩。

有人喜欢在谈话中,用太多不相干、不必要的口头禅。例如,什么地方都加上一句"自然啦",或"当然啦"这类的词句。又有人喜欢加太多的"坦白说""老实说";有的人喜欢老问别人"你明白么""你听清楚了么";有的人又喜欢老说"你说是不是""你觉得怎么样";也有些人习惯性地在每一句话的语尾,加一句"我给你讲""你说可笑不可笑"。像这一类的小毛病,可能自己平时一点也不觉得,要问一问你的朋友们,请他们替你注意一下,有则改之。

在我们平常与人讲话或听人讲话之时,经常可以听到"那个""你知道""他说""我说"之类的词语,如果你在说话中反复不断地使用这些词语,那就是口头禅。口头禅的种类繁多,即使是一些伟大的政治家在电视访谈中也会出现这种毛病。

有时，我们在谈话中还可以听到不断的"啊""呃"等声音，这也会变成一种口头禅。如果你有录音机，不妨将自己打电话时的声音录下来，听听自己是否有这一毛病。一旦弄清自己的毛病，那么在以后与人讲话的过程中就要时时提醒自己注意这一点。当你发现他人使用口头禅时，你会感到这些词语是多么令人烦躁，多么单调乏味。

有的人特别爱用某一个词，来表达很多的意思，不管这个词本身有没有那么多的含义。例如，有人喜欢用"伟大"这个词，于是在他的话中，什么都"伟大"了起来："你真太伟大了！""这文章太伟大了！""今天吃了一餐伟大的午饭！""这批货物卖了一个伟大的价钱！"最妙的是有人喜欢用"那个"代表一切的形容词，比如："今天太那个了！""他这个人很那个，是不是？""我觉得这点事未免有点那个。"这一类的毛病，大概由于太偷懒，不肯去动脑筋找一个恰当的词导致的。要多记一些词语，才能生动而恰当地表达你的思想。

有的人说话时经常使用如"他妈的""丫挺的"或者更为粗俗、不堪入耳的语言。这种口头禅给人以粗野鄙俗、低级下流之感，会给人留下极为恶劣的印象，不仅降低了本人的身份和品位，还会使人顿生反感，应该下功夫快快戒除。

还有的人在与人交谈之中，经常使用如"你知道吗""我告诉你说""我跟你讲""你明白吗""是不是啊"等。它们往往只是说话的一种语言习惯，在句子里没有实际意义，却反复出现。这种口头禅给人一种自以为是、盛气凌人、居高临下、轻视蔑视对方的感觉，使听者心理上产生不舒服的感觉。

会表达的人不会夸夸其谈

爱自我夸大的人是找不到真正的好朋友的，因为他自视甚高，睥睨一切，不大理会别人的意见，只会自己吹牛。他只想找奉承和听从他的群众，而不是朋友，于是朋友们都避之唯恐不及。他常自以为是最有本领的人，如果他做生意，他觉得没人比得上他；如果他是艺术家，他就自以为是一代大师；要是他在政治舞台上活动呢，他会觉得只有他才能救世界救人类。面子是别人给的，脸是自己丢的。若有真实本领，那么赞美的话应该出自别人的口，自吹自擂其实是丢自己的脸而已。凡是有修养的人，不会随便说及自己，更不会夸张自己。他很明白，个人的事业行为在旁人看来是清清楚楚的。

所以，不必自己吹擂，与其自己夸张，不如表示谦逊，也许你自己以为伟大，但别人不一定同意，自己捧自己，绝不能捧得太高。好夸大自己事业的重要性，间接为自己吹擂，纵使你平日倍受崇敬，听了这话，别人也会觉得不高兴。自己不吹擂时，别人可能还会来称颂，自己说了，人家反而瞧不起了。

千万不要故意与别人有不同的意见，有的人专门喜欢表示与别人不同的意见，处处故意表示与别人看法不同，比如说：你说这是黑的，他在这个时候就硬说是白的；后来你又改变了看法也说这是白的，他在这个时候就会反过来，说它是黑的了。

这种人与那些处处随声附和的人一样，也不受人们的欢迎，最后还有可能会让人认为他是一个不忠实的人。

好口才帮助你待人处世，没有一个人不愿意做一个口才好、到处受人

欢迎的人。但是若为了展现你的口才，到处逞能，只会惹人憎厌，所以口才应正确且灵活地表现。

在谈话时，很有可能会出现一些分歧，这时如果立刻提出异议，对方一听就感到别人对自己不尊重，觉得自己的意见被完全否定了，这样的结果很显然是令人不愉快的。如果这种情况真的出现，就要把事情说得清楚一点，要先说明哪一点是自己同意的，哪些地方也完全同意他的看法，然后再把意见不太相同的某一点说出来。对方在这种情况下也就很容易接受你的批评或修正，因为他现在已经知道了双方在主要部分的意见还是一致的。

所以，无论怎样，都要预先表示对方意见中你所同意的部分，就算它是不重要的一点，也要说出来。这样做的目的就是为了缓和一下谈话的气氛。

承认不足就是最大的"足"

人不是十全十美的，但都追求完美，人不是万能的，但都向往无所不能。有的人能够认识到自己的不完美，有些人则认识不到。前者会获得快乐，后者则凭空增添了许多苦恼。有些人知道自己不是万能的，因此坦然承认，反而获得了别人的认同；有些人无法接受自己不是无所不能的，于是拼命装扮成一个万能者，因此而成为别人嘲笑的对象。

这其中的差别，就在于对自我的定位以及对外界看法的定位。

有学者研究说，人越是在公共场合，就越是愿意将自己装扮得无所不能，这样做是为了让别人以为自己很出色，想在众人面前露脸。可是，现实中这样的人反而越容易丢丑，而那些在不同场合都强调自己不是无所不能的人，更能获得别人的相信。

马云是一个真实的人，自己做不到的事情，就说不知道。在一次访谈中，一位观众曾这样跟马云对话：

观众：谢谢。还有另外一个问题，和我们学校有关。我们是对外经济贸易大学，我们现在关注对外贸易的形式，认为中小企业面临这样一个困境，而且阿里巴巴也一直是以中小企业为主要的服务对象的。我们想问马云先生，就是您认为您能够为现在中小企业摆脱困境做一些什么努力或者制定一些什么样的策略吗？

马云：你这个问题问联合国秘书长他也做不到。但是我们每个人即使做一点点就够了，其实阿里巴巴B2B就围绕中小级在做。（公司）有12000名员工，大家都很努力，再往前做一个产品。金融危机的时候，我不断呼吁不断做努力，但是你不可能解决。

就像昨天有人问我，马云你怎么为我们中西部贫困地区做点什么？这事又搞大了。我不知道该怎么回答，我们一直在努力，但是我毕竟不是政府，所以我提的想法是公益的心态商业的手法，商业的技能公益的手法。今天，很多人是商业的心态、公益的手法全都乱掉了，我永远相信会好起来。我们这代人不能改变中小企业的命运，但是"90"后一定可以，不是我们。

我今天来跟"80后""90后"来讲的一个点是，你们会为我们这代人做出非常骄傲的成绩来，你们为我们会找回中国的价值体系，找回真正中国未来的发展，而不是我们这一代，我们这代人当然也很努力，但是你们会做得更好。我充满相信，一代永远胜过一代，我仅是尽我这代最大的努力，但是你们这代"80后""90后"，你们有权力抱怨，但是你们没有资格抱怨，今天我们这代人有资格抱怨但没有权力抱怨，我们应该改变它，否则十年以后、二十年以后，你们下一代全是抱怨。

以马云所经历过的事情，以及他在电子商务中的地位，面对那个观众的提问时，即使他无法做到，也可以很轻松地遮掩过去。因为他在那方面的专业知识比别人多许多倍，不需要给出一个具体的特定可行的方案，只需要几个名词，听众们就会觉得马云很厉害，很有办法，可以解决观众提出的问题。但是马云没有这么做，而是以一句玩笑式的"这个问题联合国秘书长他也做不到"来承认自己没办法。这便是一种真实，不知道就说不知道，办不到就说办不到，这样的态度才是最好的态度。

更能体现出马云语言表达技巧的是接下来的表达，他一直在说自己的努力和付出。这种表达方式给人的感觉就是，在面对一个几乎没有人能够凭一己之力就可以做到的事情时，他没有放弃，而是一直在坚持，并且，他已经取得了一定的成绩。给人这种印象之后，想不得到别人的认同都很难。

我们要学习的就是马云的这种表达技巧。面对别人的提问时，自己做不到的就坦然说做不到，但接下来还要补充一下，就是自己在这方面做过哪些努力，取得了哪些成绩。这样才能得到最大程度上的认可。

最坏的就是做不到的时候还拼命吹嘘，那样是在降低自己的格调。

管住嘴，增加表达吸引力

在日常生活中，我们如果稍加留意，就会发现许多人在表达自己想法的时候有一些毛病。虽然这些毛病不具有决定意义，但如果不加以注意，就会大大影响表达效果。

一般人在交谈中，常常容易出现以下几个方面的问题：

1. 有杂音

有些人谈话本来很好，只是在他的言语之间掺上了许多无意义的杂音。他们的鼻子总是一哼一哼地响，或者是喉咙里好像老是不畅通似的，轻轻地咳，要不就是在每句话开头用一个拖长的"唉"，像怕人听不清楚他的话似的。这些毛病，只要自己有决心，是可以改掉的。

2. 谚语太多

谚语本来是诙谐而有说服力的话，但谚语太多也不好。用谚语太多，往往会给别人造成油腔滑调、哗众取宠的感觉，不仅无助于增强说服力，反而使听者觉得有累赘感。谚语只有用在恰当的地方才能使谈话生动有力。

3. 滥用流行的字句

某些流行的字句，也往往会被人不加选择地乱用一番。例如，"原子"这个词就被滥用了，什么东西都牵强加上"原子"，如"原子牙刷""原子字典"，"原子"这"原子"那，使人莫名其妙。

4. 特别爱用一个词

有些人不知是因为偷懒、不肯开动脑筋找更恰当的字眼，还是有其他方面的原因，特别喜欢用一个字或词来表达各种各样的意思，不管这个字或词本身是否有那么多的含义。我们要尽可能地多记一些词汇，使自己的表达尽可能准确而又多样化。

5. 太琐碎

许多人在谈话过程中琐碎得令人讨厌。例如，讲述自己的经历本来是最容易讲得生动、精彩的，很多人也喜欢听别人讲其亲身经历。但是，许多人讲自己经历的时候，不分主次，一味地平铺直叙，觉得自己所经历的，样样都有趣，都有讲一讲的必要，结果反而使听者茫然无头绪、杂乱无章、索然无味。

讲经历或故事，要善于抓重点，善于了解听者的兴趣在哪一点上，少用对话。在重要的关节上讲得尽可能详细一些。其他地方，用一两句话交代过去即可。

6. 过分使用夸张的手法

夸张的手法有一种引人注意的效果。不过，我们不能把夸张的手法用得太过分，否则，别人就不会相信你的话。

人们在现实生活中，不可能每次都说的是"非常重要"的消息，也不可能每次都讲"最动人"的故事或"最可笑"的笑话。因此，不要到处用"非常""最""极"等字眼，否则，当你在无数的"最"中有一个真正的"最"时，又怎样表示呢？难道你能说"这件事对我是最最重要的吗"？如果你真这样说，别人听了也会无动于衷，因为他们认为你一向是喜欢夸大事实的人。

除了上述几点之外，我们还应该注意自己在谈话中的声调、手势、面部表现等方面，努力使各个方面协调、得体。这样，我们就能大大增强自己表达的吸引力。

第十一章　攻心说话，令人首肯的表达技巧

对方得意的事往往是突破口

生活中，其实每个人都有自己认为得意的事情，这事情的本身究竟有多大价值暂且不说，但在他本人看来，这是一件值得终身纪念的事。你如果能预先打听清楚，在有意无意之间，很自然地讲到他得意的事情，只要他对你没有厌恶的情绪，只要他目前没有其他不如意的事情，在情绪正常的情况下，他一定乐意听你说，此时说服他就容易得多了。

你在说服被人的时候要注意表达技巧，表示敬佩，但不要过分推崇，否则会引起他的不安。对于这件事情的关键，要慎重提出，加以正反两方面的阐述，使他认为你是他的知己。此时，他自然会格外高兴，会亲自讲述，你应该一面听，一面说几句表示赞赏的话，如此一来，即使他是个冷静的人，也会变得和蔼可亲。你再利用这个机会，稍稍暗示你的意思，进行试探，作为第二次进攻的基点。这不是失败，而是你说服他的初步成功，对于涉世经验不丰富的人，得此成绩，已不算坏，若想一举成功，除非对方与你素有交情，又正逢高兴的时候，而且你的谈吐又是很容易令人接受的，否则千万不要存此奢望。

不过，对方得意的事情要从哪里去探听，需要另谋途径，试着在你的朋友之中找一下有否与对方有交往的人，如果有，向他探听当然是最容易的。如能留心报纸上的新闻或其他刊物，平日记牢关于对方的得意事情，到时便可以应用。此外，随时留心交际场合中的谈话，像这些时

候谈到对方得意的事情，也是很平常的。但是必须注意，对方得意的事情是否曾遭到某种打击而失色，如有这种情形，千万别再提起，以免引起对方不快，反而对你不利。因为对方在高兴的时候，对于你的请求，会易于接受；在对方不高兴的时候，虽是极平常的请求，也会遭到拒绝。比如对方新近做成了一笔生意，你称赞他目光精准，手腕灵活，引得他眉飞色舞，乘机稍示来意，也是好机会。诸如此类的例子很多，全在于你随时留心，善于利用。

还要注意的是，当你提出请求时：第一，要看时机是否成熟；第二，说服过程中要不卑不亢。过分显出哀求的神情，反而会引发对方藐视你的心理。尽管你的心里十分着急，但说话时表情还是要表现得大方自然，并且要说出为对方着想的理由来，而不是为你自己打算。

正话反说见奇效

"请不要阅读第七章第七节的内容，"这是一个作家在他的著作扉页上的一句饶有趣味的话。后来，这个作家做了一个调查，不由得笑了，因为他发现绝大部分的读者都是从第七章第七节开始读他的著作的，而这就是他写那句话的真正目的。

当别人告诉你"不准看"时，你就偏偏要看，这就是一种"逆反心理"。这种欲望被禁止的程度愈强烈，它所产生的抗拒心理也就愈大。所以如果能善于利用这种心理倾向，就可以将顽固的反对者软化，使其固执的态度做一百八十度的大转弯。

某建筑公司的李工程师，有一次折服了一个刚愎自用的工头。这个工头常常坚持反对一切改进的计划。李工想换装一个新式的指数表，但他想

**会表达
你就赢了**

到那个工头必定要反对的。李工去找他,腋下挟着一个新式的指数表,手里拿着一些要征求他的意见的文件。当大家讨论这些文件的时候,李工把指数表从左腋下移动了好几次,工头终于先开口了:"你拿着什么东西?"李工漠然地说:"哦!这个吗?这不过是一个指数表。"工头说:"让我看一看。"李工说:"哦!你不需要看!"并假装要走的样子,还说:"这是给别的部门用的,你们部门用不到这东西。"但是,工头又说:"我很想看一看。"当他审视的时候,李工就随意但又非常详尽地把这东西的效用讲给他听。他终于喊起来说:"我们部门用不到这东西吗?糟糕,它正是我想要的东西呢!"李工故意这样做,果然很巧妙地把工头说动了。

逆反心理并不是执拗的人才有,喜欢跟别人对着干也是大多数人的习惯,因为每个人都不愿乖乖服从于任何人。

某太太认为她丈夫极不像话,于是便到处向朋友诉苦,说她想要离婚,她满以为朋友会劝她打消离婚的念头,不料那位朋友却说:"如此不像话的丈夫,趁早离婚,免得将来受苦。"

这位太太听朋友这么一说,反倒认为:"其实,我丈夫也并非坏到这般地步。"从而收回了离婚的念头。

上述案例其实和劝别人不要自杀有相似支持,如果有一个人站在高楼顶上欲跳楼自杀,而旁人也在拼命说些"不要跳"或"不要做傻事"之类的话,更是助长了他跳楼的意念;相反,若你说:"如果你真想跳的话,那就跳吧!"他必定会感到很泄气,想不到旁人竟不予阻止反而鼓励他跳下,这完全背离了他原先的期待。这种对于劝阻的期待,一旦为他人背离反而会失去原有的意念。离婚并非那位太太的本意,她只是想在朋友那里

抱怨一下自己的丈夫，可是当朋友真的让她离婚时，她就产生了"逆反心理"：为什么不是劝我别离婚，而是劝我离婚呢？我要是离婚了，一个人孤零零的不是要大伙看了笑话，再说我老公有那么差吗？大家都劝我离婚，我偏不离！

所以，我们在劝说别人的时候，也可以适当利用对方的逆反心理，说些反话，让对方自己醒悟，做出正确的决定。

将心比心，站在对方立场上说话

有一句格言这么说："人的心和降落伞一样，必须是开的才有用。"这同样是说服的原则。如果你不懂得先攻击对方最容易被感动的那一点，而只是一味地想在言辞上占优势，你就会像那些不了解水温和水深的跳水者一样，一跳归天。

从心理学角度，说服的最佳效果是双方达成共同认识，启发对方进行心理位置互换，让对方设身处地体验别人的心理。主动调整自己的态度和行为方式，则是达到这一目的的行之有效的方法之一，这种方法就是将心比心术。

下乡知识青年小红在农村和农民小刘结婚，并且已生了女儿。后来重逢昔日的恋人，小红欲重修旧好，却又举棋不定，于是向奶奶寻求帮助。

"你的事，奶奶全知道，如今你打算怎么办！"

"不知道，我……我说不出来……"

奶奶说："奶奶知道你委屈。人，谁没有委屈呀。我24岁那年，你爷爷就牺牲了，本家本村的都劝我再找个主儿。你曾爷爷跟我说：'女儿，地头还长着呢，往前去一步吧。'我不愿给孩子找个后爹，硬是咬着牙过来了。儿子一个个长大了，参了军，又一个个地牺牲了。可我没在人前掉过一滴眼泪。人活着，就是为了别人，去受苦，去受难，天底下哪有那么多幸福？要说委屈，就先委屈一下自己吧！"

"可我以后的路该怎么走啊？"

"做人哪，前半夜想想自己，后半夜想想别人。你和那个小伙子倒是挺般配的，可就算你俩成了，日子过得挺舒心的，你就保准一早一晚地不想小刘他们父女？那时，你虽吃着蜜糖，但却忘不了人家在喝苦水。你甜在嘴上，苦在心里。甜的苦的一掺和，一辈子都是块心病。我今年80岁了，什么苦都尝遍了，可就是没留下一件亏心事。俗话说，'人'字好写，一撇一捺，真正做起来就难了！"奶奶说的话句句动人心。

"奶奶，我懂了。"小红擦了擦眼泪，说，"我今天就回家去带孩子，安心过日子。"

奶奶的劝说语重心长，而且，她用通俗的语言，站在对方的立场上，设身处地为孙女分析情况，从而使孙女做出了正确的选择。

用语言做假设，可达到将心比心的目的；也可用实际的行为，现身说法，让对方体验别人的心理，进而对自己的言行进行调整，同样可达到将心比心的目的。

某商店有位营业员很会做生意，他的营业额比一般营业员都高，有人问他："是不是因为能说会道，所以生意兴隆？"他回答说："不是，我的秘密武器是当顾客是自己人。"他总是站在买者的立场上替顾客精打细算，站在顾客的角度说话，使对方的戒备心理、防范心理大大降低，而且产生了一致的认同感，故而说服了对手，做成了生意。

将心比心术是站在对方的角度谋划和考虑，理解对方的心理、对方的需求、对方的困难，因此这种说服方法容易使对方接受，并能达成统

一认识。

要说服对方赞同你的观点，就必须与说服对象站在一起，两者的关系越融洽，说服越容易取得成功，这是因为人类有一个共同的天性，即喜欢听"自己人"说的话。美国纽约市立大学的心理学家哈斯也说过："一个酿酒专家也许能给你许多理由，为什么某一种牌子的啤酒比另一种牌子的要好。但如果你的朋友，不管他对啤酒是否在行，教你选购某种啤酒，你很可能听取他的。"

此外，在具体行动上，甚至是些很微不足道的方面，在感情上表现出与你的听众的亲近感与认同感，往往会使你得到巨大的感情回报和共鸣。而一旦建立了这种感情共鸣，就不需要任何苦口婆心的劝诫与说服了。

权威和角色是说服的好帮手

在说服别人的时候，抬出权威来说话，这就是"权威说服法"。有些推销人员在卖人寿保险的时候，喜欢提到权威人士。他们说："你们工厂的经理也买我们的人寿保险。"大家会说："噢，我们公司的经理那么精明能干，他们都买你们的人寿保险，看来你们的人寿保险是不错，买吧。"他没有经过很深的判断，就这么做了。这就是利用了权威的心理。

有的时候没有这种权威人士给你做宣传，该怎么办呢？那么用数字、用统计资料来说服对方。因为一般人认为数字是不会骗人的，所以你说：这家工厂用了我们的机器后，产量增加20%，那个工厂用了我们的计算机后，效率提高了50%。你把这些数字拿给客户看，客户很容易就接受了。有些时候，统计数字太少，产品刚刚出现，还没有那么多客户的时候，还有一种方法，就是用前面的顾客买了他们的产品觉得满意写来的信函。这种做法对新顾客，对一些小的公司也能起一定的影响作用，这就是权威的

心理。

利用角色说服对方："让你换成我，你会怎么办？"这种说服法利用了"角色扮演"使对方有互易立场的模拟感觉，借此模拟感觉来达到说服对方的目的。

美国人际关系专家吉普逊，认为他的好友之一，某陆军上将之所以有今日之成就，完全得力于他拥有超人的说服技巧。吉普逊的这位朋友从小就憧憬着军旅生涯，1929年美国经济恐慌，人人被生活逼得走投无路，年轻人都一窝蜂挤入各兵种的军事学校。他特别钟情于西点军校，可是有限的名额早就被有办法人的子弟占据了。他只是个升斗小民，于是乎，他鼓起勇气，一一拜访地方有头有脸的人物，不怕碰钉子，勇敢地毛遂自荐："我是个优秀青年，身体也很棒，我平生最大的意愿，是进西点报效国家，如果您的子弟和我处境一样，请问您怎么办呢？"

没想到，这些有地位、人脉广的人物，经过他这么一说，十之八九都给了他一份推荐书。有的人更积极为他打电话，拜托国会议员，他终于成了西点军校的学生。

任何人对自己的事，总是怀着很大的兴趣和关切。这位年轻人如果不以"如果您的子弟和我一样"这种角色互换作为攻心战术的话，他哪能有今日的成就。

要说服别人，先得使他进入情境，对你的问题感同身受，兴起关切之心。别人在回答"如果你是我……"的问题时，不自觉地便把自己投射在该问题中了，最起码的收获是，他的回答已经为我们提供了较客观的解决方法。

"别无选择"就会让对方做出选择

古代罗马的政治家布鲁斯特在杀害恺撒之后有一场演说："你们是希望让恺撒死过自由的日子，还是希望让恺撒活着而你们都沦为奴隶终至死亡？这两种你们所要选择的是什么？"

布鲁斯特的演讲，给出了当时长老院的长老们这样两个选择，再没有其他可以选择的方法，迫使他们从"自由"或"死亡"之中进行选择。而很显然，自由比死亡看上去是更有好处、更有意义的。所以，最后的结局可想而知，长老院最终选择了自由，而布鲁斯特也因此获得了胜利。

其实，这就是一种制造别无他选的攻心战术，它的要点是给人提供有且只有的两个选择，而且其中的一个选择必然好于另一个，再没有其他什么选择的余地，于是就可以达到普遍认同，而最终选择其中好的一个。

在现实生活中，我们时常会面临着一些选择，很难下定决心，但是如果犹豫不决，就可能失去机会，在左右摇摆中浪费时光，此时就要善于把自己引入别无他选的境地，这样做选择就会容易一些。比如，当有人面对是否该换工作的抉择，而无法下决心时，就可以对他说："你是要换个工作，开拓新的人生呢，还是要继续在这里虚度余生？"对方在这两个选项中，自然会容易做出选择。

设置的两个选择没有优劣之分，还是会让人无法做出决定，虽说"鱼和熊掌不可兼得"，但是"二者皆吾之所欲也"，没有大的差别，很难让人取舍，因此，我们还要强调两个选择中哪个更优，哪个更劣，有着这样的一个对比，就更容易让人做出选择了。

当美国还是英国的殖民地时，为了摆脱英国的统治，巴特利克说过这

会表达 你就赢了

样一句话："不自由，毋宁死。"这句话被称为是独立战争的宣言。其实选择一个什么样的独立宣言，对当时的美国人来说是非常重要的，因为万一起义失败，就会遭致不可估量的惨重后果。而且当时的代议员对于局势也很迷惑，于是要人民自己做个决定，巴特利克就采用了两者选一的方法，而且使两个选项形成强烈的对比，使得人们都能做出最明智的选择。当时，他说的很多话都成了流传后世的名言，如"要锁链还是要隶属""要英国还是要战争"以及"不自由，毋宁死"，等等。

强调两个选项中其中一项的缺点或者优点，使两个选项形成对比，让人们二者选其一，在一般的情况下，人们一定会选择你所希望的那一个。因为已经别无他选了，选其中看起来更好一点的是最明智的选择。

虽然运用这种方法也常会发生许多障碍，但对于处于迷惑不决中的人们，则可以迫使其朝着自己所期望的方向去选择。例如，当你要说服正在选择就业单位的毕业生时，可以说："与其勉强地进入一家好的单位，却因为能力不够而被漠视，进而遭受打击，产生挫败感，还不如进入一家自己能胜任的单位，找回信心，发挥出自己的优势，并且得到有效的提高。"像这种说服方式，则可以帮助对方消除疑虑和犹豫，尽快地做出选择。

告诉没主见的人：大家的意见都是这样的。

有心理学家曾做过这样一个实验：

五个人围坐着一张桌子，实验者请他们判断线段的长度。每次呈现一组卡片，每组包括两张，一张卡片上有一条垂直线段，称为标准线段；另一张卡片上有三条垂直线段，其中一条与标准线段一样长，另外两条要么长了许多，要么短了许多，要求大学生们把那条与标准线段等长的线段挑出来。按理论，每个人都可以轻易地做出正确无误的选择。

当第一组两张卡片呈现后，每个人依次大声地说出了自己的判断，所有人意见一致，都做出了正确的选择。然后再呈现第二组，大家又都做了正确的一致回答。就在大家觉得实验单调而无意义时，第三组卡片呈现了，第一位被试者在认真地观察这些线段后，却做出了显然是错误的选择，接着第二、三、四位被试者也做了同样错误的回答。轮到第五位被试者，他感到很为难，左看看右看看，因为他的感官清楚地告诉他别人都是错的，最后，他终于小声地说出了与别人相同的错误选择。

其实，这个实验是事先安排好的，前四名被试者其实都是实验者的助手，他们按照事先安排好的程序进行正确或错误的选择，而只有第五位被试者不知道这一情况，是真正的被试者。参加实验的真正被试者是具有良好视力及敏锐思维能力的大学生，并且从表面上看，他们可以任意地做出想做的反应，而实质上，也明确要求他们做出他们自己认为是正确的反应。但是，当绝大多数人都做出同样的反应时，个人就有强烈的动机去赞同群体其他成员的意见，因此有35%的被试者拒绝了自己感官得来的证据，而做出了同大多数人一样错误的选择，这就是心理学上所说的从众行为。

生活中你是否遇到过这样的情形？4个人一起去吃午饭，你看着菜单，小声嘟囔着："今天吃什么呢？来一份炸酱面吧！"这时同伴中的一个人说："我要一份牛肉面。"接下来其他两个人也都附和说："那就吃牛肉面吧！"在这种情况下，你可能也会说："那我也和你们一样吧。"

这种现象，恐怕在每个人身上都发生过吧。

人们都知道"我行我素"这句成语，而在现实中，却很难做到这么"潇洒"。在现实中，人们往往不是自己喜欢怎样便怎样，在很多时候，甚至可以说在大多数时候，人们要看多数人是怎样做的，自己才怎样做。

实验和生活中的现象都说明，当个人的感觉与群体中的大多数人不一致时，个体为了使自己不被人认为是"标新立异"，常常会放弃自己的看法而

接受大多数人的判断。所以当我们在说服别人的时候不妨说一句"大家的意见都是这样的",那么这个人可能就会改变自己的看法而接受你的建议。

我们来分析一下,为什么个人会抛弃自己的观点而接受别人的说服呢?一般认为从众行为的原因来源于两种压力:一种压力为群体规范的压力,任何与群体规范相违背的行为都会受到群体的排斥,个体由于惧怕受到惩罚,或者为了表明自己归属于群体的愿望,就会做出从众行为。

另一种压力是群体信息的压力。我们都知道,他人常常是信息的重要来源,我们通过别人获得许多有关外部世界的信息,甚至许多有关我们自己的信息也是通过别人获得的。在通常情况下,那些我们认为能带给我们最正确信息的人,往往是我们仿效和相信的人。这种信息压力引起的从众行为无论在实验中还是在生活中都是存在的,人们倾向于相信多数,认为多数人是信息的正确来源而怀疑自己的判断,因为人们觉得多数人正确的情况比较多。在模棱两可的情况下,从众的行为更容易发生,因为在这种情况下,人们很容易失去判断自己行为的自信心。

现实确实如此,社会总是会有大规模的从众行为,似乎每个人都要参考周围人的行为来决定自己应该做些什么,似乎没有人自己可以确定自己的主见。就像现在的儿童学的钢琴热、外语热、瑜伽热等,似乎大家在接受什么,自己也要接受什么,恰好我们可以利用周围人的行为来影响或制约别人,这也不失为一种说服其他人的技巧和方法。

多引导对方说"是"

世界著名的心理催眠专家埃米尔松在对人进行催眠的时候,常准备很多对方肯定会回答为"是"的问题,然后依次问对方这些问题,通过让对方不断地回答"是",人为地让对方形成一种对任何问题都回答"是"的心理定式，进而达到心理催眠的效果。

在心理学上有个非常著名的原理叫作"刻板印象原理"，指一个人在一定的时间内所形成的一种具有一定倾向性的心理趋势会影响他随后的思维方式和言行举止。即一个人在其已有经验的影响下，心理上通常会对某一特定活动处于一种准备的状态，从而使其认识问题、解决问题带有一定的倾向性与专注性。

刻板印象原理无时无刻不在影响着人的思想和行为。苏联心理学家曾做过这样一个关于"刻板印象"的实验：心理学家把同一张照片出示给参加实验的两组大学生看。不过，心理学家事先告诉第一组的学生：照片上的人是一个怙恶不悛的罪犯；告诉第二组的学生：照片上的人是一位伟大的科学家。最后，心理学家让这两组学生分别用文字来对照片上这个人的相貌进行描述。结果，第一组学生描述道：此人深陷的双眼表明其内心充满了仇恨，突出的下巴昭示着他沿着犯罪的道路越走越远的内心……第二组学生描述道：此人深陷的双眸表明其思想的深度，突出的下巴表明他在求知的道路上不畏艰难险阻的意志……

同一个人，之所以会得到如此截然不同的评价，仅仅是因为评价者之前得到的关于此人身份的提示有区别，一开始产生了反感，后来就很难认同；一开始认同，往往就会一直认同。

在人际交往中，如果能够巧妙利用人的心理定式，就可以非常简单地让他人点头称"是"，对你心悦诚服。

"今天的天气真不错啊！"

"是啊！"

"夫人和孩子也都好吧？"

"是的，很好。"

"今年是你的本命年吧？"

"是的,我属鼠。"

让对方不断地同意你的意见,制造对方"同意"的心理定式,最后,引入正题,对方往往也会同意。或许有人会怀疑,这个简单得类似于哄小孩子的策略真的能够奏效吗?是的,这个策略虽然简单,但的确非常有效。

几乎每个人都有过这样的心理经历:用"不"来拒绝对方,并不能让自己心情愉悦,甚至有时会产生不愉快的感觉;相反,表示同意的肯定性回答往往会给自己带来愉快轻松的感觉。也就是说,对人来说,同意是自然的态度,而反对要比同意困难。再加上心理定式对"同意态度的强化",人在连续地同意了一连串事情之后,要突然扭转态度是非常困难的。

再则,人天生有一种使自己的言行或者态度前后保持一致的需求,如果产生了不一致,就会造成心理不适。

因此,通过制造对方"同意"的心理定式来使对方心悦诚服,是切实可行的说服策略。在与人交往的过程中,先就一些对方肯定会表示同意的事情取得对方的同意态度,使对方形成心理定式,最后再道出正题,往往就会避免双方的许多意见分歧,使彼此在最短时间内达成共识。

用利益来唤起对方的关心

通常我们行动的目的都是"为自己",而非"为别人"。如果能够充分理解这一点,那么想要说服他人就有如探囊取物般容易了。只要了解对方真正想追求的利益何在,进而满足他的欲望便可达到目的。

肿瘤患者放疗时,每周测一次血常规,有的患者拒绝检查,主要是因为他们没意识到这种监测的目的是保护自己。

中　篇　掌握表达技巧，搞定人摆平事

一次，护士小王走进4床房间，说："王大嫂，该抽血了！"

患者拒绝说："不抽，我太瘦了，没有血，我不抽了！"

小王耐心地解释："抽血是因为要检查骨髓的造血功能是否正常，例如，白细胞、红细胞、血小板等，血象太低了，就不能继续做放疗，人会很难受，治疗也会中断！对身体也不好。"

患者更好奇地说："降低了，又会怎样？"

小王说："降低了，医生就会用药物使它上升，仍然可以放疗！你看，别的病友都抽了！一点点血，对你不会有什么影响的。再说还可以补充回来呀。"

患者被说服了："好吧！"

相信很多人都经历过，在说服别人时，不管怎样进攻或恳求对方，对方总是敷衍应付，漠不关心。这时你首先要用利益来唤起对方的关心，然后再说服诱导。在推销方面，推销员为了唤起顾客的注意，并达到80%的购买率，往往是先诱导，后说服。

在英国工业革命方兴未艾时，以发明发电机而闻名的法拉第，为了能够得到政府的研究资助，他去拜访首相史多芬。

法拉第带着一个发电机的雏形，非常热心并滔滔不绝地讲述着这个划时代的发明，但史多芬的反应始终很冷淡，一副漠不关心的样子。

事实上，这也是无可奈何的事情，因为他只是一个了不起的政治家，要他看着这种周围缠着线圈的磁石模型，心里想着这将会带给后世产业结构的大转变，实在是太困难了。但是法拉第在说了下面这段话后，却使原本漠不关心的首相，突然变得非常关心起来，他说道："首相，这个机械将来如果能普及的话，必定能增加税收。"

显而易见，首相听了法拉第所说的话后，态度突然有了强烈的转变。其原因就是因为这个发动机将来一定会获得相当大的利润，而利润增加必能使政府得到一笔很大的税收，而首相关心的就在于此。

在很多人眼里都把利益看成最首要的，那么以"利"服人是一大先决条件，但是，将这条最基本要件抛于脑后的却大有人在。他们没有满足对方最大的利益，一心一意只是想要满足自己的私欲。

某酒厂的负责人成功研发了新水果酒，为求尽快让产品打进市场，于是他决定说服社长批准进而大量生产。

"社长，又有新的产品研发出来了。这次的产品是前所未有的新发明，绝对能畅销。连我都喜欢的东西，绝对有市场性。我敢拍胸脯保证。"

"什么新产品？"

"就是这个，用梨汁酿制的白兰地。"

"什么？梨汁酿的白兰地？！那种东西谁会喝？况且喝白兰地的人本来就少，更甭说用梨汁酿的白兰地……就是我也不会去喝。不行！"

"请你再评估评估，我认为很可行。用梨汁酿酒本来就不多见，再加上梨子有独特的果香，一定很适合现代人的口味。"

"嗯，我觉得还是不行。"

"我认为绝对会畅销……请您再重新考虑一下。"

"你怎么这样唠叨？不行就是不行。"

"好歹也要试试看才知道好坏，这是好不容易才研发出来的呀！"

"够了，滚吧！"最后，社长终于忍不住发火。

这位负责人不仅没能说服社长，反而砸掉自己的名声。

碰到这种自私自利、妄自尊大、不知天高地厚的家伙，别人只会感觉："瞧他的口气根本是个主观、只会考虑自己的家伙，还想把个人意见强加于别人！"如此一来，怎么可能赢得说服别人的机会呢？因此，不管怎样，你都应该考虑从对方利益为出发点的劝说方式。

读到这里，你一定会有"不可能有那样的事，怎么会有人不为自己设想呢？世界上没有不替自己谋利的劝说。"然而，这是可能的。

该如何做呢？首先应充分考虑对方的利益为何，再考虑自己的利益何在，然后将两者结合起来，找出双方共有的利益所在，最后再着手进行劝说。先不要急着说双方没有共同的利益，一定会有的。重要的是，不要放弃，直到找出为止。

第十二章　控制场面，巧化危机的表达技巧

用调侃化解紧张气氛

《快乐大本营》的节目中，主持人和罗志祥在交流签名心得。

来，我们来看看罗志祥一天的时间安排：

罗志祥："从 12 点开始签名，一直签到凌晨 1 点。"

谢娜："有一次我们签名，我都签吐了，因为我们比你签得快，三个小时就签 1 万多张嘛。"

罗志祥突然停下了自己原来的话，拉着何炅的胳膊，说道："何老师，你有听她说什么吗？"

何炅："说什么？"

罗志祥："她说我们签得快，我们签三个小时等于签了 1 万多张了！"

此时，谢娜也不说话了，当时大家都在尴尬地笑，于是何炅马上回了一句："1 万多没有，9000 多啦！"说完，自己做了个鬼脸，一边做鬼脸，一边拍了罗志祥后背两下。

罗志祥是一个非常重视粉丝的人，他很在意为粉丝签名这件事，而且在做那期《快乐大本营》节目前，他因为签名的事情刚刚跟某商场相关人员发生矛盾，可见他对这件事的重视。每个人敏感的点是不一样的，可能罗志祥平时是个很爱闹、爱开玩笑的人，但这件事不宜拿来作梗，谢娜拿

中　篇　掌握表达技巧，搞定人摆平事

这件事来开玩笑，有些尴尬，何炅的一句玩笑，兼顾双方，把双方的矛盾和尴尬化为无形，可谓四两拨千斤。

还是同一期《快乐大本营》节目。

第二个环节是冷笑话PK，玩到后面谢娜稍显激动，环节结束后，要进入下一环节，谢娜说："要玩这个游戏啊，那行啊，那我来啊，要玩这个游戏，那我必须得玩一个！"接着谢娜又对何炅说，"算了，那我们让一下嘉宾吧，好吧？"

眼看火药味要蔓延起来，虽然罗志祥一直保持着微笑，但此时导播正好给台下歌迷一个镜头，可以看出，歌迷们不是很高兴，面对着这样的场子，何炅对谢娜说道："不是让一下嘉宾，因为后边还好多事呢，对吧，何况冷笑话是他发明的对吧！"这时，谢娜说："什么都是他发明的，我们这期节目就叫什么都是他发明的好不好，不要叫独一无二了，咱们本来不会说话，因为罗志祥教了大家说话，大家才会说话，对不对？"

谢娜貌似已经将个人的情绪带入了主持中，罗志祥一直笑着，什么都没说，已经很无奈也很无语了，机敏的何炅对罗志祥笑呵呵地说："我说你不要惹她，她现在症状越来越严重了，我跟你说，你让着她，你让着她，你让着病人。"

在节目设置的PK环节中，人的PK劲头一上来，容易较上劲，谢娜直率的性格使她当时完全沉浸在游戏中。这时，她的劲头正足，火药味渐渐出现，而何炅则很灵活地将谢娜从游戏中抽离出来，让她回到主持的状态。同时，也照顾到了来宾的情绪，巧妙地走出了当时游戏结尾僵持住的尴尬状态，避免了一场可能会发生的矛盾。

整场节目下来，气氛很High，何炅智慧调侃，使两个尴尬的点顺利度过，最后全场气氛达到高潮，罗志祥以一曲《TOUCH MY HEART》收尾，

161

现场观众也都十分高兴。

现实中也不乏这样的例子，一群朋友聚会，A 和 B 话不投机说几句后便吵了起来，这时作为旁观者的你该如何巧妙化解二人的争执呢？有些人会不停地说些"别吵了""少说两句"之类的话，劝解无力又无效；有些人则可能一开始在大家纷纷劝架时低调不发一语，然后突然如惊雷般怒喝一句："都给我住嘴！"如此一来，吵架者和劝架者虽然可能一时被震慑得收了口，但结局十有八九是不欢而散，伤了和气。那么，怎样说话才能既不伤和气，又使劝解达到效果呢？

有个妙招，即用调侃的话去化解现场紧张的情绪。在矛盾即将发生时，用机敏的行为、智慧的语言四两拨千斤，用调侃之词巧化矛盾。不过，这需要一定的技术含量，调侃的话要说得合适才行，火候要掌握到位，分寸要拿捏得当，否则就极有可能出现煽风点火般的反效果。

汪涵也是讲话的高手，在拿捏分寸上修炼得很到位。俗话说"常在河边走，哪能不湿鞋"，主持人在舞台上站的时间久了，也难免会遇见地雷。

在 2007 年《快乐男声》全国总决赛 4 进 3 的比赛现场，评委杨二车娜姆临时把选票投给了选手苏醒，这就引起了一旁的另一位评委包小柏的不满："杨二，你不能因为害怕被人骂，而临时把票改投！"杨二车娜姆听罢立即将手指向包小柏道："包小柏你闭嘴！"

现场气氛当时立即凝滞住了，站在舞台上的选手更是愣愣不敢发出一语。眼看一场骂战一触即发，汪涵与搭档何炅迅速交换了下眼神，然后快速发表了调侃式的声明："以上说法仅代表个人观点，不代表本台立场。"紧接着，何炅把话题引到苏醒和另外一位选手魏晨的才艺之争上，一场即将点燃的评委之争渐渐就被平息下来。

可见，调侃之话说得到位，具有四两拨千斤的功效，能把一触即发的矛盾冲突瞬间秒杀。但并不是所有人都有如何炅和汪涵那样的伶牙俐齿及反应的速度，如何才能练就一番在危机下用调侃之语化解危机的本领呢？

最好的办法就是，找一个站在中立位置的第三者或事物做调侃对象，例如 A 和 B 在吵架，你就可以边做拉架状边说"别吵了哈，再吵下去你看 C 都要哭了""你俩吵归吵，桌上的杯子可是无辜的，别伤到它哦"之类。这样一来，就能瞬间转移所有人的注意力，让怒火及紧张的气氛得以纾解。不过要确定的是，如果你选定一个人做调侃对象，要确定这个人度量宽广心胸豁达，不会被你的调侃之词惹火。否则就有可能一场战争未止，又引起另一场无故的战争。

此外还有，最好谨记下面两点——

• 不要拿当事人做调侃的对象。道理很简单，当事人在吵架时已然火上三竿，倘若此时你不识时务地再去拿他去调侃，那么显然只有一个结果：引火烧身，最后落得个出师未捷身先死的悲惨下场。

• 不要说些无聊的冷笑话。现场气氛已经很紧张了，众人都正在心里捏一把冷汗，或是正在焦急当中，注意力自然不在你那。倘若此时你只是讲一些无关紧要的冷笑话，非但不能转移别人的注意力，反而可能会招来白眼——都什么时候了你还有心思讲这些？

借题发挥，弥补失言

一次《康熙来了》节目开场，蔡康永说今天的来宾有的说自己一天要赶五个场子。

小S接话说:"赶(场子)不代表红,要看现场对你的反应。因为有些人一天赶八场,可是台下没人喊你的名字,那也没意义啊。"

蔡康永:(愣一下)"你这么没有礼貌,万一等下他们(来宾)要讲的就是这样的事情怎么办?"

小S:(愣一下)"好啦,对不起,我只是在说我以前刚出道的时候。"

蔡康永:"大家都要经历这样一个过程。"

小S:"对,一定的。"

心直口快的小S总是会在节目中快人快语,说出一些有失礼貌的话,好在她的应对能力很强,总是会快速地说出一些弥补的话,化解尴尬和伤害。而不少人说话总是不分场合、地点,或者触犯别人的忌讳,令自己处于尴尬的境地,又不知道如何挽回,给别人留下非常不好的印象。

如果说错了话,确实很难挽救,不妨借题发挥一下,有意地凸现错处,借机大做文章,为自己的话找到最佳效果的解释。这种方法就妙在一个"借"字,难在一个"发挥"上,借什么样的"题",如何发挥,这就是关键所在。借题发挥得好,尴尬就会轻松逝去。例如:

谭月去一家合资公司求职,一位负责接待的先生递过名片,谭月神情紧张,匆匆一瞥,脱口而出:"滕野拓先生,您身为日本人,抛家别舍,来华创业,令人佩服。"那人微微一笑:"我姓滕,名野拓,地道的中国人。"

谭月顿时面红耳赤,无地自容。幸好,她反应很快,短暂的沉默后,连忙诚恳地说道"对不起,您的名字让我想起了鲁迅先生的日本老师——藤野先生。他教给鲁迅许多为人处世的道理,让鲁迅受益终身。今天我在这里也学到了难忘的一课,那就是'凡事认真',希望滕先生在以后的工作中能时常指教我！"滕先生面带惊喜，点头微笑，最后谭月如愿以偿地被录用了。

谭月的错话已经出口，在简单地致歉后，立刻聪明地转移了话题，有意借着对方的名字加以发挥，巧妙地将话题引向了鲁迅的老师藤野先生，既消除了她将对方误当作日本人的尴尬，又语义双关，诚恳地检讨自己的不认真，同时又不失时机地暗示了愿在该公司服务的愿望，真可谓一语三得！

在人际交往中，很多时候都免不了会因一时失误而触犯对方的忌讳，令自己处于尴尬的境地。大庭广众，当场无言，这或多或少会给人际交往带来负面影响，如果不及时弥补，将会贻笑大方或者使局面不堪收拾。在这种境况下，怎样把话说圆滑让自己摆脱尴尬，不仅需要临危不乱的心理素质，更需要机智高超的说话技巧。这是有一定难度的，但也是必须要掌握的，因为它能使一时的失误及时得以补救，从而创造良好的人际关系和心境。

（1）当说错了话或做错了事，又没有别的办法可以弥补时，不妨顺着这个既定的话题大做文章，看当时情境中有没有可在自己的话中借用的事物，尽量把自己的失误往美好吉祥的一面解释。

（2）失言后，为自己打圆场最主要的是不刻意回避和掩饰。如果是细枝末节的问题，不妨用转移目标或话题的办法，岔开别人的注意力；如果别人已有所觉察而问题并不严重，稍作解释一下即可；如果性质较严重而且已引起了别人的不快甚至反感，就要立刻当场予以解决，拖得越久，后果越严重。

（3）不经意间脱口而出的错话，有时不便于及时更正，不如在错的地方大做文章，将听者引入新的情境中去，从而使自己顺利摆脱尴尬的场面。

（4）并非所有的尴尬都能立即当场化开，切忌"犹抱琵琶半遮面"刻意来进行掩饰，最好是公开道歉，用坦率、真诚赢得他人的谅解。

（5）太紧张的时候别急于说话，等稍微放松一下，想清楚了再说。

遇到尴尬时故说"痴"话

我们在很多场合都可能遭遇尴尬。尴尬的表现形式不一样，应对方式当然也有差别。用语言应对的一种很好的方式，就是佯装不知，故说"痴"话，好像这种尴尬从来没发生过一样。

网上有一则流传很广的笑话：

一家星级宾馆招聘男性客房服务人员，经理给应聘者出了一道题目："假如你无意间把房间推开，看见一位女客一丝不挂地在沐浴，而她也看见你了，这时候你该怎么办？"

第一位答："说声'对不起'，就关门退出。"

第二位答："说声'对不起，小姐'，就关门退出。"

第三位答："说声'对不起，先生'，就关门退出。"

结果第三位应聘者被录取了。为什么呢？前两位的回答都让客人有了解不开的尴尬心结，唯有第三位的回答很巧妙。他妙就妙在假装没看清，故作痴呆，既保全了客人的面子，又使双方避免了尴尬。

装作没有看见，不仅会让自己有获得工作的机会，有时候还能让自己收获异性好感。就像下面的故事说的一样。

尚美在一次聚会上第一次穿高跟鞋和超短裙，还化了比较浓的妆。朋

友们见到她这样的打扮，一片惊呼，她自然而然成了聚会的焦点。但是年轻人聚会的一项必不可少的活动就是蹦迪。高跟鞋和超短裙肯定是不利于蹦迪的，何况尚美还是第一回穿。开始她不愿意下舞池，后来在朋友们的劝说之下勉强跳了一会儿，谁知却出了问题，一个鞋跟折断了，短裙也不小心撑裂了。她只好装作没事一样，一瘸一拐地回到了座位上。

一个女孩看见了，忙跑过来问她怎么回事，她回答说脚扭了。女孩关心地弯下腰去看。"啊，你的鞋跟断了呀。真是的，怎么这么倒霉啊。哇，你的裙子怎么……好了别介意，大家都是朋友，谁都不会笑话你的，我也会给你保密的。你就在这儿坐着好了，待会儿结束了我陪你回家。"说着又下了舞池，留尚美小沮丧地坐在那里。

一曲终了，大家都下场了，一个男孩过来坐到了尚美对面，尚美脸上红一阵白一阵，生怕被他发现了，赶忙说脚有点不舒服，说着就把没有断跟的右脚伸到了前面。男孩并不看她的"伤势"，只是叫了两杯饮料，说："蹦迪很累吧，你平时看起来挺文弱的，一定小心啊。这种激烈运动连我都浑身湿透了，你肯定更累了。以后多锻炼锻炼，再穿上今天这么漂亮的衣服，那效果肯定超棒！"

两个人聊了半天，男孩始终没有再提起她的"伤"。其实他早就看出是怎么回事了，为了不让尚美太尴尬，他装作不知道，这让尚美大大地舒了一口气。

故事里的这个男孩子就是巧妙运用了"佯装不知"、故说"痴"话的技巧，避实就虚，避开鞋子坏掉这件事情，装作没有看见，也让对方感到很轻松。

面子问题是个大问题，尤其是在中国。忽然间遇到了很丢面子的事情，即使装作不介意，心里也有个很难解开的疙瘩。卡耐基说过："往往

有这样的人，他们知道别人出了洋相，就主动地去安慰人家，还自以为别人会非常喜欢这种方式，会用感激的目光看着他。其实别人最希望的，还是你不知道他出了洋相，没有嘲讽，也没有安慰。"所以，说一句"痴"话，故意表示自己没看见，是让当事人释怀、化解尴尬的最好方法。

说错话时要及时道歉

在某期《非诚勿扰》的舞台上，新上场的天津女嘉宾葛晓磊表示想找到愿意吃她剩饭剩菜的男友，并且透露她的前男友乐意这么做，孟非随即反问为什么她的前男友这么好还选择分手，此时，葛晓磊很伤心地透露前男友病逝，听完这句话后，本来是随口开个玩笑的孟非立刻收起了笑容，很严肃并且很郑重地转身对女嘉宾连声表示："对不住，对不住。"

孟非无意中的一个疑问，虽然本没有任何伤害别人的意思，但还是对女嘉宾造成了一定的伤害。当他得知女嘉宾的前男友去世后，就立即向女嘉宾道歉，对因自己的提问而勾起女嘉宾伤心的过往非常抱歉，这个道歉非常及时，将女嘉宾的伤害降到最低。

与人交往，不可避免地会说错话，做错事，得罪人也就在所难免了。严重时，甚至给别人造成沉重的精神痛苦和巨大的经济损失。对此，我们需要及时认识到自己的错误，诚恳道歉，并主动承担责任，一般而言，总能得到别人的原谅。

如果你错了，就要及时承认。与其等别人提出批评指责，还不如主动认错道歉，更易于获得谅解宽恕。凡是坚信自己一贯正确，发生争端总是武断地指责对方大错特错而自己从不认错、道歉的人，根本不能服众。

生活中，犯了错误并不可怕，可怕的是连承认错误的勇气都没有。不知道怎么说抱歉的人，根本交不到朋友，或易交难处，永远缺少知心朋友。

中　篇　掌握表达技巧，搞定人摆平事

其实，道歉并非示弱，而是显示了你的真诚和勇气。人际关系是生活中最难处理的，人都免不了有出错的时候，一旦错了，就得道歉，只有这样才能避免更大的损失。一个人能主动承认错误，不仅是一种勇气，更是一种能说会道的策略。这不仅有助于解决相关的矛盾，也能得到一定的满足感。

小雯借朋友的衣服穿，却不小心因为疏忽把衣服刮破了。小雯觉得很抱歉，就在还衣服的时候，很诚恳地对朋友说："对不起，我不小心弄破了你的衣服，这是一个裁缝的电话，我已经联络过他了，他说可以补得像没坏的一样。"

这种正面的直接道歉是最好，也是最佳的方式。假如小雯在还衣服的时候只是说："衣服破了，我赔钱给你吧。"对方肯定会婉言谢绝，而且心里绝对会不舒服，觉得小雯的"道歉"只是形式上的，不够真诚，他们之间自然会产生隔阂。

当然，道歉除了直接的方式，也有间接的方法。道歉的方法多种多样，要根据具体的情况选择适当的方式方法，才能取得对方的谅解。

当过错严重、对方对你成见很深时，直接当面道歉肯定会被对方劈头盖脸地训斥一通，这时候对方只会发泄情绪，而难以接受道歉，所以最好通过第三者先转达自己的歉意，让对方先消消气，然后等对方心情稍有平静之后，再亲自道歉。

一次，苏东坡去拜访王安石，恰逢王安石不在家，但见其书桌砚台底下压着一首未写完的诗："昨夜西风过园林,吹落黄花满地金。"苏东坡想：菊花有傲霜之骨,花瓣怎么会四处飘落？王公真是"江郎才尽"铸成大错啊！于是，苏轼挥笔续诗："秋花不比春花落,说与诗人仔细吟。"然后拂袖而去。

会表达你就赢了

过了些时候，苏东坡去后花园赏菊，正值刮了几天大风，园中十几株菊花枝上，一朵花也没有，只见落英缤纷，满地铺金。苏东坡一时瞠目结舌，想起那两句续诗，羞红了耳根，想亲自向王安石道歉，又担心解释不清，自讨没趣。他终于想出了一个办法，邀请王安石最亲密的诗友王令来家做客。然后向他说了那天乱改诗句的事情，随后感叹：

"我迄今对王安石深感惭愧内疚，这事给我的教训太大了，凡事不可自恃聪明，随便讥笑别人啊！"

后来，王令将苏轼的歉意转告了王安石。王安石知其良苦用心，消除了对苏轼的隔阂。

现实生活中，也不乏这样的情况，有些人明知自己错了，也想向对方表达歉意，然而由于自尊心太强，面子太薄，当面道歉难为情，或者双方因为其他的原因不便亲自对话，这时，就可以考虑巧妙地借用"媒介"，让中间人为自己传达歉意，兴许还能收到当面道歉收不到的好效果。这种技巧使用起来，有两个关键之处：一是选择合适的第三者，最好是对方的好朋友；二是你与第三者的交谈一定要恰到好处地表达歉意，并且让第三者明白你的良苦用心，这样，第三者才会替你转达歉意。

如果，实在不好意思当面道歉，又找不到合适的第三方在中间周转，那你可以采用其他的方法来表达歉意，不妨像下面故事中的小伟学习一下。

小伟在朋友的生日宴会上喝多了，将女主人最喜欢的一个花瓶失手打碎了，以小伟的经济实力根本赔不起这个花瓶。为了表示自己的歉意，小伟挑选了一张精致的贺卡，写上自己的歉意：我知道我的行为给你们造成了困扰，也知道自己的行为是无法原谅的，请相信我绝对不是故意的。如果当时我没有喝醉，也就不会发生那种事情了，所以请接受我最真挚的歉

意。小伟将卡片亲手交到朋友手里,并带了一瓶朋友最喜欢的酒,不是为了表示赔偿那个花瓶,而是为了表示真诚的歉意。

小伟的这种道歉方式很艺术,你也可以不直接说出"对不起",而是像小伟这样用一张卡片或一份小礼物等,表示歉意。

所以,当你犯了错并给别人造成困扰时,最重要的是不要回避,而是要勇于承认自己的错误,开口说声"抱歉",用真诚的歉意化解矛盾,解决问题。首先要意识到自己错在哪里.,其次,道歉贵在一个"诚"上,不要说遮遮掩掩的话,当然,也要注意,不能说奴颜婢膝的话,一旦夸大其词,一味往自己脸上抹黑,反而会给人留下虚伪的印象。

道歉,不只是"对不起"简简单单三个字,还是一种心灵美的外在表现。勇于道歉的人,也是善于体谅别人,善于设身处地为他人着想的人。所以一旦发现自己做错了,一定要及时地、真诚地表达歉意,这样更容易得到别人的原谅。

背后说人被听到时要随机应变

虽然说背后说人是不好的,可人总免不了在一起谈论,言语中免不了要说这个人不对,那个人做了什么糗事。结果却被当事人一下撞到。这不,小杨就犯了这个毛病。

听说主管要去参加一个业界的聚会,又是临近午休时间,办公室内几位同事闲聚在一起东家长西家短地胡乱聊起来,不知不觉就开始说起主管的坏话了。

小杨一向做事认真负责,个性又活泼开朗,在办公室里人缘极好,只

是有点冒冒失失，喜欢乘兴搞一番恶作剧。

这次也不例外，当他听到大家都在说主管的坏话时，便趁机起哄："我也这样认为，主管实在是一个老古董，动不动就拿所谓的伦理道德、礼仪规范来数说，根本就没意识到现在是流行、新潮的时代……"

"咦！怎么大家一下变得正经八百，规规矩矩了呢？"当小杨发觉情形不对时，却已大事不妙了，原来主管已经站到了他的身后！

在社会生活中，每天都会遇到很多人和很多事。很多时候，人出于交流或其他种种目的，会自觉不自觉地向他人讲述一些自己对人对事的看法，因此就形成了"哪个人前不说人，哪个背后无人说"的社会现象。

当你议论他人被当事人听到时，如果你的议论是正面的，那还好说。听到别人在背后夸自己，谁不乐意呢？可一旦你的议论是负面的，在背后说人坏话，被人当场逮住，那就尴尬了。更有甚者，要是因此而被人误认为品行有问题，并让你的"臭名"远扬，那你就倒大霉了！

其实，要化解这种尴尬也不是没有办法，只要你懂得随机应变，采取正确的应对方法，尴尬就会自然而然地消除。下面故事里的女士就反应灵敏。

某女士上班的单位和丈夫的单位很近，所以每天他们总是约好了在车站碰面，然后搭同一辆公交车回家。一路上，夫妻两人总是喜欢高高兴兴地谈天说地，倒也有一番乐趣。

一天，这位女士一上车，就向丈夫讲起了当天发生的"大事"。

"老公，告诉你呀，今天那个小梁上班迟到了，主任不知怎么搞的，把他当众批评了一顿，你没看见小梁当时的脸色，就跟猪肝一个样……"

她还没说上几句，就发现小梁被下车的人流挤到了她面前。看到这位女士，小梁只是淡淡地点了点头，表情有点冷漠。

"啊！他肯定听到了我说的话。这下糟了，把一个同事给得罪了。这下该怎么收场呀？"

这位女士顿时感到脸上火辣辣的。可丈夫却并不知情，还不停地追问："后来怎么样了？"这更让她感到难堪，一时竟无言以对。过了会儿，她总算想出办法来打圆场了。

"老公，拜托，那本书有好几百页啊！我还没看完呢，后来的事等我看完了再告诉你吧！"她一边说一边悄悄揪了一下丈夫，并递过去一个眼色。丈夫虽然不明白是怎么回事，但也不再继续追问下去了。

"小梁，真巧！你也坐这一趟车呀！你看我，光顾着说话，也没介绍一下。小梁，这是我爱人。老公，这是我们公司的同事，我们都叫他小梁，与那本书上的主人公称呼一样呢！"她主动出击，明着打招呼，暗着解释刚才的事。

小梁听了她的话，认为是自己多虑了，便也放松了，与他们聊了起来。一路上，他们谈笑风生，气氛和谐而友好，刚才的紧张和尴尬一扫而光。

不过要注意：切忌背后说人超过限度。如果是充满个人憎恶情绪的坏话，听的人可能会有"这说得太过分了吧"的感觉。说者不但会不愉快，而且会因情绪过于激动而造成反效果。

切忌不分场合地论人长短。像上述情境中，尽管上司不在，但在办公室内谈论上司总是不好。另外像公司同事常去的餐馆或咖啡厅，也都不是谈论同事长短的好地点。最好的办法就是不讨论他人的长短。

用模糊语言应对尖锐问题

在电视节目《超级访问》之"著名主持人的荧屏内外"那期中,采访了赵忠祥、倪萍、杨澜,节目制作了一个从1991年开始的春晚短片,是倪萍参加春晚主持的12届春晚的集锦。

戴军:"哎呀,真不容易啊!"

倪萍:"这是一个特别光荣的岗位,特别值得纪念的一个岗位,一个备受瞩目的岗位,真的是一个运气的岗位,所以你做过了之后,你不会觉得辛苦,你离开了以后,你会觉得非常自然的。这么好的位置,你能在那待一辈子?就'春节晚会'这四个字,能待一辈子,谁都不能待一辈子,就是因为它备受瞩目。"

戴军:"那2005年春晚后来没主持,你当时看别人主持什么感受?"

一个曾经那么辉煌的主持人,她曾是《综艺大观》的当家花旦,主持了12届春晚,在《综艺大观》最红的时候,她选择了离开;2005年,她又主动离开了春晚的舞台。戴军的问题会直接触到倪萍内心最敏感的地方,所以他先退了一步,感同身受地说了句"真不容易"。这句话,不仅自然而然地让倪萍说出了心中的感受,而且使得接下来"看别人主持,心中有什么感受"这个尖锐的问题显得并不怎么突兀。这就提醒我们,想问问题时,如果问题很尖锐,可以试着把心里假设的事,倒推回去两三步来问。比如,你的好朋友最近工作上老出错误,经常晃神儿,并且已经影响到了你的工作。这时,你甚至有些生气,特别想质询他为什么工作老犯错，但这样劈头盖脸的质询很容易影响两个人的关系，这种问题更像上级对下级的问题，所以，不妨倒推几步，可以问他最近是不是心情不好。如果好友告诉了自己心情很烦闷，所以工作时静不下心来，你这时就可以说到工作上出错的事了，这样的话，对方就知道你是在关心他，而不是在质询。

卡耐基认为，对于一些话题比较尖锐的事情，最好使用模糊语言，给对方一个模糊的意见，或者多用一些"好像""可能""看来""大概"之类的词语，显得留有余地，语气委婉一些。

例如，当学生在课堂上回答不出问题时，作为老师一般不应这样训斥学生："你怎么搞的？昨天你肯定没复习！"而应当用模糊委婉的语言倒推两步表达批评的意思："看来你好像没有认真复习，是不是？还是因为有点紧张，不知道该怎么说呢？"而且应当进一步提出希望和要求："希望你及时复习，抓住问题的要领，争取下次作出圆满的回答，行不行？"这样给了学生面子，也能达到好的效果。

如果我们不是自大狂，老自我感觉良好，老是认为自己是正确的，我们就不会总是站在高处俯视周围的人，就不会理所当然地直接质问别人某些尖锐的问题，而是会采取谈话的方式，来试着了解对方的处境。

另外，在公事上，必须问出尖锐的问题时，我们应该学习蔡康永的建议，拿"抽象的第三方"来当替死鬼。

蔡康永访问过很多政府高官，当他要问这些高官某些尖锐的问题，比方说贪污的传闻、性骚扰丑闻等，他就会抬出这种"第三方势力"来提醒受访的高官，例如："您就任即将满三年了，媒体记者们在报道您的政绩时，恐怕也一定会提到，一直都没有得到您亲口澄清的，有关两年前的那则收贿事件的传闻……"

"媒体记者"就成为了蔡康永的"替死鬼"，帮助他问了一些尖锐的问

题，使他避免与对方形成强烈的正面冲突。

生活中难免出现尖锐的问题，若并非出自恶意，便可以提出来，但也要考虑受问者的心情，能倒推两步的话，就推一下，这样既给了双方一个平等且互相尊重的交流平台，又让对方感受到你的善意，何乐而不为呢？

别人追问隐私时，答非所问

我们无论是在公共场合，还是在正式场合，都会无可避免地遇到一些隐私问题被人追问的情况。有时候面试的时候也会被别人追问隐私，就像下面故事里的罗娟。

北京某著名高校中文系毕业生罗娟，经系里推荐到一家国企求职，层层考核下来，最后，她获得了与招聘单位负责人单独面谈的机会。

"你有男朋友吗？"这位男性负责人突然这样发问。

罗娟没有任何思想准备，被这个问题问愣了。她不知如何回答才能让负责人满意，便如实答道："有。"

"他现在在本地还是在外地？"

"他在办出国手续。"罗娟仍然老实地回答。

"你将来会不会跟他一起出去？"

"我的专业出去了也派不上用场，所以没想过要出去。"

"那你们是不是要分手了？"

"不能这么说，我们的感情很好，我相信自己的眼光。"

"如果你的上级比较喜欢你，你会怎么办？"

"那说明我的工作干得还不错，我会再接再厉，更上一层楼。"

"要是你的上级对你有非分之想呢？"

"你们能提出这个问题,我非常感激,这说明贵单位的高层领导都是光明磊落的人。不瞒大家说,我曾在一家公司实习过,就是因为老板有了非分之想,我才愤而辞职的。而当初他们招聘时恰恰没有问到这个问题。两相比较,假若我能应聘进贵单位,就没有理由不去为这个团队殚精竭虑了。"

罗娟不卑不亢的回答和落落大方的态度使她最终赢得了这个职位。

怎样说话,才能既不泄露自己的隐私,又不直接拒绝对方的提问而造成不愉快呢?对于无聊的隐私问题,你完全可以采取答非所问的方法来应付。当然,似是而非的回答也会让那些爱探听隐私的人无功而返,它的奇妙之处就在于听上去像是在回答对方的问题,但其实并不是对方想要的答案。

总之,如果别人问你的隐私时,也需要注意:切忌不沉着冷静,对别人的提问,不假思索地乱说一气。同时切忌不随机应变,与别人发生冲突或委曲求全。

话不投机就转移话题

前段时间,工商局长智斗央视名嘴的视频在网上获得了很高的点击率,央视著名记者兼主持人董倩,一直给人以大气稳重的印象,在这次与工商局长的"智斗"中,虽然她曾一度处于弱势,但聪敏的她通过话题的转换秒杀了一触即发的矛盾,下面,让我们回忆一下当时的场景。

董倩:"郑局长,我发现,以前我们俩说话都是在那儿说话,是吧?站着说,这回为什么坐着说了,是不是因为这个气比较短了,所以要坐

着，先站一会儿吧。"

郑局长："站着说话跟坐着说话，跟气短气长有什么关系呢，中央电视台新闻联播都是坐着放。我不愿意站着说话是因为不愿意跟穿着高跟鞋的人站在一起比高低，你是央企啊，穿着高跟鞋，我是代表民企，我穿着平底鞋，我们在一起，我觉得不公平，应该坐下来，平起平坐，你就没有了高跟鞋的优势，坐！"

董倩："我估计，郑局长你当时多少年前请我来的时候，是不是早就想着找一天说这样的话，终于今天有这么一个场合，我们可以坐着说话了。"

郑局长："是你挑起来的。呵呵。"

董倩："您刚才怎么看李教授这个问题。"

董倩和郑局长的对话，显然有着智斗的意味，再接下去，智斗会进一步升级，也许会涉及央企与民企、公平与否等敏感问题，所以关于站着说话还是坐着说话这个话题实在不应再继续讨论下去，董倩在此时选择了转换话题，直接提了一个有针对性的问题，将这个已经引发唇枪舌剑的话题转移。

人们交流时，谈话时，常常是以话题为单位的，有些话题既然开了头，就是希望说出个所以然来，希望有个结论或是向对方说明什么，但是，一些即将引发唇枪舌剑的话题，当停则停，暂且丢开就不会导致矛盾产生，将这个不愉快的话题绕开即可。

人们本来就有自己的防备心，每个人要防备的方面又各不相同，有些话题，你以为没什么，他可能就很敏感，所以，当你发现这个话题并不是太合适的时候，不必抓住不放，也不必非要追根究底，大家面带微笑，换个话题就好，什么情况下应该果断选择转移话题呢？答案就是：话不投机的时候。

话不投机有多种情况。第一种情况是，某种言谈举止使人为难，那就要及时转换话题，协调气氛。两个青年去拜访老师，在谈话中提到：

"老师，听说您的夫人是教英语的，我们想请她指教一下，行吗？"
老师为难地沉默了片刻，说："那是我以前的爱人，前不久分手了。"
"哦？对不起，老师……"
"没什么，喝点水吧。"
"老师，您的书什么时候出版？快了吧……"

这样转换话题，特别是提出对方很愿意谈的话题，就会使谈话很快恢复正常，使气氛活跃起来。

第二种情况是双方意见对立谈不拢，但问题还要解决，不能回避。这种话不投机的情况就需要绕路引导。

联系工作，洽谈生意，也可能话不投机，陷入僵局。只要还有余地，就可提出新的话题，绕弯引导。如甲方推销四吨卡车，而乙方不要四吨的，想要两吨的。这时，甲方若硬着头皮争执，只会越谈越僵，不欢而散；如能转移话题，绕弯引导，从季节、路途、载重多少与车辆寿命长短等各种因素来促使乙方考虑只用两吨的弊病，或许能"柳暗花明又一村"，开辟新的途径。

在找对象的问题上，母子有矛盾。儿子不愿也不能和母亲闹僵，只好等待时机再说。这天吃饭时，母亲又唠叨起来："你这孩子，怎么就不听妈的话呢？人家局长的女儿，人长得不错，又有现成的房子，你为什么不和人家谈，偏要……"

"妈,快吃饭吧,菜凉了不好吃……我们有个女同学做饭特别好吃,人也特别贤惠,我们班很多同学都想娶她呢!我也觉得她很不错。"儿子先回避话题,意在绕路引导,把话题引到自己心仪的姑娘身上。

第三种情况是在说话过程中,当对方有意无意地触到我们心中的隐痛、忌讳或者自己不愿回答的问题时,如果一时没有好办法应答,那么,就干脆避而不答;或者沉默不语,表示无声的抗议;或者转移话题,使在场者的注意力从自己身上挪开。问话者见自己对其问题不予理睬,在尴尬的同时会很快意识到自己的鲁莽和无礼,从而不再追问。

某单位一女工结婚,在单位发喜糖,刚巧该单位有一位尚未谈到对象的大龄女青年。大家吃着糖,突然一位中年科员笑着对那位女青年说:"喂,什么时候吃你的喜糖?"大家都望着那位女青年。那位女青年脸微微一红,把脸转向邻近的一位女同事,然后指着那位女同事身上的一件款式新颖的上衣问:"咦?这件上衣什么时候买的?在哪个商店买的?"两个人便兴致勃勃地谈起了那件衣服。

在大庭广众之下问大龄女子何时结婚确实是件很不礼貌的事情。女青年碰到这个尖锐的问题时处境十分尴尬,回答不好可能会引起大家的闲话,再说这事也没必要让大家来参与。于是她立刻把话题转移到同事的衣服上,借以回避对方的无聊问题。问者受到毫不掩饰的冷落,自然也认识到自己的失礼,就没有理由责怪女青年对自己的置之不理。

话不投机的情况有的是由他人造成的,有的是自己造成的,但无论起因于谁,你都应该主动转移话题,使自己快速从尴尬中摆脱出来。

不伤和气地应对奚落

熟悉《快乐大本营》的人,都知道谢娜和何炅是很好的朋友,也正因如此,使得两个人很有默契,一起搭档主持能激起很多的火花,两个人的配合很有意思。在节目中,他们经常互损,彼此挖苦,奚落对方,但两人都灵活友好地应对奚落,不输面子也不输和气。

某期节目中,大家一起调侃谢娜和张杰的关系,此时,何炅说:"娜娜,你的脸为什么这么红?"谢娜回道:"因为人红。"

"千金"组合里某个成员说快板:"竹板打,点对点,听我说段小快板,我的节目就这么点……"娜娜听完之后没有反应,半晌才笑喷:"我站在这个舞台上70多年,第一次被人耍!"何炅:"虚伪的女人。"

何炅问何润东:"你喜欢什么类型的女生?比如维嘉就不是很喜欢很疯的女孩子。"

维嘉:"对,我不是很喜欢很疯的女孩子。"

大家不由得把目光集中在谢娜身上,此时谢娜说:"你们可别看我在外面疯疯癫癫的,我在家里是又弹古筝,又做诗,我自己都感到惊讶。"(故意做出挺高傲的眼神)

何炅:"如果谢娜在家真的这样的话,那她就彻底的疯啦!"

马天宇做客"快乐大本营"那期,因为马天宇是戏剧学院的学生,五位主持人就要和马天宇比演技,当时实行分组表演,马天宇说:"耶,我要和娜娜姐一组。"谢娜也是一副充满童真的样子,何炅说:"你们两个是幼儿园出来的吧?(指娜娜)一个四岁,(指天宇)一个五岁。"谢娜说:

**会表达
你就赢了**

"我很高兴,你把我说得比他小了一岁,事实上也是这样的。"

大家谈论做艺人遇到的尴尬事。

何炅:"娜娜,你遇到过什么是你觉得最尴尬的?"

娜娜:"就是在国外啊,好多外国朋友找我签名,说好爱我,我就觉得特别尴尬!"

众无语,数秒后,何炅说,"你是觉得我们都不相信才尴尬吧!"

娜娜:"你太没有男人味儿了。"

何炅:"是啊,全场最有男人味儿的就是你了。"

何炅和谢娜的相互奚落基本上是善意的,他们会用语言或行为小小地回复一下对方,这样不仅自己的面子没受损,也增强了节目效果。

回到日常生活中,我们也要像何炅和谢娜一样,灵活地应对善意的奚落,争取自己的面子的同时也不要伤害别人。而对于一些并不是出于善意的奚落,正确的办法之一是以适当而有力的语言回击冷语,避免自己受到伤害的同时不要破坏和气。这些恶意的奚落易伤自尊心不说,还经常让我们下不来台。本能地进行反击,其后果往往是讽刺挖苦、侮辱打击的恶性循环。如果你下次遇到这样的奚落,不妨照下面的方式去试试:

1. 探究缘由

心中窝火容易使人出语伤人。如果你的确不明白是什么地方得罪了别人,使他们不停地奚落你,最好的办法就是直接问他这是为什么。记住,并不是每个人都存心要找你的麻烦,因此,要尽快找出根源。

2. 正视挑衅者

顶住奚落并非易事。办法之一是针锋相对,用严肃的对答来对付消极的评价,如你可以说:"你有什么理由来伤害我的感情?"或说,"要知道你的话也许会对别人有用。"

作为一种选择，你可以要求挑衅者澄清他的原意："你这话是什么意思？"或说，"我希望能弄清你的意图。"一旦挑衅者意识到你识破他的意图时，他们就会停止挑战。没有比阴谋被识破更丢脸的了。

3. 运用幽默

有人曾很不客气地评价玛丽的新裙子："一条新裙子？这布料更像是用来包椅子的。"

玛丽回答说："那好，坐到我膝盖上来。"

利用幽默可以避免冷语的伤害，还可以拒绝自己不想听到的话。

4. 顺水推舟

接住话头是个好主意。例如，如果你妻子说："你重了20磅了，亲爱的。"你就回答说："准确地说是重了近25磅。"语言之所以有力，是因为你承认了它的力量。当你顺水推舟时，你就能使它失去阻力。

5. 不屑一顾

他人的评论并不"属于"你，因此你完全可以不理睬它。原谅是我们应该培养的最重要的生存技巧。

你也可以装作没兴趣。眨眨眼睛，打个呵欠，环顾左右，皆在告诉他："你怎么这样讨人厌？"任何人都不愿自己遭人厌的。

6. 拒绝接受

一个男人出语伤害布达赫后，布达赫说："孩子，如果有人拒绝接受一份礼物，那这份礼物会属于谁呢？"

那人回答说："当然是属于送礼物的人。"

"那就好了，"布达赫说，"我拒绝接受你的指责。"

**会表达
你就赢了**

　　有人觉得口头上奚落、贬低别人会更显自己的高大，所以他们口袋里装满轻蔑，随时都可能取出来抛给别人。拒绝接受他们的侮辱伤害，巧妙地还给他们，这样你就会减少紧张，增加快乐。

　　灵活的语言能让你避免麻烦，远离伤害，还可以不破坏原有的关系，学会运用它，会使你的生活变得更美好。

　　当别人挖苦你、讥讽你的时候，你可以用语言作为"护身符"，筑起防卫的堤防。"兵来将挡，水来土掩"，你可视不同的来者选择不同的应付办法。

　　若本意不坏，奚落有玩笑的性质，那就也回给对方一个玩笑即可。

　　若判明来者不善，是怀有恶意，故意挑衅，你可以"以眼还眼，以牙还牙"，有理、有利有节地回敬对手。

　　如果对方来势汹汹、盛气凌人，前来指责辱骂你，而你确信真理在手，则应保持藐视的目光、冷峻的笑容，让他尽情发泄个够，而不予理会。有时沉默无言的蔑视，能力胜千钧，抵得上万语千言。假如有人冲着你横眉竖眼，恶语中伤地骂道："你这个人两面三刀，专门告我的阴状，想踩着别人的肩膀往上爬，没门！"如果你心中无愧，完全不必大发雷霆，倒不妨解嘲地反诘："哦！是真的吗？我倒要洗耳恭听。"然后诱使谩骂者说下去，直到对方找不到言语了，你再"鸣金收兵"。在这种情况下，你以温文尔雅、彬彬有礼的方式笑迎攻击者，显然比暴跳如雷、大动肝火要好。

　　假如有人以半真半假的口吻问："你得了一大笔奖金，该'发财'了吧？"如你避实就虚地回答："你也想吗？咱们一块来干。"语中带点阳刚锐气，别人再问，也不大好意思了。

　　你刚被提拔到某领导岗位，有人对此挪揄道："这下子你可平步青云、扶摇直上了吧！"你听了不必拘谨，可一笑了之："是这样吗？你算得这样准？"用这种不卑不亢的应酬方法，立即使对方语塞。相反，你过于计较，说出一大堆道理，倒显得太认真，反而适得其反。

如果有人用过于唐突的言辞使你受到伤害，或叫你难堪，你应该含蓄以对，或装聋作哑、拐弯抹角、闪烁其词，或顺水推舟、转移"视线"、答非所问，谈一些完全与其问话"风马牛不相及"的事，用这种委婉曲折的方法反驳对手，一定会取得奇特的功效。

遇到别人善意或恶意的奚落，若能以幽默诙谐的方式回答，往往能化险为夷，改变窘态。正所谓"山重水复疑无路，柳暗花明又一村"，让难堪的局面消失在谈笑之中。

下 篇

精准表达，会说才会赢

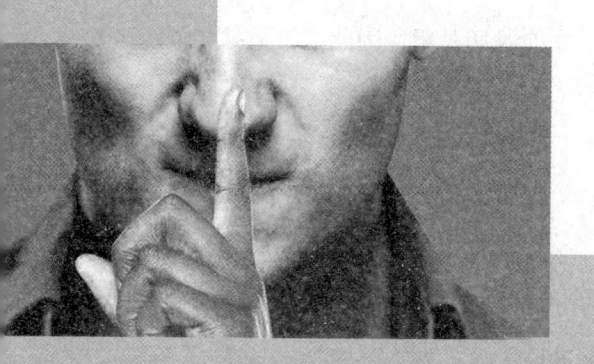

第十三章　有效交谈，做受欢迎的社交达人

介绍自己不要只是"我叫××"

在向陌生人做自我介绍时，首先要做的就是自报姓名，但许多人在这方面却做得不太好，在介绍时只是简单地报出自己的姓名："我叫××，见到大家很高兴。"自以为介绍已经完成，然而这样的介绍肯定算不上有技巧，也许只过了三五分钟，别人已经把他的姓名忘得一干二净，这样也就无法给别人留下深刻的第一印象。

一个人的姓名，往往拥有丰富的文化积淀，或折射凝重的史实，或反映时代的乐章，或寄寓双亲对子女的殷切厚望。因此，推衍姓名能令人对你印象深刻，有时也会令人动情。

1. 利用名人式

在新生见面会上，代玉做自我介绍时说："大家都很熟悉《红楼梦》里多愁善感的林黛玉吧，那么就请记住我，我叫代玉。"

再如王琳霞："我叫王琳霞，和世界冠军王军霞只差一个字，所以，每次王军霞获得世界冠军时，我也十分激动。"

利用和名人的名字相近的方式来介绍自己的名字，关键是所选的名人是大家都知道的，否则就收不到效果。

2. 自嘲式

如刘美丽介绍自己时说:"不知道父母为何给我取美丽这个名字。我没有标准的身高,也没有苗条的身材,更没有漂亮的脸蛋,这大概是父母希望我虽然外表不美丽,但不要放弃对一切美丽事物的追求吧。"

3. 自夸式

如李小华介绍自己时说:"我叫李小华,木子李,大小的小,中华的华。都是几个没有任何偏旁的最简单的字,就如我本人,简简单单、快快乐乐。但简单不等于没有追求,相反,我是一个有理想并执着的人,在追求理想的路上,我快乐地生活着。"

4. 联想式

如一个同学叫萧信飞,他便这样做自我介绍:"我姓萧,叫萧信飞。萧何的萧,韩信的信,岳飞的飞。"绝大多数人对"萧何月下追韩信"的典故和民族英雄岳飞都很熟悉,这样一来,大家对他的名字当然印象深刻了。

5. 姓名来源式

如陈子健:"我还未出生,名字就在我父亲的心目中了。因为他很喜欢这样一句古语'天行健,君子以自强不息',于是毫不犹豫地给我取了这个名字,同时希望我像君子一样自强不息。"

6. 望文生义式

如秦国生:"我是秦始皇吞并六国时出生的,我叫秦国生。"

与其他方法相比,望文生义法有更大的发挥余地,例如下面的几例:

夏琼——夏天的海南,风光无限。

杨帆——一帆风顺,扬帆远航。

皓波——银色的月光照在水波上。

秀惠——秀外惠中，并非虚有其表。

7. 理想式

如向红梅："我向往像红梅一样不畏严寒，坚强刚毅，在各种环境中都要努力上进，尤其是在艰苦的环境里，更要绽放出生命的美丽。"

8. 释词式

即从姓名本身进行解释。如朱红："朱是红色的意思，红也是红色的意思，合起来还是红色。红色总给人热情、上进、富有生命力的感觉，这就是我的颜色！"

9. 利用谐音式

如朱伟慧："我的名字读起来像'居委会'，正因为如此，大家尽可以把我当成居委会，有困难的时候来反映反映，本居委会力争为大家解决。"

10. 调换词序式

如周非："把'非洲'倒过来读就是我的名字——周非。"

11. 激励式

如展鹏在新生见面会上说："同学们，我们从五湖四海来到这里，为了什么？不就是为了好好学习，今后在社会这片广阔的天空中大鹏展翅，自由翱翔吗？"

12. 摘引式

如任丽群："大家都知道'鹤立（丽）鸡群'这个成语，我是人（任），更希望出类拔萃，所以，我叫任丽群。"

自我介绍是有很大发挥空间的，我们应该想方设法把它丰富起来，不要放过任何一个让别人牢牢记住你的机会。

下 篇 精准表达，会说才会赢

善用"我们"制造共同意识

人的心理是很奇妙的，说话时，往往说"我"和"我们"，给人的感觉完全不同。在与人交往时，我们在言谈之间要注意这些细节，多说"我们"，用"我们"来做主语，以制造彼此间的共同意识，进而促进我们的人际关系。

杨澜作为中国最著名的女主持人之一，她知性优雅、成熟端庄的形象在观众心中留下了深刻的印象。在杨澜主持的《天下女人》节目中，杨澜就经常和另外一位主持人以及嘉宾一起畅聊女性的智慧人生。在节目中，杨澜一如既往的优雅端庄，但是更加亲切近人，因为她的口中，经常说的是"我们"。

杨澜："大家好，天下女人我们在一起，您正在收看的是《天下女人》。"

这一期节目请来了演员吕丽萍，话题就围绕着吕丽萍的婚姻人生展开了。在与吕丽萍、主持人柯蓝和现场观众的交流中，杨澜多处说到，"我们"。

"这对我们特别有教育意义，像我和柯蓝这样的。"

"我们现场的男生们，你们可得准备好了，既要做知己又要做长辈，既要在外边主导，回家还得下厨房。"

"在现实的生活当中我们听到很多关于婚姻和爱情的新奇的理论，比较多的还是要强调个性的自由，平等的关系，包括是一种多元化的促进，而今天丽萍姐却跟我们说了一个好像非常行之有效的几千年一直反复被印

证的一种婚姻的模式和规律。它是有它的合理性和智慧在里边的。"

"好，我们非常感谢吕丽萍来参加这一期的《天下女人》，我们掌声送给她。"

杨澜的"我们"把观众、柯蓝以及吕丽萍都带进了谈话之中，让人不觉得亲切都难！所以《天下女人》有一大批忠实的观众，不仅因为他们喜欢听主持人与嘉宾的妙语连珠，学习她们的人生智慧，还因为他们喜欢节目亲民轻松的风格，喜欢杨澜亲切温和的话语。

可见，"我们"在人际交流中有着不可忽视的促进力量。

小女孩在玩耍时，经常会说"这是我的芭比娃娃"或"我要去游乐园玩"，这种说法是因为小孩子的自我显示欲直接表现所造成的。但有时在成人世界中，也会出现如此说法，而这种人不仅无法令对方有好印象，可能在人际关系方面也会受阻，甚至在自己所属的团体中，形成被孤立的场面。

曾经有过一位心理学家，做了一项有名的实验，就是选编了三个小团体，并且分派三人饰演专制型、放任型、民主型的三位领导人，然后对这三个团体进行意识调查。结果，民主型领导人所带领的这个团体，表现了最强烈的同伴意识。而其中最有趣的，就是这个团体中的成员大都使用"我们"一词来说话。

经常听演讲的人，大概都有过这样的经验，就是演讲者说"我这么想"不如说"我们是否应该这样"更能使你觉得和对方的距离接近。因为"我们"这个字眼，也就是要表现"你也参与其中"的意思，所以会令对方心中产生一种参与意识，按照心理学的说法，这种情形是"卷入效果"。

人心是很微妙的，同样是与人交谈，但有的说话方式会令对方反感，而有的说话方式却会令对方不由自主地产生妥协之心。很多情况下，你可以用"我们"一词代替"我",这可以缩短你和大家的心理距离,促进彼此之间的感情交流。例如:"我建议,今天下午……"可以改成,"今天下午,我们……好吗?"

在员工大会上,你想说:"我最近做过一项调查,我发现40％的员工对公司有不满的情绪,我认为这些不满情绪……"如果你将上面这段话的三个"我"字转化成"我们",效果就会大不一样。说"我"有时只能代表你一个人,而说"我们"代表的是公司,代表的是大家,员工们自然容易接受。

事实上,我们在听别人说话时,对方说"我""我认为……"带给我们的感受,将远不如他采用"我们……"的说法,因为采用"我们"这种说法,可以让人产生团结意识。

"我"在英文里是最小的字母,千万别把它变成你语汇中最大的字。

一次聚会,有位女士在讲话的前三分钟内,一共用了36个"我",她不是说"我",就是说"我的",如"我的公司""我的花园"等。随后一位熟人走上前去对她说:"真遗憾,你失去了你的所有员工。"

那个人怔了怔说:"我失去了所有员工?没有呀?他们都好好地在公司上班呢!"

"哦,难道你的这些员工与公司没有任何关系吗?"

亨利·福特二世描述令人厌烦的行为时说:"一个满嘴'我'的人,一个独占'我'字、随时随地说'我'的人,是一个不受欢迎的人。"

不可避免地要讲到"我"时,你要做到语气平淡,既不把"我"读成重音,也不把语音拖长。同时,目光不要逼人,表情不要眉飞色舞,神态不要得意洋洋,你要把表述的重点放在事件的客观叙述上,不要突出做

事的"我",以免使听的人觉得你自认为高人一等,觉得你在吹嘘自己。

所以在与人交往中,"我"字讲得太多并过分强调,会给人突出自我、标榜自我的印象,这会在对方与你之间筑起一道防线,形成障碍,影响别人对你的认同。一定要记住,"我们"远远比"我"亲切得多。

找话题,打开陌生局面

俗话说"巧妇难为无米之炊",没有话题,一场谈话就没有焦点。光是空发话,没有实际意思,那陌生人终究还是陌生人,陌生的局面终究化不开。

和陌生人说话最苦于找不到话题,怎样巧找话题呢?那就要从具体情况出发去考虑,如果彼此完全陌生尚未相识,那就要察言观色,以话试探,寻求共同点,抓住了共同点就是抓住了可谈的话题。如果是因为话不投机,出现难题,那就要求同存异,或是检讨自己的不妥之处,表示歉意,如果对方有什么顾虑,或是沉默的原因不明,那就没话找话,随便找个话题,引起对方的兴趣,说个笑话,谈点趣闻都可以活跃气氛。

从具体情况出发,可以选择采取下面的方法:

1. 你想了解什么就问什么,谈什么

在初次交往中,各自都有一定的意图,那就可以依据你的意图,提问求答,你想了解什么就可以问什么。但这样做的时候要注意两点:一是不要形成一串的盘问;二是不要探听对方的隐私。最好的做法是你想了解对方的什么情况,你就先谈自己的什么情况,扩大自己的开放区域,来促使对方扩大开放区域,这样就容易找到许多可谈的话题。如果你想了解对方的业余生活,可以问对方:平时有什么兴趣爱好?业余时间喜欢做点什么?但是很可能对方只说了"喜欢旅游,听听音乐"这么一句话,就不再

说了。那你就谈谈自己的业余爱好，谈得具体、详细一些，这样就会引发对方的谈兴，使交谈趣味相投。

与陌生人交谈，一般都可以先提一些"投石"式的问题，在略有了解后再有目的地交谈，便能谈得较为自如。如在商业宴会上，见到陌生的邻座，便可先投石询问："您是主人的老同学呢，还是老同事？"无论问话的前半句对，还是后半句对，都可循着对的一方面交谈下去；如果问得都不对，对方回答说是"老乡"，那也可谈下去。假如是北京老乡，你可和他谈天安门、故宫、长城，谈北京的新变化；如果是福建老乡，你可与他谈荔枝、龙眼、橘子、沿海的水产等，从而开始你与他的交往，也许他将来就是你事业上的合作伙伴呢！

2. 就社会热点问题进行交谈

陌生的双方刚一接触，纯属个人生活的事情不宜多谈，但可以对时下的人所共知的社会现象、热点问题谈谈看法。如果对方对这一问题还不太清楚，你可以稍作介绍。例如，近期影响较大的社会新闻、电影、电视剧和报刊文章等，都可以作为谈话的题目和接近的媒介。

3. 从眼前和身边的具体景物上找话题

（1）从双方的工作内容寻找。相同的职业容易引起共鸣，不同的职业更具有新奇感与吸引力。

（2）从彼此的经历中寻找。经历是学问，亲身经历过的人和事往往会给你留下极深的印象。这种交流最易敞开心扉、最易见到真情。

（3）从双方的发展方向寻找。人都关心自己的未来，前途与命运是长盛不衰的永恒的话题。人生若没有前进的方向，生活便失去了动力。这类话题最易触动对方敏感的神经。尤其是异性，更热衷于此。

（4）注意家庭状况。谈家庭生活并不一定就是俗气。家庭是社会的细

胞，家庭生活的完美、和谐是每个人的理想。这类话题不必做准备，随时都可谈论，有思想的人还可以从中发现许多人生的哲理。

（5）关注子女教育。孩子是父母生活的希望，孩子的教育牵动亿万家长的心。怜子、爱子、望子成龙是家长的共同心理。谈及孩子，即使是性格内向的人，也会眉飞色舞、滔滔不绝。

有的时候如果是预约式的拜访某陌生人，那你最好具备一些洞察力。你首先应当对那位即将拜会的客人作些了解。例如，问一些你们双方都认识的朋友，探听一下对方的情况，关于他的职业、兴趣、性格之类，了解得越详细越好。

当你走进陌生人的住所时，可以凭借你的观察力，看看能否找到一些了解对方性格的线索。墙上挂的是哪位画家的画？如果是摄影作品，能否揣测对方是摄影爱好者呢？

要知道，屋内的装饰摆设，可以表现主人的喜好和情调，甚至有些物品会牵引出某段动人的故事。如果你把它当作一个线索，不是可以了解主人心灵的某个侧面吗？了解了对方的一些个性，不就有话题了吗？

交谈前，使用多种手段，尽可能地多了解对方，再把所获的种种细微信息分析研究，由小见大，由微见著，作为交谈的基础。

另外，在话题的选择下，还有一些讲究必须注意：例如不谈对方深以为憾的缺点和弱点；不谈上司、同事以及一些朋友们的坏话；不谈人家的隐私；不谈不景气、手头紧之类的话；不谈一些荒诞离奇、黄色淫秽的事情；不询问妇女的年龄、婚否、家庭财产等事情；不说个人恩怨和牢骚；不说一些尚未明辨的隐衷是非；避开令人不愉快的疾病详情；忌夸自己的成就和得意之处。

有了话题，才能打开"瓶颈"，接下来的谈话才会顺利。

对不同的人用不同的表达词汇

《天下女人》一期节目请来了个性才女刘索拉,她是一位音乐家、作曲家,也被视为中国真正的"现代派"的作家。与这样一位思想另类、个性独特的才女交流,很多人心里肯定会很紧张,不知道跟对方说些什么,难以拉近彼此的距离。我们来看看杨澜是怎么与对方拉近距离的吧。

刘索拉:"中国不有一阵狂录音嘛,我那时候当棚虫,我写了很多电影音乐,而且我是棚虫。"

杨澜:"棚虫,第一批棚虫。"

刘索拉:"你知道棚虫是什么,就是成天在棚里趴着,成天在录音棚里趴着,做唱片,还扒唱片,那时候还会扒唱片。"

杨澜:"什么叫扒唱片?"

刘索拉:"扒唱片你知道吗,就是把国外的流行音乐扒成中国的,翻成中国词,就把人、音乐和歌词分开。我扒过一张美国的唱片,那时候最早期的美国唱片,然后让我填上词,照着这个,因为不懂英文就听这声,听着音乐感觉有什么词出来,然后我再重新填上词。但是我要把音乐全部都扒下来,配齐全都扒下来,扒完这个再填词,填完词崔健唱。"

杨澜:"哪首歌崔健唱的?"

刘索拉:"我要说起来他就急了。他肯定都忘了,那时候他还没唱那个《一无所有》。"

杨澜:"《一无所有》是很早了。"

接下来，二人接着崔健和以前的音乐等话题继续兴致勃勃地聊下去，两个陌生人之间的距离在融洽热闹的谈话中越来越近了。

杨澜之所以能与各式各样的人物聊天，一个很大的原因是她会根据不同的人来调整自己的词汇，快速地给以对方亲切感和共鸣感，拉近彼此的距离。例如上述案例中，她就一直提及对方熟悉的词汇"棚虫""扒唱片"等，让对方认为你有所了解和认同，于是愿意跟你继续往下说。实际上，针对不同的人挑选不同的词汇，是一个很重要的表达技巧。与陌生人谈话时若要营造轻松和谐的气氛，拉近彼此之间的距离，使用什么样的词语很重要。恰当地使用词汇有以下几个方面需要注意：

1. 重复对方的词汇

在谈话时，对方刚刚说的某个术语、俚语或是口头语，你可以马上把它用在自己说的话里面，这会让对方感到很亲切。尤其是对于一些术语或是俚语，使用对方所说的词能够表现出对对方极大的支持和肯定。

如果对方说："我喜欢这个LOGO！"你听了以后可以说："哦，这个LOGO确实非常有创意。"这时候你和对方使用了同一词汇——LOGO。如果你说："这个标志确实很好看。"那么你的话虽然对方也能够理解，但是就不如用LOGO让对方听起来顺耳。实际上，对于有多种表述或名称的同一事物，你应当留意对方所采用的表达方式，尽量和对方用同一种词语表达，这会大大增加你谈话的效率和你的亲和力。

2. 识别对方的感官用词

不同感官偏好的人对于不同的词汇也有偏好，你要把握好。不同类型的人所习惯使用的感官用词是不同的，对于他的偏好你要在倾听对方说话时多多留意，当你发现对方的感官偏好时，就可以在你说话的措辞上尽量使用对方所习惯用的那些词汇类型。

例如，对方的话中经常出现"看上去""观点"等词汇，你可以凭借这些词汇确定对方倾向于视觉型，那么你就可以在以后的谈话中多使用视觉型的词汇，不仅是"看上去""观点"，还可以用其他的视觉型词汇，例如，"观察""反映"，等等。

感官用词一般是比较隐蔽的，需要你非常敏锐地去发现，同时如果你能使用和对方同类型的感官用词，对对方所产生的影响也是隐蔽的，对方听你说话会觉得非常顺耳，却说不出为什么。

3. 模仿对方的习惯用语

习惯用语俗称口头禅，是一个人习惯性使用的词汇。例如，有些人喜欢说"无所谓"，或者"太棒了""太背了""很酷""没意思"，等等。口头禅有一些是时尚的流行语，也有一些是非常具有个人色彩的。不管是什么样的习惯用语，如果你想提升自己的影响力，就可以在和对方说话的时候主动使用它，甚至你可以使用得比对方还要频繁。这种亲切和亲密的感觉会令对方很惊喜，因为你和对方的习惯用语一样，对方会认为你们俩的观念、性格、生活都比较相近。

4. 避免使用否定和绝对的词汇

有一些词汇在谈话中要尽量避免出现。例如："可是""就是""但是"，这些表示转折意义的词语。当你要表达不同意见的时候，尽量不要说它们，因为这些词意味着对对方观点的否定。

在与求异型的人谈话时，要尽量避免说一些表示绝对意义的词，如"一定""肯定""百分之百""绝对"，等等。因为求异型的人喜欢挑毛病，如果你说的话过于绝对，他们会不由自主地在内心或是口头上表示质疑。为了不引起对方的反感，避免争执，说话时可以尽量使用比较中性的词语，不要把话说得太满。

词语的选择同样需要敏锐的洞察力，尤其是对于对方话语中的语言细节要多加留意。

5. 说话要简洁

有些人叙述一件事情，为了卖弄才华，极力地修饰他们的语句，用重复的形容词，或学西方语言独有的倒装句法，或穿插些歇后语、俏皮话，甚至引用经典、名人语录，使别人往往摸不清他在说些什么。

有些人在说话时，东拉西扯，缺少组织和系统，也使人有不知所云的感觉。如果你要提升自己的影响力，只要在说话时做到简洁扼要就行了。在话未说出口时，先打好一个腹稿，然后再按照秩序一一说出来。

具有影响力的幽默大师林语堂曾戏称：演讲要像女人的裙子，越短越好。不仅演讲如此，说话也是一样，简洁的话语常能让人有意犹未尽、余音绕梁之感。冗长而又索然无味的说话，不但无趣，还会让人觉得像老太婆的裹脚布，又臭又长，啰啰唆唆，使听者昏昏欲睡。

6. 语句不要重叠使用

有些人会说："为什么、为什么？"答应别人一件事，说一个或最多两个"好"字已经够了，但有些人却说"好好好好……"或是说"再见再见"。其实你要提升自己的影响力，在用重叠句子的时候，除非是要特别引人注意，或加强力量时才用得着。

7. 同样的名词不可用得太多

有一个人解释月球上不可能有生物存在这个问题时，在几分钟内，把"从科学上的观点来说"一语运用了二三十次，无论什么新奇可喜的名词，多用便会失去它动人的价值。王尔德说："第一次用花来比喻女人是最聪明的人，第二次再用的人便是愚蠢了。"人都喜欢新鲜感，我们虽不必拘泥王尔德所说的那样，每说一事，就要创造一个新名词，但在同一时期中重复使用一个名词，是会使人厌倦的。

此外，注意不要用同样的形容词来形容不同的事物。

话题卡住就不要再"恋战"

与人交往的时候，我们会碰到话题卡住的时候，这时候我们要赶紧转移话题，不要恋战。但是很多人往往在别人已经面露难色或不悦时，还没有眼力地缠着别人说。虽然你希望把这个话题进行到底，问出一个结果，或是要告诉对方某件事，但卡住了就是卡住了，别人的沉默和不悦已经接近临界点，你不想惹人家爆发就赶紧转移话题吧，暂且丢开就不会手忙脚乱，有机会再绕回来就可以了。

《康熙来了》这一节目中有一场嘉宾是著名女歌手孙燕姿。

孙燕姿在2011年三月发行了个人最新的专辑，距离上一张专辑已经四年了，她来到《康熙来了》就是为了宣传新专辑。这时候正值她的荷兰籍男友被曝光的时期，所以蔡康永和小S就一直想方设法询问她男朋友的情况。

孙燕姿为了保护自己的隐私，就一直处于比较抵制、不正面回答的状态，蔡康永见孙燕姿虽然面持笑容，但是表现出实在不愿意交谈这个话题的样子，于是就将话题转移到孙燕姿想聊的话题——她的新专辑上。孙燕姿兴致勃勃地与主持人聊了很多关于新专辑的事，说到请张艾嘉帮忙演MV后，蔡康永见孙燕姿心情很好，就机智地说："我们这样有聊够多专辑了吧，那可以来聊别的。"

熟悉蔡康永的人都知道，转移话题调动对方谈论的兴趣，再把话题绕

会表达
你就赢了

回来，是蔡康永访问中非常喜欢使用的招数，而且往往都能重新打开对方的话闸子，让对方兴奋之余走进他的圈套中，本来不愿意说的话题也侃侃而谈了。

话题卡住的情况，多是因为我们的话题触犯了别人的某个禁区或是激起了对方的不悦情绪，要转移话题调动对方谈论的兴趣，就要了解一下对方的心理和情感，以免转移到一个同样会激发对方不悦之情的话题上。人的情感是一种内心世界的东西，一般是捉摸不定，较难把握的。但是，在有些场合，人内心的东西又常通过各种方式而外露。如果我们善于观察听者的一举一动，并能据此加以分析和推测，那么，我们基本上可以掌握听者的心理和情感，顺着对方的心理适时地调整话题的方向，便可以让谈话逐渐热络起来。

某位中学老师悉心钻研中国古典文学，出版了近20万字的一本有关诗歌的书籍。该校的文学社小记者得知情况后就到这位老师家采访，让老师介绍写书经验，只见那位老师面带难色，认为只是一个专题学习，谈不上什么经验。

小记者抬头望着墙上的隶书书法作品说："老师，这隶书是您写的吧？"

老师："是的！"

小记者："那么请您谈谈隶书的特点，好吗？"

这正是老师感兴趣和愿意谈的话题。师生之间的感情逐渐变得融洽起来。

这时，小记者不失时机地说："老师，您对隶书很有研究，我们以后

还要请您多加指导。不过，我们现在十分想听听您是怎样写成《中国诗歌发展史》这一书的。"此刻，老师深感盛情难却，也就只好加以介绍了。

由此可见，当某个话题引不起对方的兴趣时，要有针对、有选择地挑选新的话题，以激起对方的谈兴。如同运动员谈心理与竞技的关系，同外交人员谈公共关系学，两人肯定会一拍即合，谈兴大发。在运用这种技巧时，说话者首先要了解听者的心理和情感。我们也只有在了解听者的心理和情感的基础上，才能知道某个场合该讲什么，不该讲什么，哪些话题能够打动听众，能使听众产生共鸣。

有些事通过直言争取对方的应允已经失败，或在自己争取之前对方就已经明确表示不肯允诺，在这种情况下，不要无望，应该采取转移话题、隐晦委屈的办法。"隐晦"就是掩盖自己的真实目的，以虚掩实，让对方无从察觉。表面上自己好像没有什么企图，或者让对方感到某种企图并非始于自己，而是另外一个人。这样，对方可能就不再有戒备和有所顾虑，处在这种无戒备和无顾虑的状态中事情显然好办多了。"委屈"就是不直接出面或不直取目的，而是绕开对方不应允的事情，通过另外一个临时拟定的虚假目的做幌子，让对方接受，当对方进入自己设定的圈套之后，自己的真实目的也就达到了。所谓委屈隐晦的最大特点就是含而不露或露而不显，在具体运用时有些小窍门需要认真领悟。

把"再会"说出新意

我们在与陌生人交谈结束时，运用"再会"之类的告别语显得千篇一律，太俗太空。这样一来，努力设计能给对方留下深刻印象的告别语就很有必要。

一般来说，通常有以下几种收尾方法：

1. 关照式收尾

关照式收尾，是交谈双方说完了自己的思想、意见或流露了某些内心意向之后，觉得谈话中的有些话和问题带有范围性、对象性、保密性和重点性，当交谈即将结束时，就关照对方不要将其中的某些话张扬出去。譬如：

"刚才我讲的一些话，是一些不成熟的看法，我觉得不必让他人知道，请你不要传出去，以免引起麻烦……"

"小陈，我要讲的都讲了，全是心里话。有关小黄的事你千万不要告诉别人，不然会闹出大乱子来的。"

这种收尾方式，有一种提起注意、防患于未然和强调重点的作用，能使交谈的对方增进了解并增强"使命感""责任感"。

2. 祝愿式收尾

祝愿式收尾，不仅具有较强的礼节性，而且还具有极大的鼓动力。如果再加上适当的口语修辞，它的效果一定会非常显著。如："再见吧，路上保重。祝你一帆风顺！"

"时间不等人，生活就是拼搏，抓紧时间，就等于延长生命。我祝愿你是这样一个人，再见！"

3. 道谢式收尾

这种收尾方式在交谈艺术中具有较强的礼节性，它的基本特征是用讲"客气话"作为交谈的结束语和告别话。道谢适用的场景和对象是最广泛的，无论是上下级、同事、亲朋还是熟人、邻舍以及初交者之间都是适宜的。譬如：

如果一次同志式的思想启迪性交谈行将结束，从谈者可用"听君一席话，胜读十年书""你对我学习上的帮助和生活上的关怀，我感激不已"结束。

"益先生，在您的悉心指导下，我明白了自己的责任，我一定按您的指教去做。谢谢您了，再见！"

4. 征询式收尾

交谈完毕，主谈者根据自己的交谈目的与交谈后的吻合情况向对方征求意见、说明、要求或建设性的忠告、劝诫等，这就是征询式收尾。譬如：

"宋先生，随着我们接触的增多和了解的深入，你一定察觉出我有许多缺点，你觉得我最糟糕的'毛病'是什么？希望你下次开诚布公地提出来。"

当你与陌生下属交谈工作结束时，你应该说："你还有别的什么要求和意见吗？"

"你生活上还有困难和要求吗？只要有可能，我将全力帮你解决……"下属也应同样征询对方："除了工作之外，你对我还有其他意见和看法吗？如果现在想不起来，日后尽管提，我是不会计较别人对我提意见的……"

5. 归纳式收尾

这种收尾方式，通常在陌生人之间非形式性交谈中使用。譬如：

"周婷，听了你的情况介绍后，我觉得问题的关键是第一点，我们是做他人思想工作的，如能统一人心，其他问题也就迎刃而解了……"

归纳式收尾，由于条理清晰，中心突出，重点再现，这样对方交谈的目的和内容，双方的思想和意见就能清楚交流，收到言简意赅、重点突出、明朗爽快的效果。

6. 邀请式收尾

邀请式收尾的基本特征是运用社交手段向对方发出礼节性邀请或正式邀请。前者的效用体现了"客套式"所需的礼仪；后者则表现了友谊的生命力。

"客套式"邀请："如果您下次途经上海，请到我们家来做客。再见！"

正式邀请："今天我们就谈到这里吧，星期三晚上6点钟请你到我家吃顿便饭，那时我们再长谈吧。再见！"

以上这两种邀请式收尾语，在社交场合同陌生人讲话是必不可少的。"客套式"邀请也是一种礼节；正式邀请更是一种友好和友谊的表示。运用这种结束语，肯定会赢得陌生人最大的赞同。

与陌生人交谈的结束语的表达方法多种多样，只要我们能够驾驭情境，正确审视对象，选择正确、得体的话语，交谈结束时，不仅会非常得体、有趣，而且还会余韵犹存，感人至深。

第十四章　恰当表达，打开职场晋升路

汇报工作有中心，有重点

汇报工作，是职场中最重要的沟通能力。对于上司，判断下属是否尊重他的一个重要的因素，就是下属是否经常向他请示汇报工作。

职场上，老板形形色色，有的大度，有的小肚鸡肠。对于心胸宽广的上司，或许他们对于下属懒于或因忽视而很少向其汇报工作不太计较，甚至会好心地认为也许是下属工作太忙，没有时间汇报；也许是认为本来就是他们职责内的事，没必要汇报；或者是这段时间自己心情不好，他们不敢来汇报等。但对于怀疑型的上司来说，如果出现这种情况，他就会做出各种猜测：下属是否在这段时间内偷懒，没有完成工作；下属是不是根本就没把他这个领导放在眼里；等等。对于后者，下属应该勤于汇报工作，哪怕你只是完成了整个工作的一小部分。如果不经常指示汇报工作，还会埋没你的成绩。经常请示汇报工作，让上司知道你干了什么、效果如何，这样还可以显示出你对他的尊重。如果遇到困难和麻烦，上司还可在人力、物力上支持你，比你闷着头干要强上千百倍。

汇报工作是一件非常有技术含量的事，那么我们该如何向上司汇报工作呢？

1. 中心突出

泛泛而谈、毫无重点的汇报显得很肤浅。通常，汇报者可把自己较为

会表达你就赢了

熟悉的情况的某个方面作为突破口，抓住工作过程和典型事例加以分析、总结。汇报中的这张"王牌"最能反映出你工作的质量。

某建材公司的冯涛从一个用户那里考察回来后，敲响了经理办公室的门。

"情况怎样？"经理劈头就朝冯涛问道。

冯涛坐定后，并不急于回答经理的问话，显得有些心事重重的样子。因为他十分了解经理的脾气，如果直接将不利的情况汇报给他，经理肯定会不高兴，搞不好还会认为自己工作不力。经理见冯涛的样子，已经猜出了肯定是对公司不利的情况，于是改用了另一种方式问道："情况糟到什么程度，有没有挽救的可能？"

"有！"这回冯涛回答得倒是十分的干脆。

"那谈谈你的看法吧！"

冯涛这才把他考察到的情况汇报给经理："我这次了解到，这个客户之所以不用我们厂的产品，主要是因为他们已经答应从另一个乡镇建材厂进货。"

"竟有这样的事！那你怎么看呢？"

"我想是这样的。我们公司的产品应该比乡镇企业的产品有优势，我们的产品不但质量好而且价格还很公道，在该省已经具有一定的知名度。"

"就是！一个小小的乡镇企业怎么能和我们相比呢？"经理打断了冯涛的汇报。

"所以说，我们肯定能变不利为有利。最重要的是，当地的建筑公司，多年来一直使用我们公司的建材，我们有很好的合作基础，这是我们的优势所在。但该客户答应与那个乡镇企业合作，主要是因为那个乡镇企业

距离他们较近，而且可以送货上门。在这一点，我们确实不如那家乡镇企业，但我们可以直接到每个乡镇去走访，在每个乡镇找一个代理商，这样问题就解决了。"

"小江，你想得真周到，不但找到了症结所在，还想出了解决的办法，要是公司里的员工都像你这样有责任心就好了。"

"经理过奖了，为公司分忧，是我的责任。经理您工作忙，我就不打扰您了。"

不久，冯涛被调到了销售科，专门从事产品营销，公司的建材销量节节上升，冯涛也越来越受到重视，很快成了公司的骨干。

2. 不要遗漏重点

如何判断什么是重点呢？当上级交代你去完成一项工作，这项工作的结果对上级来说一定会有它的用途。例如，上级请你去对外洽谈年终总结会的开会场所，此时上级要根据场所能否租得到来决定开会的日期，因此，报告的重点将是有哪些适合的场地，在什么日期能租借到及费用各是多少，等等。

汇报工作要讲究一定的逻辑层次，不可"眉毛胡子一把抓"，讲到哪儿算到哪儿。一般来说，汇报要抓住一条线，即围绕工作的整体思路和中心展开一个面，分头叙述相关工作的措施、关键环节、遇到的问题、处置结果、收到的成效等内容。

作为汇报，提纲挈领是根本原则。英国作家卡普林提出了"5W1H"的汇报要点。所谓"5W1H"是指：

Who……何人（人）

When……何时（时间、时期）

Where……何地（场所、位置）

What……何事（对象、理由）

Why……何因（目的、理由）

How……怎样发生的（方法、顺序）

还有一个是后人加上去的：

How much……多少钱（经费、价格）

此外，报告时一定要注意区别事实与自己的感觉，你工作时，上级并没有亲临其境，他无法辨别你描述的是事实还是你自己的主观感受。事实和观感是有差别的，若给上级错误的诱导，让他下达了错误的指示，这个责任应该归咎于报告者。

所以优秀的职员越是了解上级要把工作结果用在哪里，越能把握住报告的重点。更简单地说，上级的关心点就是你报告的重点。

此外，向领导上司汇报工作时，还要选准时机，不要选择领导比较忙的时候汇报工作。因为那时他会因忙于其他他认为更重要的工作而没有耐心去听你的汇报，还会认为你这个人讨厌，不会选时机。更不要选择他心情不好的时候去汇报工作，那时候，你就有成为"撒气筒"的可能，工作没汇报成，反讨一顿骂。

给上司提建议要有技巧

当我们认为领导的某个决定有偏差，或者自己对某个问题有别的见解之后，都免不了给领导提一些建议。一般来说，给领导提建议会冒很大的"风险"和心理压力，因为一旦你说不好就会把你们之间的关系弄僵，得罪了领导，你在单位的职业生涯也就堪忧了。那么如何表达，才能既让上司接受你的建议，又让他觉得你是个不错的员工呢？

具体来说，下属在给上司提意见时要注意：

1. 多"引水"，少"开渠"

多"引水"，少"开渠"的意思是说向上司"进谏"时不要直接点破上司的错误所在，或越俎代庖地替上司做出所谓的正确决策，而是要用引导、试探、征询意见的方式，向上司讲明其决策、意见本身与实际情况不相符合，使上司在参考你所提出的建议后，水到渠成地做出你想要的正确决策。

2. 多献"可"，少加"否"

多献"可"，少加"否"的意思是说，在下属向上司"进谏"时多献可行的，少说不该做的。它包括两层含义：一是要多从正面去阐明自己的观点；二是要少从反面去否定和批驳上司的意见，甚至要通过迂回变通的办法有意回避与上司发生正面冲突。

例如：你是一家公司的部门主管，根据业务发展情况需要配一名专管业务的副手，这时你想提拔一位懂业务、有经验的下属担任此职，而上司却准备从其他部门派一名不懂这方面业务的外行人任职。在这种情况下，你可把话题多用在部门副主管应具备的条件和你所提人选已具备的条件上，而不应用在反驳上司所提候选人上。这样既可以避免与上司发生直接冲突，又能把话题保留在自己所提人选上。

3. 设置多项建议

设置多项建议让上司在其中做出选择，会使上司感到非常舒服，这是一种高明的提建议技巧。

4. 兼并上司的立场

小柳是一家知名网络公司的总经理助理。他的顶头上司徐总是搞学术、技术出身，由于工作重点长期落在研究开发领域，因此对企业管理仍然一知半解。出于对技术的钟情与依恋，徐总直接插手技术部门的事，把管理的层级体系弄得乱七八糟，其他部门的员工虽然表面上敢怒不敢言，但私下里无不怨声载道，这使小柳在与其他部门的员工沟通协调上倍感吃力。

经过一番思考，小柳决定采用兼并策略，向徐总提建议。他对徐总说："真正意义上的领导权威包含着技术权威和管理权威两个层面，徐总的技术权威已经牢固树立，如果能在人事、营销、财物方面的管理上更上一层楼的话，整体的领导权威就能树立得更加完美。"

徐总听后，若有所思。后来，徐总果然越来越多地把时间用在人事、营销、财务的管理上，企业的不稳定因素得到控制，公司运营进入了高速发展状态，小柳的各项工作也顺风顺水，渐入佳境。

在实际工作中，上司毕竟也是人，俗话说，人无完人，金无足赤。上司在某些方面有缺陷是很正常的，关键是作为员工要有一个正确的心态，认识到上司也是人，不是神。立场站对后，处理同上司的关系就会顺利得多。

5. 以虚心为本

在上司面前，你最好不要表露出"我比你聪明"的意向，在谦虚的请教之中表达你的意见是最好的选择。

某企业的职代会正讨论一个方案。小李发言："我认为，还应该加入一点……"而小罗的发言却是："我经过对这个方案的多方面考虑，认为有些不太理想的地方。我提出来，如果有什么不妥当的话，还请各位领导指正……"对于小李，上司只是神情冷漠地听了一遍，无所表示。对于小罗，上司却着着实实地考虑了一番。从那以后，企业里的事，还常常征求他的意见。原因就在于小罗能掌握上司的心理，知道如何去维护上司的尊严。

此外，还要注意的是不可恃功自负，当得知领导改变了自己的错误决定，采纳了你的建议后，不要洋洋自得，最好不要多提此事，以后，领导定会更加重视你的意见。

6. 以此说彼

以此说彼就是以别人成功的例子论证自己建议的可行性，无形中为自己营造一些气势。给上司提建议，最好自己对该建议能有百分之百的把握，如果能引经据典地以真实存在过的例子为证，无疑会加强自己建议的说服力。上司若切实从内心认可了这个建议，看到建议将会带来的利益，就必然乐意接受。

你给领导打圆场，他会当你是知心人

适时替领导打圆场，使他得到心理上的安慰，会令他把你看做知心人。

慈禧太后爱看京戏，常赏赐艺人一点东西。一次，她看完著名演员杨小楼的戏后，把他召到眼前，指着满桌子的糕点说："这一些赐给你，带回去吧！"

杨小楼叩头谢恩，他不想要糕点，便壮着胆子说："叩谢老佛爷，这些尊贵之物，小民不敢领，请……另外恩赐点……"

"要什么？"慈禧心情不错，并未发怒。

**会表达
你就赢了**

杨小楼又叩头说:"老佛爷洪福齐天,不知可否赐个字给奴才。"

慈禧听了,一时高兴,便让太监捧来笔墨纸砚。慈禧举笔一挥,就写了一个"福"字。

站在一旁的小王爷,看了慈禧写的字,悄悄地说:"福字是'示'字旁,不是'衣'字旁的呢!"杨小楼一看,这字写错了,若拿回去必遭人议论,岂非有欺君之罪?不拿回去也不好,慈禧太后一怒就要自己的命。要也不是,不要也不是,他急得直冒冷汗。气氛一下子紧张起来,慈禧太后也觉得挺不好意思,既不想让杨小楼拿去错字,又不好意思再要过来。

旁边的李莲英脑子一动,笑呵呵地说:"老佛爷之福,比世上任何人都要多出一'点'呀!"杨小楼一听,脑筋转过弯来,连忙叩首道:"老佛爷福多,这万人之上之福,奴才怎么敢领呢!"慈禧太后正为下不了台而发愁,听这么一说,急忙顺水推舟,笑着说:"好吧,隔天再赐你吧。"就这样,李莲英为二人解脱了窘境。

当了领导的人,一般都比普通人更注重面子,尤其是下属在场的时候。如果在公众场合碰到了尴尬,是十分令人沮丧的事情。这时作为下属,就应当站出来,替他打个圆场,来缓和这种尴尬,让自己在领导心中有更好的印象。

某公司部门经理田某由于办事不力,受到公司总经理的指责,总经理扣发了他们部门所有员工的奖金。这样一来,大家很不满,认为田经理办事不当,造成的责任却由大家来承担,所以一时间怨气冲天。田某也身处困境难以自拔,田某的秘书小胡心里也颇不好受。

这时,秘书小胡站出来对大家说:"其实田经理在受到批评的时候还在为大家据理力争呢,要求总经理只处分他自己而不要扣大家的奖金。"

听到这些,大家对田经理的气消了一半儿,但还是有些愤愤不平。小胡接着说:"田经理从总经理那里回来后很难过,表示下个月一定要想办法补回奖金,把大家的损失通过别的方法补回来。其实这次失误除田经理的责任外,我们也有责任。请大家体谅田经理的难处,齐心协力,把公司业务搞好。"

小胡的调解工作获得了很大的成功。按说这并不是秘书的分内之事,而小胡的做法使田某如释重负,心情豁然开朗。接着田某推出了一系列方案,激发了大家的工作热情,很快使大家的不良情绪得到了化解。小胡在这个过程中的作用是不可小视的,田某当然会对她另眼相看。

领导喜欢的是能为自己排忧解难、出谋划策的人,不是见事就躲、不替领导打圆场,甚至把尴尬境地硬推给领导的人。

表达相反意见时不要直来直去

有的下属在工作中因为怕得罪上司,对上司的一言一行唯唯诺诺;当上司的意见或者见解不正确的时候,他即便知道也不说。这样的下属或许会赢得上司一时的喜欢,但是绝对不会长久。因此,作为下属,要经常向上司提出好的意见。

下面介绍几种可供借鉴的提意见方法,希望对你有所帮助。

1. 先赞扬再反对

向上司表示反对意见时,不仅要有充分的理由,而且要说得使他完全信服。同时,说话技巧的运用也不能不讲究。首先,你可对上司的建议表示一番恭维的赞扬,如你可说:"太好了!""它太好了!"然后对这个建议的优点大概做个分析，阐明你认同的原因。紧接着点出这个建议的局限性，让上司意识到这个建议存在的不足，从而让其动摇对这个建议的坚持。这时，你就可乘机推出你的建议，并详细分析这个建议的优点，从而让上司认识到你的建议要优于他的建议。采用这种方法既保全了上司的自尊心，同时也不会使他产生不悦。待他作一番详细的斟酌后，他就极有可能推翻自己的建议，采纳你的建议。

2. 迂回说理

在向上司提建议，特别是要表达相反的意见时，一定要仔细研究对方的特点，不能粗心大意，不考虑对象，不分析形势，只知冒冒失失去据理力争。聪明的人分析具体情况，在某些场合，需采取迂回战略，进行迂回说理。

3. 反说正话

跟上司提相反的意见，有些时候是不好直接说出来的，为了避免尴尬，甚至导致不良后果，不妨从其反面说起，反说正话。因为真理再向前一小步就会变成谬误，同样，反面的话稍加引申，就可能走向反面的反面。在你的反话中，上司认识到自己的不对，自然就会改变他原来的意见。而且，这样上司不会觉得你是在扫他的面子。

楚庄王的一匹爱马死了，他非常伤心，下令以上等棺木，行大夫礼节厚葬。文臣武将纷纷劝阻，都无济于事。最后，楚庄王还下令：谁胆敢再提相反意见，一律处死。

很明显，不论怎样改头换面，只要一说"不"，必是飞蛾扑火、自取灭亡。优孟知道了此事，便直入宫门，仰天大哭。他这一举动把楚庄王弄得异常纳闷，迫不及待地问他是怎么回事。优孟说：

"那马是大王最喜欢的，却只以大夫的礼节安葬它，太寒酸了，请用君王的礼节吧！请以美玉雕成棺……让各国使节共同举哀，以最高的礼仪祭祀它。让各国诸侯听到后，都知道大王以人为贱而以马为贵啊。"

至此，庄王才恍然大悟，赶紧请教优孟如何弥补自己的过失。最后，他命令将马付于庖厨，烹而享之。

以优孟的地位，如果直陈利弊，凛然赴义，固然令人肃然起敬，但效果却不一定好，于己也是十分不利的。像这样反说正话，力挽狂澜，更是让人拍手叫好。

功劳被抢时，据理力争不如侧面应对

"职场如战场。"当你挖空心思想出一个好方案，或者你兢兢业业地工作为公司发展做出了极大的贡献时，却有人试图把这份功劳占为己有。职场中，我们每个人都会遇到喜欢抢功劳的同事，对待这种同事，我们该怎么办呢？是据理力争，还是自认倒霉？也许，下面两种表达方式对你会有所帮助。

1. 夸赞抢你功劳的人，然后说明功劳是自己的

在说明功劳是自己的时候，你可以这样说："尽管最终的时候，我们把这个方案设计得几乎是天衣无缝，但那天我回去以后又仔细琢磨了一下，觉得有些地方需要进一步改进。现在，这个方案才真正是完美无缺了！"

或许，你的同事也非心存歹意，他也是想尽力把本职工作干好，只不过无意中占了你的劳动果实，如果是这样的话，你只需轻描淡写地把你的

构思过程讲述一遍，他便会有所领悟。值得一提的是，你的夸赞千万不能变成对他（她）的挖苦，否则，将适得其反。

2. 不用言语用书信

在有些情况下，面对面地说开极有可能会引发一场唇枪舌剑，若是以书信的方式进行沟通，效果或许会好些。当然，写信的主要目的是要委婉地提醒一下对方，自己当初郑重提出的想法，是怎样获得今天这个令人欣喜的成绩。在信中适当的地方，你可以写上有关的日期、标题，可以引用任何现存的书面证据。这能让你有机会再次含蓄地强调一下你的真正意思：这主意是我想出来的。

3. 及时向领导汇报成绩

功劳被抢，你肯定很委屈，那么要想把委屈扼杀在摇篮里，就得在第一时间告诉老板你所取得的成绩。俗话说光说不练假把式，光练不说傻把式。职场上，只闷头当老黄牛是万万不行的，会干还得会请功。

把握好与同事说话的招法

各类是是非非每天都在办公室里发生着，你可能是个很有正义感的人，忍不住要挺身而出，"匡扶正义"；可能你是个外向的人，眼里看不惯嘴里要说出来；可能你是个"事不关己，高高挂起"闲事少管的人……但不管你是个什么样的人，你都要和同事们长期相处下去。这就需要你掌握一些与同事说话的招法，在他们中间塑造受欢迎和受欣赏的说话形象和风格，以便使身边的同事不至于小看你或者抓住你的某个话柄找你的麻烦。

与同事相处，也要讲究一定的分寸。话太少不行，人家会认为你不合群、孤僻、不善交往；话多了也不行，容易让别人反感，而且也容易让别人误解，认定你是个乌鸦嘴。所以说，不多说一句，也不少说一句才是与同事相处最理想的说话分寸。

如果某部门主管与你十分要好，有一天，他突然向你求救，说他有一个计划希望与某公司合作，而你与该公司老板或与该公司有分量的人士十分熟稔，请你做中间人，向这位人士游说一番，说几句话。

不错，你与这人的交情很好，但是，你得切记：公私分明。

你不妨婉转、间接一些回答他，例如对方要求你伸出援助之手时，可以打趣地说："其实这件事很简单，你一定可以应付自如的，被我的意见左右，可能不妙。"这番话是间接在提醒他：一个成功人士，必须独立、自信。而且，这样说也不会损及大家的情谊。

不管同事怎样冒犯你，或者你们之间产生什么矛盾，总之"得饶人处且饶人"，多一句，不如少一句，凡事能够忍让一点，日后你有什么行差踏错，同事也不会做得太过分，推你走向绝境。至于如何才能培养出这种豁达的情操，也是有办法的，比如让心思意念集中在一些美好的成就等上，当你的报复或负面的思想产生时，叫自己停止再想下去！

当你意外发现某位跟你十分投契的同事，竟然在你背后四处散播谣言，数说你的不是和缺点，这时你才猛然觉醒，原来平日的喜眉笑目，完全是对方的表面文章！

晴天霹雳之余，你会痛心地想，跟他一刀两断吧！然而大家是同事关系，你若摆出绝交态度，一定吃亏，一则别人以为你主动跟他反目成仇，问题必然出在你身上，这无形中给对方一个借口去伤害你，这样做太不理智了。

219

**会表达
你就赢了**

更何况你俩还有合作机会，加上上司最不喜欢下属因私事交恶而影响工作。

所以，你应该冷静地面对，千万别说出过火的话来，这样对谁都不利。

对这样的同事，只要暗中与其拉远距离就行了，因为你已了解到他是一个不可信任的人。但表面说话时最好保持以往跟他的关系，因为面对这般狡猾之人，你是不能说太多实话的！

第十五章　睿智沟通，提升核心领导力

人不低头别强按

做好管理工作真的不容易，有人说做事容易做人难，管得多了不但没有效果，反而会影响彼此的人际关系；管得少了虽然能保住彼此的感情，但是效果又不好。

领导讲话时要极为慎重，注意不要伤害部下的感情。领导讲话与提问的方式是极为重要的。如果掌握不好，就可能使部下与你产生对立。看看下面两种对话方式：

老板："喂，你最近的表现可不太好啊！"
部下："可是我已尽了最大努力了。"
老板："努力？我怎么看不出来你在努力"。
部下："我难道不是在工作吗？"
老板："你怎么能用这种态度说话？"
部下："那你要我怎么说呢？"
老板："你太自以为是了。这就是你的问题所在。"

老板这样对员工说话，很容易让员工对你产生不满，甚至产生敌意，不利于以后工作的开展和公司的团结。但是如果老板换一种说法方式，效果就会完全不同了。

老板:"喂,最近表现得可不太出众啊,这可不像是你的作风啊。"

部下:"我已经尽了努力了……"

老板:"是不是有什么心事"?

部下:"实际上……妻子住院了!"

老板:"是吗!你怎么不早说,家里出了事理应当多照顾,要不就先请几天假,好好在家照顾一下病人。"

部下:"好在已经没有什么大问题了。"

老板:"噢,那就好。如果有什么困难尽管来找我。"

在这里,老板表现出了体贴部下的心意,又注意到了不要强按人低头,所以部下自然会十分感激。领导与下属沟通,甚至批评下属时,都要注意表达的方法,光是自认为理由充足可不行,还要掌握对方的心理特点,使对方心甘情愿听你的,一切都由你做主,千万不可让对方对你产生敌意。

在无关紧要处说"露"些小缺点

美国心理学家阿伦森做过一个实验:

他让被试者看四个候选人的演讲录像,看完录像后,让他们评价哪一种人最具有吸引力。

阿伦森给出了这样四个候选人,他们分别是:一个犯过错误但能力超群的人;一个平庸的人;一个几乎是完人;一个犯过错误的平庸人。

结果发现:犯过错误但能力超群的人被认为最有吸引力。几乎是完人的人居于第二位,其次是平庸的人和犯过错误的平庸人。与十全十美的

人相比，能力出众但有一些小错的人最有吸引力，是人们最喜欢交往的对象。这种现象也就是心理学上有名的"犯错误效应"。

为什么与各方面看起来都比较完美的人相比，能力出众但有些明显有缺点的人，往往更讨人喜欢呢？

人普遍有一种心理，对完美无瑕的人怀有敬畏心，常常是敬而远之，而对有些小缺点的人则会靠近。这就好比推销，在推销某件产品时，如果推销员只强调该商品的优点而不明确提示缺点，就会让人感觉不诚实、不实在，让人难以相信而迟迟下不了购买的决心。相反，如果这位推销员在详尽地介绍了产品的优点后，主动道出一些无足轻重的缺点，那么很容易获得顾客的信赖，从而购买产品。与之类似，一般人与完美无缺的人交往时，难免因为自己不如对方而有点自卑，而如果发现对方也和自己一样是个有缺点的人，那么就会减轻自己的自卑感。试想，谁会愿意和那些容易让自己感到自卑的人交往呢？

领导下属也是这样，对于老板，员工本来就怀有一种敬畏之心，如果你再没有任何缺点，显得完美无缺，那么员工更会敬而远之。无疑，这阻碍了员工"进谏"的渠道，谁都不对你敞开心扉，那么你怎么了解公司的情况？这对你的领导是很不利的。

有一位女领导，高学历，长得漂亮，工作能力也很强，在很多人眼里，她是一位相当优秀的人。而她也严格要求自己，不允许自己出现任何错误。按理说，对于这样一个完美的人，应该很受员工欢迎。但事实却截然相反，员工怕她都躲得远远的，同级的同事们也都和她保持一定的距离。每次午餐时，她都是一个人，看着别人三三两两的在一起吃饭说笑，她心里也很不是滋味，明明自己很努力了，也试图和他们打成一片，为什么大家都不愿意跟我交往呢？

其实她不知道，正是她的完美把别人"吓"着了。固然，每个人都希望自己可以结交比自己优秀的人，但是如果这个人真的十全十美，就会让对方产生心理压力。此外，那些追求完美的人，活得比一般人累，而且与他们生活在一起或合作的人，也容易因为被他们要求而活得比较累。如果让人们选择是活得累而完美，还是活得轻松而有缺陷，相信大多数人都会选择后者。

古人说："水至清则无鱼。"太完美会让周围的同事、员工产生戒备心理而排斥你。作为领导，如果你能在平时的沟通谈话中，适当说"露"一些无关紧要的小缺点，那么他们会觉得你和他（她）一样是个普通人，而这样也可以让你更具有吸引力。

对下属采用"夹心饼"式的批评

有时候，对做错事的下属直接批评责备，对方不一定会接受，而且还可能破坏你和下属之间的关系。但是，如果你先赞扬他某件事做得出色，然后再对其提出建议或批评，你会发现他的抗拒心理会明显降低。

乔治·本在这个方面的运用上是位专家。他所发明的"夹心饼"法，真是让人拍案称绝。这种方法就是，把你所要批评的东西作为一种馅，放在两件值得表扬的事的中间，"公司不能没有你，我希望你能明白自己的位置，我们大家对于你的工作寄予厚望！"

显而易见，把要批评员工的话放到到两件值得表扬的事之间，这样不至于让受批评者感到尴尬和难受，从而在内心深处加以接受，同时又不伤害职员的自尊。受批评者既明白了自己的错误之所在，又认识到自身存在的重要性，在改正错误后，就会更加努力地工作。

美国著名的女企业家玛丽·凯·阿什在对待员工工作中出现的问题时，采取的做法就是"先表扬，后批评，再表扬"的"夹心饼"批评艺

术。这就是说，无论批评什么事情，必须先找点对方值得表扬的事，留在批评前和批评后说，决不可只批评不表扬，即加在两大赞美中的小批评的"夹心饼"式批评，这是玛丽·凯·阿什严格遵循的一个原则。

她说："批评应对事不对人。在批评前，先设法表扬一番。在批评后，再设法表扬一番，力争用一种友好的气氛结束谈话。如果你能用这种方式处理问题，那你就不会把对方臭骂一顿，要让当事人确切地知道，他们对他的行为是怎么样的气愤。主张这样做的人认为，经理应当把怒火发泄出来，让对方吃不了兜着走，决不可手软，发泄过了以后，或许以一句带有鼓励对方的话结束谈话。尽管一些研究管理办法的顾问鼓吹这种办法如何如何有效，但是我不敢苟同。你要是把人臭骂一顿，那他也必定吓得浑身哆嗦，绝不会听到你显然是骂够了之后才补充的那句带点鼓励的话。这是毁灭性的批评，而不是建设性的批评。"

对于领导，尤其是对于缺乏管理经验的领导来说，批评下属是一件不太轻松也不容易的事情，做得不好就会影响员工，甚至整个团队的工作情绪。所以，作为领导，需要批评下属时要注意，不要当众责备。不过，有些领导比较容易冲动，特别是看到下属犯了比较严重的错误，严重影响全体的时候，就可能按捺不住火气，当众责骂起下属来。这时，就好像是"丢了羊"一样。为了防止继续"丢羊"，就必须立即采取"补牢"的措施，使你因一时冲动而产生的副作用减到最小。

某位经理脾气比较暴躁，并且对工作总是一丝不苟，如果看到部门经理工作不负责任，或者令他不满意，就会情不自禁地当即直截了当地指出来。

尽管经理这样做是为了工作，部门经理心里也明白，知道经理并不是责骂他一个人，但是心里还是不是滋味。

事后，经理冷静下来，知道自己太冲动了，而且后来听下属解释说，这个部门平时工作也是十分出色的，只是因为特殊情况有些小错，但工作成果还是可观的。

于是，经理马上进行"补牢"工作。在他那天下班之前，派人把部门经理找来说："今天委屈你了，首先怪我太冲动没有充分了解情况，对你的责怪不当，请原谅。不过，你们部门的工作仍需要提高，相信你能做到这一点。"

几句话使部门经理的心得到了安慰，同时又有一种被信任感，再大的委屈也就飞到九霄云外去了。

俗语说"打人一巴掌再给一个甜枣"，虽然不能轻易地"打一巴掌"，但既然"打"了，给与不给"甜枣"的效果便大不相同。丢了羊，再补牢，这便是一个不是办法的办法，当你一时冲动当众责备了你的下属时，不妨一试，相信会有效果的。

用漂亮语言令下属言听计从

如果你是领导，你在运筹帷幄制订了工作方案之后，一定不愿让它成为没有现实意义的海市蜃楼。那么，你必然把你的方案传达到下属那里，并让他们付诸实施。如何使你的下属言听计从呢？有经验的领导会用好口才去激发下属接受任务和完成任务。

1. 指导和激励

帮助解决问题和创造成绩是最佳的方式。一般人希望领导是帮助他们提供方法、解决难题的导师，是他们创造成绩、争取进步的牵引者，而不希望领导是不懂装懂的蹩脚传令官。当你所领导的下属在各个方面都有比你突出的专长时，你的技术指导似乎苍白无力。然而不要怕，更高明的方法不是直接的技术指导，而是帮助你的下属找到创造成绩的契机，通过激励他们实现人的成功欲望，让他们心甘情愿地实施你的方案。

比如，某单位接受一个科研新项目，有些人觉得领导惹麻烦。领导不动声色地在例会上讲："大家都知道，咱单位都是年轻人，谁也不会不想进步。但我昨天碰到一位老同志，他苦恼地对我讲：他一生虽算一头老黄牛辛苦干过来，可是遗憾没有科研成果，结果职称很低，到老也没什么好骄傲的。同志们，这位老同志的话给我很大的启发。我们在工作的同时不能不创造条件搞科研项目。所以，我向上级领导申请了一项科研任务……"说到这里，他已经把大家的成功欲望激发起来了，"惹麻烦"的念头烟消云散，领导的科研方案顺利落实。是的，一方面以事晓之、以理服之、以法示之，另一方面又以情动之、以利导之、以气鼓之，要让下属言听计从，已有百分之八十以上的把握了。

2. 造势攻心

有些人偏偏会在你任务很急的时候，因为某种偶然的原因拒绝接受任务，怎么办呢？有经验的领导会造势攻心，不动声色地强制其执行。如某厂想调一名政工干部去营销部，该干部闹了情绪，厂长找他谈话："咱厂近来按制度让几位干得不好的干部闲置起来做待聘处理，你不会不知道吧？你有口才，我决定让你到营销部闯一闯，你如不去，可没其他机会了。"在竞争激烈的今天，被闲置就是竞争失败者，厂长一番话，政工干部脸红了，心知利害，服从了厂部安排。

3. 巧用激将法

对有些人，你使用一下激将法，也能取得意外的好效果。军营指挥官一句："你敢立下军令状吗？"叫多少热血将士冲锋陷阵，立下赫赫战功；经理一句："你不能胜过××，去争取最高工资？"叫多少技术人员苦攻难关，创造惊人效益；而教师们运用激将法转化一些顽皮学生就不胜枚举了。又如，有位领导见一位年轻下属正在抓一个车间的改革试点，故意激他道："你这么点年龄，行吗？"年轻人答道："基本完成任务了，请领导验收吧！"领导见状，又有意激道："车间只是个小单位，你要能把咱厂的改革搞成功，我就服你！"年轻人红了脸："能让我试试吗？"领导于是让他当业务副厂长，年轻人竭尽全力开始他的改革方案……领导满意地笑了。

第十六章　巧妙说辞，为百万年薪梦助力

谈谈客户深感兴趣的话题

推销通常是以商谈的方式来进行，但是如果有机会观察推销员和客户在对话时的情形，就会发现这样的方式太过严肃了。

所以说对话之中如果没有趣味性、共通性是行不通的，通常情况下都是由推销员迎合客户，倘若客户对推销员的话题没有一点点兴趣的话，彼此的对话就会变得索然无味。

推销员为了要和客户之间培养良好的人际关系，最好尽早找出共通的话题，在拜访之前先收集有关的情报，尤其是在第一次拜访时，事前的准备工作一定要充分。

打过招呼之后，谈谈客户深感兴趣的话题，可以使气氛缓和一些，接着进入主题，效果往往会比一开始就立刻进入主题来得好。

天气、季节和新闻也都是很好的话题，但是大约1分钟就谈完了，所以很难成为共通的话题。

重要的关键是在于客户感兴趣的东西，推销员多多少少都要懂一些。要做到这一点必须靠长年的积累，而且必须靠不懈的努力来充实自己。

被推销者通常对推销者敬而远之，说得不客气点，是厌恶，这是劣质推销文化造成的。经验丰富的人甚至练就了拒绝推销的高招，拟好了各种各样的借口和理由，准备给来犯的推销员当头一棒。聪明的推销员会审时度势，有时候避免正面推销，从对方意想不到的角度切进去。那就是：投

其所好。

投其所好，对对方最热心的话题或事物表示真挚的热心，巧妙地引出话题后，多多应和，表示钦佩。

美国超级推销员乔·吉拉德曾因一时分心丢了一笔到手的生意。那一次，一位即将签约的准客户兴致勃勃地说起他上医学院的儿子，而乔·吉拉德心不在焉，侧耳听其他推销员讲的话，准客户突然说他不想买车子了……后来，吉拉德好不容易弄清对方是因为他在说"儿子、儿子、儿子"时，吉拉德都念叨"车子、车子、车子"，才转而找别人买了车！

19世纪法国作家大仲马有个儿子，人称小仲马。小仲马的《茶花女》获得极大成功后，他向父亲报喜："就像当年你的杰作一样受欢迎！"

大仲马微笑道："我最大的杰作就是你，我的孩子！"

朝鲜有句俗话："喜欢老婆，看到丈人家的木桩都要拜。"

光知道这些道理还不够。股票、体育、影视、文学、曲艺、商业……人的兴趣多种多样，一个人不可能样样精通。除了对一些重要人物的特殊嗜好下功夫钻研（比如见到一位大人物家中挂着猎枪，就对射击进行一番研究）外，你没有必要什么都学。人的精力是有限的，你了解一些常识就够了。你要做的仅仅是引起特殊话题，多多应和。如果在交谈中，你的知识确实不足以跟上对方的思路，欣赏不了奥妙的境界，那又有什么大不了？你可以说："我一直想学××（或了解××），可就是学不好。你这么精通，真是了不起！"

一个出色的推销员，是利用种种因素积极行动的人。怎么做？一点都不难。难的是你问过的事情一定要记住，不要问好几次同一件事情，却依然记不住，那就表明你根本没有诚心！

下　篇　精准表达，会说才会赢

只询问，不强求

现在，不管是在商场，还是在医院、社保中心，我们都经常会看到一些买保险的中年妇女，只要你一坐下来，她就跟你拉近乎，"你人真好""你太有气质了""你真漂亮"等。认识还不到几分钟，她就开始喋喋不休地跟你推销她的保险了，她们说的是那样的起劲，让你觉得不买会对不住她，面对她们的伶牙俐齿，我们想做的就是赶紧逃离。其实，一个成功的推销员绝不会这样做，因为他们明白越强迫某人去做一件事，对方可能越抗拒。越不强迫他，他可能越有了解此事的兴趣，下面这个故事也许就会给你带来一些启示。

一个推销搜鱼器的销售经理理查德在一个加油站停下车，他想给车加点油，然后争取在天黑之前赶到纽约。

就在加完油等待交费的时候，理查德看见自己刚加过油的地方停着4辆拖着捕鱼船的车。

他马上返回到自己的车上，取出几份"搜鱼器"的广告宣传单，走到每一艘船的船主面前，递给他们每人一份：

"我今天不是要向各位推销东西，我认为各位可能会觉得这份传单很有意思。你们上路后，有空可以看一看，打发一下时间，我想你们或许会喜欢这种'底线搜鱼器'的，最关键的是，这并不耽误多少时间对不对？"

交完费后，理查德一边开车离开，一边笑着向那些人挥手道别："不耽误时间的，是不是？"两个小时后，在一个休息站，理查德停下车买了

231

一瓶可乐，就在这时，他看到那四个船主向他疾步走过来，他们说他们一直在追赶理查德，但拖着渔船，车速无论如何也赶不上理查德。他们告诉理查德他们想要多了解一些搜鱼器的事情。

理查德立刻拿出展示品，向他们做完简单介绍后，说还可以具体示范给他们看，于是理查德与他们一同走进休息室。他想找个插座，为搜鱼器接上电源，但休息室里没有，最后，理查德在男厕所里找到了插座。理查德一边操作一边解释："比如在72米深的地方有一条鱼，在船的右舷边35米处也有一条鱼……"

理查德讲得认真而投入，男厕所的其他人感到很好奇，不知道发生了什么事情，也纷纷围上来。15分钟后，理查德结束了自己的示范，这四个人此时已由听众变成了顾客，恨不得把这件演示样品马上买回去。理查德告诉他们只要去任何一家大型零售店都能买得到，随即又提供给他们一份当地的经销商名单。4个人满意地走了。

看似不在乎，实际上巧妙地调动起了对方的兴趣。故事中的推销员在向船主散发广告宣传单的过程中，并没有强调对方一定要在某个固定时间段去看，而是说："有时间就看看，不耽误时间的是不是？"这句话给顾客透漏的信息是：对面的这个人并没有要求我一定要看他手里的东西，既然这样，看看也无妨。

如同让爱人帮你做家务，让孩子好好学习等，不能采用命令强迫的表达方法一样，推销工作也要以顾客舒服的方式进行，只询问不强求，看不看，买不买都由他，而不能给其制造无形中的压力，否则他们就会产生排斥心理。

自曝"家丑"，说说自己产品的缺点

俗话说"家丑不可外扬"，对推销员来说，如果把自己产品的缺点讲给客户，无疑是在给自己的脸上抹黑，连王婆都知道自卖自夸，见多识广的优秀的推销员怎么能不夸自己的产品呢？

其实，宣扬自己产品的优点固然是推销中必不可少的，但这个原则在实际执行中是有一定灵活性的，就是在某些场合下，对某些特定的客户，只讲优点不一定对推销有利。在有些时候，适当地把产品的缺点暴露给客户，是一种策略，一方面可以赢得客户的信任，另一方面也能淡化产品的弱势而强化优势，适当地讲一点自己产品的缺点，不但不会使顾客退却，反而赢得他的深度信任，从而更乐于购买你的产品。因为每位客户都知道，世上没有完美的产品，就好像没有完美的人，每一件产品都会有缺点，面对顾客的疑问，要坦诚相告。刻意掩饰，顾客不但不相信你的产品，更不会相信你的为人。

而平庸的推销员奉行一个原则，就是永远讲自己产品的优点，从来不讲自己产品的缺点。他认为，那样自曝家丑，怎能卖出去产品呢？而优秀的推销员就懂得这个道理，他知道在什么时候巧用这个规则可以使推销取得成功。下面就是一个这样的优秀的推销员的例子。

一个不动产推销员，有一次他负责推销K市南区的一块土地，面积有80坪，靠近车站，交通非常方便。但是，由于附近有一座钢材加工厂，铁锤敲打声和大型研磨机的噪音不能不说是个缺点。

尽管如此，他打算向一位住在K市工厂区道路附近，在整天不停的噪声中生活的人推荐这块地皮。原因是其位置、条件、价格都符合这位客人的要求，最重要的一点是他原来长期住在噪音大的地区，已经有了某种抵抗力，他对客人如实地说明情况并带他到现场去看。

"实际上这块土地比周围其他地方便宜得多，这主要是由于附近工厂的噪音大，如果您对这一点不在意的话，其他如价格、交通条件等都符合您的愿望，买下来还是合算的。"

"您特意提出噪音问题，我原以为这里的噪音大得惊人呢，其实这点噪音对我家来讲不成问题，因为我一直住在10吨卡车的发动机不停轰鸣的地方。况且这里一到下午5时噪音就停止了，不像我现在的住处，整天震得门窗咔咔响，我看这里不错。其他不动产商人都是光讲好处，像这种缺点都设法隐瞒起来，您把缺点讲得一清二楚，我反而放心了。"

不用说，这次交易成功了，那位客人从K市工厂区搬到了K市南区。

优秀的推销员为什么讲出自己产品的缺点反而成功了呢？因为这个缺点是显而易见的，即使你不讲出来，对方也一望即知，而你把它讲出来只会显示你的诚实，而这是推销员身上难得的品质，会使顾客对你增加信任，从而相信你向他推荐的产品的优点也是真的。最重要的是他相信了你的人品，那就好办多了。

因此，假如你是汽车推销商，对于那些学历高的客户，在某种程度上既要讲车的优点又要强调它的缺点；对于学历低的人要尽量强调长处；对于那些在某种程度上有独立见解的人，如果光讲长处，说得过于完美，反而会引起他们的疑心，产生完全相反的看法。

有的产品的缺点即使一时看不出来，顾客回去打听也很容易得知，你还不如当时就给他讲清楚。理智型的顾客明白，任何产品都是不可能没有缺点的，你讲出来，他会觉得很正常，他还会觉得其他产品的缺点不过是推销员不告诉他罢了。如果那个缺点不是什么大缺点，无关紧要，而对方又比较懂，那么只会对你的推销有利。

优秀的推销员善于灵活使用这个方法，他会根据商品的不同情况，根据客人的不同情况，清楚地说出商品的缺点和优点，从而取得客户的信任，促成购买。

用积极专业的语言诱导

推销员说出的话应让顾客感到你的品质和服务都是一流的和专业的。如："您""您会满意的""您可以放心"。这类的言语，会使顾客认为受尊重，自己是交谈的主体和中心，有利于成交。

推销员说话要给顾客以鼓励和信心。如：

"您能够了解。"

"您可以试用一下。"

"了不起，您领悟之快真是不一般。"

"您简直成了这台机器的专家了。"

"您这么快就掌握了它的要点，比我当初用的时间要少一半呢。"

"看起来，您还不那么熟悉，但是当您了解它之后，您一定会高兴地看到这台机器是十分容易操作的。"

这样，使用积极的语言诱导，会起到意想不到的暗示效果，能够坚定顾客的自信心。推销员说的话要让顾客感到买得放心。如说：

"放心吧！"

"这样十分安全。"

"可以获得好处。"

"这样做是对的，正确的。"

"值得接受。"

"这是事实。"

"我可以保证。"

这样，顾客必然受你坚定语气的感染，放心购买商品。

推销员说话要用提问的方式正面引导顾客。如：

"您是不是要找什么人商量呢？还是自己单独决定？"

这种提问，表面上看是要让顾客选择，事实上是要激发顾客的自尊，以便得到肯定的回答：

"我自己可以决定。"

有了这句话，这笔生意就做成了。

推销员说话，要设法激起顾客的购买欲望。如：

"如果您为您的太太买了这款首饰的话，您太太一定会很高兴的。要知道，这可是驰名世界的名贵黄金首饰啊！"

"要是贵单位拥有本公司叉车的话，一定会大大提高贵单位的经济效益，并大大提高贵单位的企业形象。"

这样，由于顾客对美好结果的向往，有利于成交。

推销员说话，要能说服顾客决定购买。如：

推销员："如果您要买的话，您愿出多少钱？"

顾客："我最多出50元，多1元钱我也不要。不过，我现在还没决定呢！"

推销员："嗯，我知道。要是您需要我公司的产品，在这三类中，您对哪一种感兴趣呢？"

顾客："我看这种不错，外形既大方又美观，功能又很多，包括了另外两种的所有优点。价格嘛，不算太吓人。

推销员："我就知道您肯定会挑选这种。它是我公司最新产品,曾获巴黎博览会金奖,是一流产品!"

顾客："是吗?不过看起来确实不错。"

推销员："您是批发单位,要买的话,想必不会少于1000台吧!"

顾客："老兄,可别开玩笑了,我们那么小的批发单位,怎么会要这么多?最多要500台吧!"

推销员："那您觉得什么时候进货比较合适呢?"

顾客："那要跟老板联系一下。"

推销员："这不要紧,这先给您留着。"

与顾客交谈,让顾客在没有设防的情况下成交,十分理想。

在合理的范围内给客户戴顶高帽。

恐怕这世上没有人会拒绝被别人抬高,虽然很多人都知道抬高的背后也许会有什么需要掏腰包的事情,可是客户还是想戴"高帽子",而推销员也继续在推销过程中怀揣若干"高帽子",适当的时候就给对方扣上一顶。事实证明,这样下来,事情会比你想象中的好办得多。

"高帽"就是对客户的能力和品格进行美化,这是销售成功必备的细节。想想看,谁不愿意听到美化自己的语言呢?谁又不认同美化自己的人呢?找到客户身上的闪光点,将它在合理的范围内合理放大,相信你总是受欢迎的。

有的推销员更是胜人一筹,在推销自己的产品之前先对对方的某个产品大赞一番,人们崇尚礼尚往来,我说你的产品好,再提到我的产品时,你还会给我泼冷水吗?

"我工作时,常用贵公司制造的收音机。那台收音机的品质极佳,我

会表达 你就赢了

已经用了5年，还完好如新，没发生过故障。真不愧是贵公司生产的，就是有品质保证。"一个纸张推销员在推销本公司产品之前这样对客户说道。

当然，他非常懂得怎样去丰富他的赞美之词，他不仅说出自己对对方公司的商品有兴趣，还具体地说明了他实际使用后，该商品的特征与性能，从而使自己评价的重点有了价值：

"或许大家不知道，我现在仍使用贵公司20年前生产的扩音器。其间，我也买过好几次别的产品，但不是发生故障，就是声音难听，结果还是买贵公司的产品划算。贵公司的产品真是好用，即使用了20年，比起现在的新产品也毫不逊色，真是令人佩服。"

"是的，本公司生产的扩音器都是采用进口技术的，材料把关也相当严格，所以非常耐用。现在市场上这样有质量保障的品牌为数不多，你真是有眼光。我看你们公司的产品也挺不错嘛，能让我试用一下吗……"

对方再也忍不住要和他沟通起来。

伊斯曼曾经在曼彻斯特建过一所伊斯曼音乐学校。同时，为了纪念他的母亲，还盖过一所著名戏院。当时，纽约高级坐椅公司的总裁亚当森想得到这两座建筑里的大笔坐椅订货生意。

亚当森被领进伊斯曼的办公室，伊斯曼正伏案处理一堆文件。

过了一会儿，伊斯曼抬起头来，说道："早上好！先生，有事吗？"

亚当森满脸诚意地说："伊斯曼先生，在恭候您时，我一直欣赏着您的办公室。我很羡慕您的办公室，假如我自己能有这样一间办公室，那么即使工作辛劳一点我也不会在乎的。您知道，我从事的业务是房子内部的木建工作，我一生还没有见过比这更漂亮的办公室呢！"伊斯曼回答说："您提醒我记起了一样差点儿已经遗忘的东西。这间办公室很漂亮，是吧？当初刚建好的时候我对它也是极为欣赏，可如今，我每来这儿时总是盘算着许多别的事情，有时甚至一连几个星期都顾不上好好看上这房间一眼。"

亚当森走过去，用手来回抚摸着一块镶板，那神情就如同抚摸一件心爱之物。"这是用英国的栎木做的，对吗？英国栎木的组织和意大利栎木的组织就是有点儿不一样。"

伊斯曼答道："不错，这是从英国进口的栎木，是一位专门同细木工打交道的朋友为我挑选的。"

接下来，伊斯曼带亚当森参观了那间房子的每一个角落，他把自己参与设计并监造的部分一一指给亚当森看。

这时候，他们的谈话已进行了2小时了。当然，最后亚当森轻而易举地获得了那两幢楼的坐椅生意。

好听的话令人感到开心和快乐，而对于说话的人也没有任何损失，何乐而不为呢？如果你出门多带一些"高帽子"，相信你会比别人少遇到一半的麻烦，它们还会给你带来大量的生意。

当然，给人戴"高帽"也是需要技巧的，不能不分大小地随意戴在客户头上，这样很有可能弄巧成拙。那么，怎样给客户送一顶"高帽子"呢？不妨这样做：对客户自身的能力和品格进行美化，并在合理的范围内进行合理的放大，或者对客户的某个产品大赞一番。

用顾客的"面子"说出自己的成绩

心理研究表明：有的人好高骛远，貌似强大；有的人好胜心强；有的人优柔寡断；有的干脆；有的忸怩；……

利用人们的心理特点，有的放矢，是成功制胜的一大法宝。

有一种经济效应称为"凡勃伦效应"。在凡勃伦效应中，人们的消费目的已不仅仅是为了获得直接的物质满足与享受了，更大程度上是为了

获得一种社会心理上的满足，甚至以期获得更广泛的社会广告效应。这种"炫耀性消费"，或者说是"炫耀性投入"，似乎越来越受人们的欢迎了，无论是个人消费者还是单位消费者，无论是腰缠万贯还是收入平平的人，都喜欢乐滋滋地一头扎进去。

"凡勃伦效应"在经济学领域得到了广泛证实，同样是一种经济活动，在推销工作中我们也可以得到一些启示：人人都有虚荣心。

某保险推销员在和一位顾客沟通。

推销员："您每月的收入与花在其他方面的钱还不如抽一部分来为自己买一份保险。"

顾客："是啊，我每月最大的支出就是衣服和化妆品，你看，这件刚买的上衣用 8000 多元……"

在一家首饰商店里，一位顾客正在选戒指。

店员："您看看这款，价格还是比较实惠的。"

顾客："哎哟，这哪行啊，我的项链 2 万多元呢，至少得和它相配才行吧……"

有的顾客在与人交往时喜欢表现自己，突出自己，不喜欢听别人劝说，任性且嫉妒心较重。有很多时候推销员可以从顾客的表情和语言来判断出这类顾客，他们在与推销员沟通时会着重显示他们的高贵，即便有时在吹牛。

有的顾客好胜心很强。"激将"的效应可以通过触发其好胜心，促使其在犹豫不决时做出决断。

有一位小伙子看中了某商店耐克橱窗内一双新式运动鞋。他站在柜台前翻来覆去地看，问一些无关紧要的问题。很明显他是喜欢这双新式运动鞋，但又因它价格太贵犹豫不决。该商店的售货员看出他犹豫的心理，于是上前问道："如果这双鞋的价格不能令您满意的话，您是否愿意再看看别的？"

结果这位小伙子很坚定地买下了这双运动鞋。售货员问话很简单，但藏有很深的奥妙，它激发了这位小伙子的好胜心，因此成功地销售出这双运动鞋。

上述激将成交法在日常生活中随处可见，自尊心人皆有之，利用顾客的自尊自强心理敦促顾客立即购买所推销的产品，这种方法只要运用得当，它产生的效果是非常明显的。然而，激将成交法如果处理不当，则可能断送整个交易，甚至得罪顾客，招致别人的不满与怨恨。尤其对于那些自尊心过强的群体。因此，我们最好采用另一种激将法，就是增加顾客的优越感。

毕竟每个人都有或多或少的虚荣心，而满足客户虚荣心最直接的方法就是让他觉得如果购买了你推销的产品后自己很有面子。

广州曾发生过这样一件事：

有对颇有名望的港商夫妇一同来到友谊商店选购首饰，他们对一只9万元的翡翠戒指很感兴趣，只因价格昂贵而犹豫不决，这时在一旁察言观色的服务员小姐走了过来，她向两位客人介绍说，东南亚某国总统夫人来店时也曾看过这只戒指，而且非常喜欢，爱不释手，但由于价格太高没有买去。经售货员当众一激，这对港商夫妇二话没说，当即掏钱买下了这只

翡翠戒指，因为他们要显示自己比总统夫人更有实力。

要知道，虽然生活中不缺乏功成名就的成功人士，但是并不是每一个人都能功成名就，也并不是每一个功成名就的人都能使自己的优越感得到满足。在现实生活中，我们大部分人都过着平凡的日子。每个人在日常的生活中都要承受来自许多方面的压力，甚至处处受制于人。正是因为人们普遍是这种状态，所以绝大多数的人都想尝试一下比别人优越的滋味，因此也喜欢那些能满足自己优越感的人。对于推销员来说，客户的优越感一旦被满足，初次见面的警戒心就会自然消失，彼此的心理距离就会无形地拉近，双方的交往就能向前迈进一大步。

但是需要注意的是，巧妙的阿谀奉承能够满足一些人的优越感，但是拙劣的奉承往往会激怒客户。因此，奉承一定要选择较好的时机和选择恰当的人。一般来说，让人产生优越感最有效的方法是对于他自己感到骄傲的事情加以恭维，而且恭维的话最好不要太多，说得过多会很容易使客户产生厌烦心理，认为这个推销员不够可靠。

对追求完美的客户要多"唠叨"

"你能不能快点做决定？不要老拖来拖去的好不好？"
"这不是在选嘛。"
"真服了你了，不就是买个东西吗？至于这样左挑右挑？"
"马上好了，总要买性价比最高的嘛。"
……

这是无数次发生在我们周围的场景。在消费活动中，一定会有这样一批人，他们并不迟钝，却总是慢人一步，什么原因？

答案是，分析型客户关注的就是细节，不进行一番比较分析，他们绝不轻易做出决定。

相对于那些看上了就买，拿起来就走的爽快客户，分析型客户则显得磨磨蹭蹭，甚至婆婆妈妈。买东西左比右比，左挑右选，确定没有任何问题之后才会购买，以及疑心重、爱挑剔、喜欢分析是这类客户消费时最大的特点。

就如同财会工作者，分析型的客户做事非常严谨，在做决定前一定要经过仔细的分析。他们注重事实和数据，追求准确度和真实度，更重要的是，他们关注细节，认为细节与品质之间可以画等号。如果销售员与分析型客户约定面谈，一定要清楚他们要求的时间是很精确的，在他们的脑海中从来不会有模糊的时间概念，他们从不说"午饭之前"这样的模糊概念，而是说"10点30分到"。所以，对于产品的数量和价格，分析型客户的要求也往往比较精确，他们不接受模棱两可的概念。

如何获得分析型客户的订单？面对这类客户，销售员要学会分析，通过仔细观察和深入分析，把握住客户的心理，从而采取适当的对策来俘获客户的心。

分析型客户非常注重细节，他们比较理智，更相信自己的判断，不会因为一时性起就决定买或不买，往往是进行翔实的资料分析和论证之后，他们才会做出决定。因此，在选购商品时，分析型的客户总会显得慢条斯理，表现得十分谨慎和理智。

销售员有时候会被分析型客户的挑剔弄得不知所措，因此，在与分析型客户交往的过程中，一定要严谨，讲究条理性。如果销售员过于大意、粗枝大叶、含含糊糊、条理不清、言语不准，就无法赢得客户的信任，甚至还会引起客户的厌烦。

一般情况下，与分析型客户交谈时销售员要认真倾听，说话注意逻辑，语速适中，吐字清晰，显示出比较严谨的销售风格。对客户要作详细的产品说明，越详细越好。与外向型客户的害怕"唠叨"不同，分析型客户喜欢听销售员的"唠叨"，他们会从销售员介绍的细节中来获取有效的信息，以做分析判断。

在细节上做到无可挑剔，对于分析型客户非常有效，因为他们认为，细节反映品质。

在泰国曼谷的一家酒店，漂亮的服务小姐微笑着和程华先生打招呼："早，程先生。"

"你怎么知道我姓程？"程华吃惊道。

"程先生，我们每一层的当班服务人员都要记住各个房间客人的名字。"

程华心中很高兴。乘电梯到了一楼，门一开，又一名服务小姐站在那儿："早，程先生。"

"啊，你也知道我姓程，你也背了上面的名字，怎么可能呢？"

"程先生，上面打电话说您下来了。"

原来她们腰上都挂着对讲机。服务小姐带程华去吃早餐，餐厅的服务人员替他上菜，都称他程先生。这时上了一盘样子很奇怪的点心，程华就问她："中间这个红的是什么？"这时他注意到了一个细节：那个小姐看了一下，就后退一步，然后回答中间那个红的东西是什么。"那么旁边这一圈黑的呢？"她上前又看了一眼，再后退一步，才回答那个黑的东西是什么。程华注意到，她后退一步是为了防止口水溅到菜里。

程华退房离开的时候，刷卡后服务员把信用卡还给他，然后再把他的收据折好放在信封里，递给他的时候说："谢谢你，程先生，真希望第七次再看到你。"第七次再看到？原来那次程华是第六次来这家酒店。

之后的三年，程华再没去过泰国。有一天他收到一张卡片，发现是泰国酒店寄来的。"亲爱的程先生，3年前的4月16号你离开以后，我们就再也没有看到你，公司全体上下都很想念你，下次经过泰国时一定要来看看我们。"下面写的是"祝您生日快乐"。原来写信的那天是程华的生日。

毫无疑问，以后每一次途经泰国或到泰国出差，程华再没去过其他酒店，不仅如此，他还向关系很好的朋友推荐了泰国酒店的优质服务。

与分析型客户的接触过程，一定要留给他一个好的印象，说话不夸张、不撒谎，也不能强迫客户购买，因为这样的客户往往很有主见，并且追求完美，有着自己的行为信条，不愿意受人左右。仔细询问客户的需求，并想办法尽量满足客户的需求，运用细节的力量超出客户的期望。总之，分析型的客户考虑比较周全，那么销售员就应该做到更加周全，只要能在细节上让客户心服口服，交易自然就会成功。

第十七章　说话讲究，爱情之花永开不放

换种表达，"我爱你"不尴尬

喜欢一个人，如果直接说"我爱你"总觉得怪怪的，自己觉得尴尬，对方听着也不会舒服，严重一些的还会把对方吓跑，真可谓爱在心头口难开。那么，要怎么表白才不会尴尬呢？

1. 直抒胸臆

直抒胸臆是指有些人表达爱情十分简明直率，不虚伪造作，而是大胆毫无保留地向对方倾吐自己的感情，宛如那潺潺的小溪，汩汩而流。一般而言，性情直率、表达思想感情喜欢开门见山的人宜采用此法。显然，对于交往比较深，有一定的感情基础，或者两人已经互相倾慕，只需"捅破窗户纸"的双方来说，直抒胸臆表达爱情很省力，也别有一番趣味。

列宁向克鲁普斯卡娅求爱时就直截了当地说："请你做我的妻子吧！"而一直爱慕列宁的克鲁普斯卡娅也回答得很干脆："有什么办法呢，那就做你的妻子吧！"列宁的示爱言简意赅，感情诚挚，有令人难以拒绝的力量，同时，也让克鲁普斯卡娅清清楚楚地看到一个忠诚的心灵世界，从而很容易使双方激起爱的涟漪。

2. 巧设"圈套"

当双方暗自的感情发展到目标确定、情意执着的时候，不妨巧妙地设置一个"圈套"，以物为媒，有意在对方的心中树立一个无形的"横刀夺爱"的"第三者"，造成一种欲爱不成，欲割难舍的紧张、矛盾心态，突然使对方恍然大悟，实现爱的转折，将爱情推向一个新的深度。

马克思与燕妮一直互相爱慕着对方，但谁也没有表白。进入了青年时代的马克思，有一天对燕妮说："我已经爱上了一个人，决定向她求婚。"

此时的燕妮心里急躁起来，愣了半天，便问马克思："你能告诉我你所选择的姑娘是谁吗？"

马克思答道："可以呀。"边说边将一个小方盒递给燕妮，还说道："在里面，打开它，你便会知道了，不过，只能当我离开以后……"

等马克思走后，燕妮的心七上八下地跳着，她终于启开了盒盖，里面只有一面镜子，别无他物。燕妮恍然大悟，幸福地笑了，镜子里照出了她美丽的容颜，照出的正是被马克思深爱的燕妮自己。

聪明的马克思巧妙地设置"圈套"，借用一面镜子表达了自己的心意，甚至连正面的"我爱你"三个字都没有，但依然让燕妮明白了他的心思。

3. 诙谐幽默

将神圣的爱情寓于俏皮逗趣的说笑中，让对方不知不觉地体会你的心思，你在"幽"他一"默"的情态中完成一次"试探"，既不显得羞怯，又不会出现难堪的场面。

黎夫陪筱卉到商厦买东西，他为了在筱卉面前玩潇洒，显"派"而取悦于她，对售货员指东喝西，最终一件东西也没买，因此惹怒了售货员，双方唇枪舌剑。当黎夫显然处于无理的劣势之时，筱卉站出来从中周旋，为他挽回了面子。黎夫很感动地对她说："人们常说'英雄救美人'，今日倒好，成了'美人救狗熊'，我真该好好感谢你才是啊！"筱卉止住笑，俏皮地追问："好啊，看你怎么谢我呀？""我送你一件最珍贵而稀有的礼物，不知你喜不喜欢？"黎夫显然已成竹在胸，献殷勤般地调侃。"说出来看看吧！""我把我自己赠送给你，接受不接受啊？"黎夫巧妙地幽自己一默，已使筱卉充分感受到了他的风趣睿智。好戏就这样上演了。

4. 以问探路

这种表达的技巧，其神妙之处就在于：既能明白地传达爱的信息，又能充分表达理解对方、尊重对方的意愿，并能从根本上避免可能引起的尴尬，可进可退，十分主动。生活中，如果你对自己并没有十分的把握，担心对方可能因为某个问题而对接受你的感情尚有疑虑时，比较适宜采用以问探路的表达法，抓住可能成为双方交往的障碍之事来探测对方的态度，而提问本身实际上就是表露爱心。

1932年苏联姑娘李莎跟李立三在莫斯科相识，并很快产生了感情。李立三想跟李莎表白，可想到自己曾遭批判，李莎可能会有所顾虑，因而找了个机会，以诚恳的口吻问李莎：

"我犯过严重的错误，这些年我一直在接受批判，还要继续作检讨。这些你都知道吗？你受得了吗？"

只提了两个问题，没有一句热情奔放的表白，可言外之意却非常明确。聪明的李莎心领神会，听后紧紧地握住了李立三的手，说："我相信你！"两颗年轻的心终于靠在了一起。

5. 借题发挥

借题发挥是指巧妙地将情感蕴含在并不直露的言语，借用某一事物或人物等形式，小题大做，把绵绵之情传递给对方。比如，为发展彼此的关系，可利用双方都喜欢读书的共同爱好，经常交换、推荐好书读。在一借一还，借借还还之中，爱情的种子开始发芽。

一天，恒问芬要他新买回而自己尚未看的一本书，芬深情地对恒说："我借别人的书，总是很快就读完，而你借给我的这本书，怎么也读不完，可能要读一辈子，你是愿意伴我读完呢，还是让我割舍不读呢？"结果可想而知。

6. 实话虚说

通过一段时间的接触，在不敢肯定对方是否也有意于自己时，不妨采用实话虚说的技巧。这既能摸清楚对方的心理，又能避免自己遭到拒绝时的尴尬。

1866年，对陀思妥耶夫斯基是具有重要意义的一年。妻子玛丽亚和他的哥哥相继病逝。为了还债，他为出版商赶写小说《赌徒》，请了速记员，她叫安娜·格利戈里耶夫娜，一个年仅20岁、性情异常善良、聪明活泼的少女。

安娜非常崇拜陀思妥耶夫斯基，因此她工作认真，一丝不苟。书稿《赌徒》完成后，作家已经爱上了他的速记员，但不知道安娜是否愿意做他的妻子，便把安娜请到他的工作室，对安娜说："我又在构思一部小说。""是一部有趣的小说吗？"她问。"是的。只是小说的结尾部分还没有安排好，一个年轻姑娘的心理活动我把握不住，现在只有求助于你了。"他见安娜在谛听，继续说："小说的主人公是个艺术家，已经不年轻了……"

安娜忍不住打断他的话："你干什么折磨你的主人公呢？""看来你好像同情他？"作家问安娜。

"我非常同情，他有一颗善良的心，充满爱的心。他遭受不幸，依然渴望爱情，热切期望获得幸福。"安娜有些激动。陀思妥耶夫斯基接着说："用作者的话说，主人公遇到的姑娘，温柔、聪明、善良、通达人情，算不上美人，但也相当不错。我很喜欢她。"

"但很难结合，因为两人性格、年龄悬殊。年轻的姑娘会爱上艺术家吗？这是不是心理上的失真？我想请你帮忙，听听你的意见。"作家征求安娜的意见。

"怎么不可能！如果两人情投意合，她为什么不能爱艺术家？难道只有相貌和财富才值得去爱吗？只要她真正爱他，她就是幸福的人，而且永远不会后悔。"

"你真的相信，她会爱他？而且爱一辈子？"作家有些激动，又有点犹豫不决，声音颤抖着，显得既窘迫又痛苦。

安娜怔住了，终于明白他们不仅仅是在谈文学，而是在构思一个爱情绝唱的序曲。安娜小姐的真实心理正如她自己所言，她非常同情主人公，即作家陀思妥耶夫斯基的遭遇，且从内心里爱慕这位伟大的作家，如果模棱两可地回答作家的话，对他的自尊和高傲将是可怕的打击。于是安娜激动地告诉作家："我将回答，我爱你，并且，会爱一辈子。"

后来，作家同安娜结为伉俪。在安娜的帮助下，陀思妥耶夫斯基还清了压在身上的全部债务，并在短短的后半生写出了许多不朽之作。陀思妥耶夫斯基向安娜求爱的妙计，历来被世人当作爱情佳话，广为传诵。

适时送出一些温柔的谎言

一位心理医生给几位男青年做了一个有趣的试验：如果妻子过生日，你突然有事，不能按时赶到，事后你们怎样向妻子解释才能获得最佳效果？

下 篇 精准表达，会说才会赢

大部分小伙子说，向妻子说明真相，使她相信自己被一件重要的事情耽误了，以求得她的理解和谅解。

只有一个人说："我绝不能向妻子讲真情，我无论怎样解释，那欢乐的气氛和失望的心情是无法弥补的。我会告诉妻子：下班前我收到一个稿费汇单，于是我想把稿费取出，买一件妻子喜欢的礼物。可是不巧邮局那天特别忙，我一直排到邮局关门才取到了钱。这时商店也都关门了，礼物也没买成。那么我把稿费交给妻子，让她第二天自己去买。这样，妻子一定会很高兴，她会说我的心意就是最好的礼物。其实那笔钱不是什么稿费，而是从我的'小金库'中调出的。"

男女之间相处时，有时需要借用善意的"谎言"来呵护双方的感情。纽约的精神病学家亚黑山德拉·西塞蒙兹博士说："撒谎有时候是善意的，比如说，'你还和以前一样漂亮'，实际上就是向对方表明了自己的爱与忠实。"

有时候说一点谎话可以避免一场无谓的争吵。在印第安纳州房地产部门工作的凯蒂·瑞恩说："我也许不想看网球赛实况转播，但如果他想看，我就说自己也喜欢。让他高兴对我来说很重要。"

心理学大师卡耐基说，如果想让对方高兴而说一些谎话并不是坏事，但也不能走得太远。比如，妻子过生日时，丈夫送了一个食品加工器作为生日礼物，妻子心里肯定不高兴，这时候如果还说："这正是我喜欢的东西！"就不能算是诚实了。如果她当时不愿意说什么，过一两天后又委婉地向她丈夫说明自己的真实想法："谢谢你的礼物，但以后过生日时，我更希望收到能属于个人的礼物。"

某些时候，为了不让对方担忧，我们也会故意隐瞒某些事实。著名学

者德伯拉·坦南解释说："一些男人不向妻子讲述某些事情，是因为他们认为妻子知道后会放心不下。而妻子则不这么看，她们认为这是不信任的表现。"

一个珠宝老板由于自身的错误而造成了重大损失。而后又借高息贷款使家庭保持以前的消费水平。后来，他终于还清了贷款。可他一直瞒着自己的妻子，当妻子得知这一切时非常生气，她说："我们可以削减开支，我宁愿吃腌菜也不会同意冒险去借高息贷款。"

女性有时候也会说一些保护性的谎话。布伦代斯大学的哲学教授赛塞拉·鲍克劝告大家在说这类谎话时要特别留心，因为把自己的好意通过说谎的方式表现出来很容易被人误解。比如，丈夫连续几天在公司加班，晚上很晚才能回家，妻子很为丈夫的身体担心，因此，有一天做完晚饭后便打电话谎称家中有急事要他马上回来。当丈夫回到家，发现妻子只是让自己回家吃饭时，很不高兴，二话没说就回公司去了。

凯蒂·瑞恩承认自己有时候撒谎是想为自己"赢得"一点时间。她说："如果周末原计划的业务活动取消了，我也会照常外出，去商店或公园闲逛。如果我丈夫发现了，就很不高兴：'你为什么不愿意回家同我待在一起？'"

卡耐基指出，妻子这样撒谎不利于夫妻关系的健康发展。他说，许多人是在根本不必要的情况下撒谎的，因而失去了许多本可以同爱人增进了解的机会。如果凯蒂能把自己的想法坦诚地告诉丈夫，她的丈夫或许会逐渐理解她需要一些自由支配的时间。

我们常常对陌生人说谎，比如，在刚开始投入一份新的工作时，老板问起感觉如何，我们多半会笑笑说："还不错。"当时肯定不会告诉他压力

很大，或是"真担心永远学不来"之类的实在话。我们常把实话全部带回家，再一股脑儿地倒给我们所爱的人。

我们可以对陌生人说些言不由衷的"谎话"，那么，为什么不肯把它也送给自己心爱的人呢？你应该明白，男女双方感情，有时候是需要靠一些温柔而善意的谎言来呵护的。

在言谈之间多放"蜜"

男女相处的时候，有时甜言蜜语非常有用，尤其是已经到了接近谈婚论嫁的阶段，你不妨大胆些，在言语间多放点蜜。

沐浴在爱河中的人的字典里，是没有老套的字眼的。

任何海誓山盟，"爱你爱到入骨"之类的话绝对应该去说，不必怕肉麻，除非你并不爱他。

与他久别重逢的时候你可以讲：

"好像在做梦，多么希望永远不要醒。"

你以充满爱意的眼神望着他：

"总是惦念着你！别的事我一概不想……我的感觉，好像一直跟你在一起。"

这是"无法忘怀，时常忆起"的心境，只要谈过恋爱的男女，一定有此经验。除了他以外，任何事都不放在眼中，总是想念着他。上面那句话不用怕羞，可以反复使用。相爱之初，热烈的甜言蜜语绝对不会使人感到厌烦，也许还认为不够呢！

"你喜欢我吗？"你不妨大胆地问他。

"说说看，喜欢到什么程度"或用这样的语气追问。

"请你发誓，永远爱我！"你甚至可以单刀直入地这样对他撒娇说。

"世界是为我们而存在，对不对？"

"我爱你，我可以抛弃一切！你也是这样吗？"

"你不会违背我吧？如果你抛弃我，我会寻死！"

还有许多甜蜜的爱语。有很多女性使用如此甜蜜的话语接二连三地向男性表示"永远不变的纯真爱情"，女性便会沉浸在自我陶醉之中，而男性的反应也会是积极的。可如果他流利地说：

"可以发誓，我永远爱你一人。纵使海枯石烂，爱情也永不变！"可能表示他并不重视你，因为他对任何女性都这么说。

普通男性会说："又来了！"感到畏缩与失望，口中支支吾吾无法明确回答，心中还想着其他的事，譬如车子需分期付款……

"对永恒不变的爱无法负责。"事实上，这才是男士的真心话。

当然，在爱情上"我爱你"的言辞用得过多，未免有庸俗之感，倘若你换用"我需要你"就显得更实际一些。"需要"与"爱"所表现的感受，对男性而言，似乎前者胜于后者。

对女人要会"哄"，对男人表达要"柔"

妻子哭着对丈夫说："又要出差，好，我不拦你。你把你的宝贝儿子抱着一起出差去！你倒轻松，屁股拍拍走了！把家里的事扔给了我，我受够了！你一年到头不在家，家里什么也不管，让我母兼父职，既当娘来又当爹。我这是有男人还是没有男人？别人为什么不必这样？就你一个人受器重？我好命苦，谁知道我好命苦啊！"

丈夫说："乖，求求你，别哭了，我的好太太。你的苦，我都知道。我常对人说，我有个好妻子，别人没得比，谁的妻子有你那么贤惠，那么漂亮，那么温柔，那么洁身自爱！"

妻子:"喂!别给我灌迷汤,想把我灌糊涂了,你好走人啊?"

丈夫:"我发誓!我要是骗你,罚我四条腿在地上爬,就这样爬,这样爬……"妻子终于破涕为笑地说:"好王八!"

丈夫:"我这回出差,给你带一条巴黎绸的长裙,保证让所有的女人看了都眼红,既羡慕又嫉妒!"

妻子:"要粉红色带金线的。"

丈夫:"车要开了。"

妻子:"冰箱里那几个苹果带着路上吃。少喝酒,少抽烟!"

这就是最高级的"哄"。

夫妻相处,就需要把"哄"当润滑剂。一"哄"值千金,那些尝过"哄"字甜头的丈夫们,一定深刻体会了其中的妙处。

"哄"字常和"骗"字连在一起用,就成了一个贬义词。其实,家庭生活中离不开这个"哄"字,比如,孩子被"哄"得睡着了。并非只有孩子才需要"哄",大人也一样,特别是女人。懂得了这一点,做丈夫的就应该学会"哄"妻子,且要"哄"得得体而有技巧。倘能如此,你一定会收到意想不到的效果。

一位年轻编辑策划、编撰几本畅销书,事业正如日中天,只是稍不注意,就冷落了带着孩子的爱妻。早过晚餐时间了,他才回家。妻子自然不高兴,话也就越说越气:"你到现在才回来,你以为这是旅馆啊?再说了,旅馆还有个'旅客须知',你倒好,甩手一身轻,把做饭、带孩子都推给我!别忘了,我要的是丈夫!要当主编你就别再进这个家门!"

"主编"先生没生气,走去抱住妻子,温和地说:"别生气,亲爱的。我拼命工作,还不是为了你和孩子?我知道你很爱我、关心我,也想让我

会表达你就赢了

时时跟在你身边，陪你去逛公园、跳舞、看电影，我又何尝不想呢？我实在是太忙了。好了，好了，你的火也发了，该消消气儿了。星期天，我就陪你们娘儿俩去划船、坐碰碰车，请你们吃自助餐，好不好？"

这时，妻子转怒为喜。她故意推开丈夫的手，娇嗔地说："你呀！真拿你没办法！"的确，"哄"是夫妻间爱的蜜汁。"哄"还是润滑剂，既能防锈，又能减少摩擦，降低噪音，减少损耗。做丈夫的，学一学"哄"的艺术吧！它会使你的家庭生活更愉快，夫妻关系更融洽。

男人会哄妻，女人就应该会温柔。

许多女人过分地注意自己的装扮和衣饰，反而忘了表现出内心的温柔。学习过怎样赢得丈夫欢心艺术的女人，就不必担心在失去迷人的青春和姣好的身材之后，把握不住丈夫的心。

著名作家哈代曾经写过，在新西兰某处的墓地有一块陈旧的墓碑，上面刻着一个女人的名字和一些文字："她是多么温柔可爱。"

这位哀伤的丈夫，把这些字刻在他妻子的墓碑上，想必一定拥有数不尽的幸福回忆：当他回家的时候，有妻子微笑的面容在等候着他，热腾腾的饭菜摆在桌上，说一句陈旧的小笑话也会有人附和着大笑，家庭永远充满爱意与舒适地等着他回来。

做个温柔可爱的女人，以及有个成功的丈夫，这两件事是很有关联的。根据专家的说法，男人的妻子如果能够使他快乐幸福，他就会有更多的机会获得事业的成功。

令人惊讶的是，许多深爱着自己丈夫的女人，却不知道如何使丈夫得到快乐和幸福。女人的内心虽然怀着天底下最深的爱意，有时却做着一些

错事；应该让丈夫出门的时候，仍然紧缠着他不放；应该静静听丈夫说话的时候，却喋喋不休；管理起家庭来又像是个军训教官。

虽然要讨男人的欢心并不是很困难，但是起码要像准备办一次舞会那样，机灵、动脑筋与肯努力——只是不必像参加舞会的女人那样花费那么多的时间去装扮自己。这不是说我们不必尽量使外表显得更迷人，而是说我们在注意自己的装扮和衣饰的同时，还要表现出内心的温柔。

引人注目的成功婚姻，都是建立在妻子温柔的基础之上的。

想要使一个男人快乐幸福，只需使他感到舒适，以及让他按自己的意愿去做他必须去做的事，这样就可以了。我们都应该了解，只要使他快乐幸福，就等于为他在社会上获取成功作了最大的贡献，在 40 年或 50 年以后，他会说："她是多么温柔可爱。"

表达好了，斗嘴不是口角而是养料

有过玩碰碰车经验的人都知道，这其中的乐趣全在于东碰西撞、你攻我守，这种游戏的新鲜与刺激绝非四平八稳的行车能比的。在许多青年恋人中，尤其是有较高文化素养的情侣们中间，有一种十分独特、有趣的语言游戏，很像这种碰碰车游戏，那就是"斗嘴"。斗嘴，不是吵嘴，不是口角。天真无邪的斗嘴是"爱的养料"。

恋人之间斗嘴具有哪些特点呢？

（1）目的模糊。恋人间斗嘴一般并不是要解决什么实质性的问题，做出什么重要的决定，而仅仅是借助语言外壳的碰撞来激发心灵的碰撞，从而达到两颗心的相通与相知。因而恋人们常为一句无关紧要的话，一件微不足道的事"斗"得不可开交，局外人很难领会到其中的奥妙与乐趣。

（2）形式的尖锐泼辣。恋人间的斗嘴从形式上看和吵嘴很相似。你有

会表达你就赢了

来言我有去语,你奚落我,我挖苦你,毫不相让,"锱铢必较"。但与吵嘴不同的是:"斗嘴"时双方都是以轻松、欢快的态度说出那些尖刻的言辞,有了这层感情的保护膜,"斗嘴"就成了一种只有刺激性、愉悦性却无危险性的"软摩擦",成了表现亲密与娇嗔的最好方式。

正因为斗嘴具有形式上尖锐而实质上柔和的特点,它就比直抒胸臆式的甜言蜜语有了更大的展示情侣间真实感情与丰富个性的空间。所以沐浴爱河的许多青年男女都喜欢进行这种语言游戏,在这种轻松浪漫的游戏中,加深彼此的了解,增进相互的感情,同时也调剂爱情生活,使恋爱季节更加多姿多彩。

斗嘴,既然是一种游戏,就有它的规则。千万不可因为刻意追求效果,而不顾一切。

1. 要顾及对方的心境

斗嘴虽然是唇枪舌剑的交锋,但也需要有一个宽松的环境,才能享受它的快乐,因此斗嘴时要特别注意恋人当时的心境。大家都有这样的体验,心情愉快时,可以随便耍嘴皮、开玩笑。可如果你的恋人正在为工作调动没有结果而一筹莫展时你却来一句:

"你怎么啦?满脸旧社会,像谁欠你八百吊钱似的。"

她准会埋怨你:

"人家烦都烦死了,你还有心取笑,我看你是没心没肺。"

这样斗嘴的味道就变了。

2. 要把握好感情的深浅

谈话有一个总的原则。"浅交不可深言"这话同样适用于恋爱中。如果双方还处在相互试探、感情朦胧的阶段,最好不要选择"斗嘴"的方式来增加了解。因为毕竟你对对方的个性还不是很了解,容易产生不必要的误会,而且很容易将斗嘴演化成辩论,那就更大可不必了。要想以斗嘴来加深了解,可以选择一些不涉及双方感情或个人色彩的一般话题,如争一争是住在大城市好还是隐居山林好,斗一斗是"左撇子"聪明还是"右撇子"聪明等,这样双方可以不受拘束,"安全系数"也大。如果已是情深意笃,彼此对对方的性格特点都比较了解,斗嘴就可以嬉笑怒骂百无禁忌了。

3. 不要伤及对方的自尊

恋人间斗嘴,最爱用戏谑的话语来揶揄对方,往往免不了夸张与丑化。但是这种夸张与丑化,也要照顾到对方的自尊,最好不要涉及对方很在乎的生理缺陷或挖苦对方很敬重的人,更不可攻击他(她)很敬重的父母或对方的偶像,也不要挖苦对方自以为神圣的人和事,否则就有可能自讨没趣,弄得不欢而散。

"你说,你最崇拜谁?"

"我最崇拜我爸爸,他是个真正的男子汉。什么伟人、英雄,他们都离我太远。"

"这么说你爸爸就是你心中的上帝?"

"那当然,你不服气?"

"你这个上帝只不过是个小职员,有什么了不起?"

"好啊,你看不起我,我,我今天算把你看透了……"

如此这般斗嘴就得不偿失了。

现在的青年人心目中都有自己的偶像,偶像的地位可是很高的,千万

不要在斗嘴时攻击他的偶像，否则你会很惨的。

有这样一段情侣对话：

女：小贝（注：英格兰球星贝克汉姆）太帅了，今天他又进球了，还是关键球呢！

男：我就搞不明白，怎么那么多人喜欢他，他有什么好的？你看他还戴着发夹，女里女气的。

女：哼，小贝就是好，怎么着，再说你就给我出去。

由此可见，偶像可不是随便可以攻击的。

第十八章 有道表达，掌握家教制胜法则

交谈是交流，而不是命令、说教

"面对女儿，有时我会感觉茫然和惶恐，这像张白纸一样的小人儿，我该怎样呵护她、教育她，才能让她成为一个健康、积极、阳光的人呢？我总怕自己做的不够好。"

如这位网友一般，教育问题一直是父母最头疼的问题。说多了，孩子不理会，说少了，又担心孩子走偏了。作为父母，不知你是否经历过这样的情况：当你拖着疲惫的身体，努力地打起精神，准备和孩子好好沟通一番时，不是被孩子三言两语给打发了，就是被噎得半天回不过神来。不但不能达到了解孩子的目的，还惹得一肚子气，逐渐丧失了和孩子谈话的兴趣。

其实，我们做事情应该把自己的精力花在重要的少数问题上，因为解决这些重要的少数问题，你只需花 20% 的时间，即可取得 80% 的成效。和孩子谈话亦是如此。

父母和孩子能够顺利地交流思想，对于相互之间保持良好关系非常重要，父母都希望孩子和自己讲讲他们内心的感受，这样父母就可以理解和帮助他们。如果我们问家长："你经常与孩子交流吗？"

得到的回答常常是："当然啦，我们经常说，可他一点也不听。"

其实，家长所谓的交谈，其中很大一部分是唠叨，批评、说教、哄

骗、威胁、质问、评论、探察、奚落……这些做法不管出发点是多么好，都只会使相互间的关系更加紧张和充满敌意。试想，如果孩子是你的朋友，你总是板起面孔不管不问地说一大堆，你们的友谊还能维持多久？

作为父母，我们还常常会犯一个重要的错误，就是说得太多。过早地对孩子进行长篇大论式的谈话，并且还常用一些孩子听不懂的词，慢慢地你会发现孩子变得越来越不好管教。

所以，作为家长，要根据孩子的年龄和成熟程度把握好谈话的"度"。美国著名的成功学大师在教导人们怎样对话的时候，建议我们把80%的时间留给对方来发言，把剩下的20%的时间拿来提一些能够启发对方说下去的问题。可以说，对话的过程重在倾听，父母们更是要懂得这个法则。

一般而言，最好对年龄小的孩子侧重管教，而对大孩子则多交谈。例如，告诉2岁的孩子电源是危险的不能碰，就不如把他的手一把从电源上拉开并严厉地说"不能碰"，更能使他立即理解你的意思。

可是，如果你不对一个13岁的偷偷抽烟的孩子详细地解释尼古丁的害处，而是简单地责罚他，也不能收到好的效果。在这些青少年的世界中，他们需要大量的空间去表达自己，需要耐心的听众。家长们应多多倾听，让他们说出自己的想法，并且及时解答他们的疑惑。这就像大禹治水，重在疏导，而不是想办法用东西堵塞。

利用孩子的逆反心理来说话

随着年龄的增长，孩子变得越来越不听话了，处处与你为"敌"，凡事都对你抱着抵触心态，你要他往东他非朝西，你要他往西他非要朝东……

其实，孩子的这种表现就是心理学上的"逆反心理"。所谓"逆反心理",是指人们彼此之间为了维护自尊,而对对方的要求采取相反态度和言行的心理状态。别人要求我们做某事,如果我们觉得这个事情是本来不想做的,或者没有充足的理由,就会因为受强迫而感到自尊受到损害,从而产生故意和对方"对着干"的态度。

处于青春期的孩子,他们的心理发生了很大变化。他们认为自己已不是小孩而是大人了,独立活动的愿望越来越强烈。他们一方面想摆脱父母,自作主张,另一方面又必须依赖家庭。这个时期的孩子,由于缺乏生活经验,不能完全恰当地理解自尊,强烈要求别人把他们看作是成人。如果你还把他们当小孩看,无微不至地"关怀",就会伤及其自尊心,使他们萌生对立情绪,产生反抗心理。如果父母在同伴和异性面前管教他们,他们的"逆反心理"就更强。所以,作为家长,在与孩子交流沟通的时候要了解孩子的这种逆反心理,避免采用引起孩子逆反的表达方式。

1. 不说硬话,不采取"硬性措施"

心理学家做过一个实验:在茶盘中放了5只往下扣着的不透明的茶杯,房间里的孩子对它们并没有什么兴趣。可是心理学家在其中的一个杯子下,放一枚国徽面向上的硬币,重新扣上,临走时对小孩说:"杯子下放了东西,你千万不要动,否则我回来对你不客气!"然后就出去了。这时候,孩子却产生了强烈的兴趣,往往拿起茶杯,看看下面的东西。而且心理学家强调得越厉害,孩子这样的行为倾向就越严重。

从这个实验我们看出,有些事情本来孩子没有兴趣,也不会去做,但是如果你采取命令式的表达方式,对孩子进行强行压制,那么他的逆反心理就会变强,本来没打算做的"坏"事也会因为你的压制而去做。所以,身为父母应该了解孩子的这一特点,说话不能强行压制,要以平和的态度和孩子沟通。

2. 苦口婆心的劝说不成时，就让孩子亲身实践

夏天的一次晚饭后，东东和爸爸一起到街上散步。东东见到街上卖的西瓜很大，兴奋地叫爸爸买。爸爸说："天气这么热，回家还有两站路，抱个大西瓜太累人了，还是别买了。"东东弯眉撇嘴，后来怨气连天地说："我最喜欢吃西瓜，你们不买；你们最喜欢我学习好，我也不认真学。"爸爸想，硬压孩子也没用，不如让他体验一下。于是爸爸对他说："买瓜可以，但是你要负责拿回家。"东东同意了，抱了瓜就走。可是过了一会儿，他就累得满身大汗，走不动了，一路歇了好几次才把西瓜抱回家。最后东东深有体会地说："吃这个瓜太不划算了！"终于理解了爸爸是对的。

生活中，很多孩子都有"不见棺材不掉泪"的倔劲，你苦口婆心地说道理、劝说，他们全然听不进去，所以这个时候父母可以让他亲自尝试，让他吃吃"苦头"，有了这样的经验教训后，以后遇到类似的事情他就不会再与你对着干了。

3. 与孩子心平气和地沟通

十来岁的孩子身体开始发育，由于对性知识好奇，可能会对成人书刊产生兴趣。父母如果看见了孩子在看这些书刊，一定要克制发脾气的冲动，应本着平等的态度，与孩子坐下来讨论一下。首先应该表示理解："青春期的孩子对性好奇是正常的。我看见了，你想把它们藏起来，我猜你一定知道看这些书不太合适。"你可以告诉孩子，裸体本身并没有什么不好："一些著名的油画中有裸体的人物，人体本身是美的。你对它们感兴趣我可以理解。但某些书刊登这些裸体照是另有目的的。它们把人们之间的相爱变成了纯粹的性行为，一点爱的成分都没有了，这就是丑陋的。""我希望你下次看见这样的杂志，能想起我说的话。现在我要扔掉这本书。我不想在我们家看到这种书。"

4. 顺水推舟巧表达

一个星期天，一家人计划在家做家务，搞大扫除。杰杰叫妈妈和他一起去野外玩，妈妈说去不了。他玩耍心切，不满意地说："我叫你做什么你都不做，以后，你叫我做什么，我也可以不听。"妈妈就顺着他的话说："你不要我管太好了，我确实不想管你，以后你的衣服你自己洗，你用的文具你自己买，你的事情你自己管……"话还没说完，孩子就嬉皮笑脸地说："妈妈，我要你管，我听你的，下次再到野外去。"

孩子的逆反心理让人头疼，但有时它也能起到好的效果，所以，父母对孩子的逆反心理，有时也可以反其道而用之，促使孩子对好的东西产生兴趣。我们可以看看这则例子：

乐乐上了幼儿园大班，无论是画画还是写作业，总要妈妈或是爸爸陪着，结果逐渐产生了依赖性，只要没人陪，他就不写。为了让他改掉这个坏毛病，写作业前妈妈故意说："不许自己写，写得不认真，老师还会责怪我。你先等着，我忙完了事再来陪你。"可是妈妈一离开，乐乐马上就把作业拿出来自己写，等妈妈再回到他身边，作业已经写完了。

这种方法显然要比现实中许多父母"牛不饮水强按头"的方式要好得多，身为家长的你不妨也试试看。

一句话，不要说三遍

担心孩子丢三落四，担心孩子上课不认真听讲，担心孩子写作业注意力不集中……于是，我们一遍遍地提醒他，但事与愿违，孩子总是将我们的提醒当成耳旁风，这样的情形恐怕很多家长都碰见过，大军家的情形就是这样的：

"妈妈，我知道了，你都说过几百遍了，真够啰唆的！"
"我这么做还不都是为了你好！"
"知道你是为我好，可也不能一件事念叨个一百遍也没完啊！"
见孩子不理解自己的苦心还嫌自己啰唆，妈妈生气了："怎么说话呢？我是你妈妈，难道我把你养这么大，说几句都惹你烦吗？"
"妈妈，别生气了，我不是那个意思。我还有事，先走了。"孩子说完，便一溜烟地跑了。

心理学研究证明：老调重弹，反反复复说同样的话，会让人产生一种习惯性的模糊听觉，也就是明明在听，却根本不往心里去。这是长期重复听同样的声音而产生的一种心理上的不在乎。所以，作为父母，不要老是只怪孩子把自己的话当耳旁风，你们也该静下心来想想，自己是否真的太唠叨了。

虽然父母有责任对子女的不当言行及思想进行批评教育，但是一定要注意形式。不要没完没了地唠叨，实际上，唠叨不但不会起到作用，反而会产生很多负面影响：重复性唠叨只会让孩子心烦，同时对你的唠叨产生依赖感,慢慢的,你不唠叨,孩子的事情就做不好;批评性唠叨容易加重孩子的心理负担,使孩子对自己越来越缺乏信心,甚至产生强烈的逆反心理;随意性唠叨容易让孩子养成注意力不集中的习惯,孩子对需要记住的重要事情也常常当成耳旁风。

那么,如何才能避免对孩子唠叨呢?

第一,给孩子选择的自主权。不要过分限制孩子的自由,或是总替孩子做决定,应该给孩子自由选择的空间,不应该给孩子下达硬性指令,然后靠不停地唠叨来督促孩子,那样的效果往往并不好。例如:想让孩子收拾自己的房间,对孩子说:"晚饭前必须把你的猪窝收拾干净!"这样的硬性指令,孩子多半是不会听的,而妈妈看到孩子不听自己的话,就会不断地反复催促,结果可想而知。但是如果换一种说法:"孩子,如果晚饭前你有空,就把你的房间收拾一下吧。"这样的说法,则能给孩子以喘息的空间,不会让孩子反感,多半会达到预期的效果。孩子自觉自愿要做的事情,积极性和兴趣都会很高,根本就不需要你的催促和提醒。

第二,不要事事叮嘱,叮嘱时要有明确的目标。很多父母,尤其是妈妈,对孩子讲的话虽然多,但有许多话都没有讲到点子上。事无巨细,都反复强调叮嘱,搞得家庭上下不得安宁,大人为孩子不听话而气愤,孩子在繁杂的环境里静不下心来做功课。所以,父母要对孩子的学习、生活进行一些管理、指教,在对孩子有要求时,要尽量用简洁的、孩子听得懂的语言,把事情的前因后果讲清楚,并提出具体的建议、指导,让孩子真正明白父母的意思,并允许孩子对此提出自己的意见和想法,然后再去做。

第三,别只盯着孩子的缺点。很多家长,眼里只看到孩子的缺点,总是翻来覆去地说,却绝口不提孩子的进步。其实,绝大多数孩子已能分辨是非善恶,只是缺少改正缺点的自觉性和毅力。如果此时还有人在旁边喋喋不休地数落自己的缺点,反复教训自己,"我讲话你就是不听""怎么说

你才能改呢",这样的态度,孩子会视为不信任,甚至产生逆反心理。

第四,对孩子进行指导,而不是唠叨。指导不同于唠叨,唠叨往往含有责怪、批评的味道,是一种反复的单调的刺激;而指导是亲切的、言简意赅的,它能启发孩子独立思考,帮助他们处理问题,使孩子情绪稳定、心情舒畅。聪明的妈妈从不规定孩子应该做什么,不应该做什么,而是放手让孩子去做。如果没有做好,也会耐心地帮他分析原因,鼓励他不要灰心,尽力而为。

第五,在每次对孩子讲话前要经过一番理智过滤,不要信口开河。比如说,规定孩子做好作业再开饭,但有的妈妈怕孩子饿肚子,在孩子做作业的时候过去问他:"你饿不饿?快做快做,饭都凉了。你还想不想吃饭了?"

打压不行,就从反面刺激

"再看都成傻子啦!"

"你就不能下楼打打球?"

"眼睛近视了看你怎么办!"

……

孩子整天围着电视,这让家长很头疼,尽管你讲出了很多长时间看电视有多么不好的理由,但孩子就是不听。这时候你该怎么办?

孩子都有一种逆反的心理,你越是说他,他越是不愿意去做。但是如果你跟他说不要太努力了,他又会努力起来。易中天教育她的女儿时,就说"罚你出门玩",把自由当成一种惩罚,这种思维很新鲜,孩子也觉得很有趣。

在电视权上,如果你一直是一个以正面打压为主的家长,那么应该换

下 篇 精准表达，会说才会赢

一换方法了，从反面去刺激，鼓励他自己看电视，自己控制时间，往往更有效果。

有一个妈妈，平时总是告诉孩子九点半必须上床睡觉，不然就把电闸关了。可是孩子不听，有时候妈妈出门去吃东西，他就在家看电视。听到妈妈上楼的声音他就把电视机关了回房睡觉，妈妈一摸电视机就明白，还是热乎的。这简直就像地下工作者与敌人的斗智斗勇。

孩子看书的时候，妈妈说："孩子，你今天多看会儿书吧，到十点睡，记得关上灯。"可是他每次关上屋门，根本就没有看书，而在里面看漫画或者睡觉。

看到打压行不通，妈妈就改变了策略。有一天晚上，孩子又在看电视。妈妈就对孩子说："孩子，今天你随意看电视吧，好看就多看会儿，记得一会儿帮我关了电视机。"结果她在自己屋里听，孩子还没看到一小时就关了电视机，进屋自己玩了。然后，妈妈就走进孩子的卧房问："怎么不看电视啊？""唉，今天的节目没意思。"孩子说。"那你今天看书吧，不许看到很晚，九点半一定要关灯睡觉，注意身体，别太辛苦了。"结果，孩子学到十点才睡。

对待孩子的不良习惯，打压往往解决不了事情。试想，当我们痴迷于一个电视剧、一部影片时，有人在旁边不停地唠叨你、数落你，你会是什么心情？感觉肯定不好受吧。但是，我们有时候不是正在扮演这样的角色吗，孩子看得正高兴，家长气冲冲地走过来，对着孩子一顿吼叫，试想孩子的心里又会是怎样的呢？面对爱看电视的孩子，家长千万不能用暴力的表达方式来阻止。

你可以像故事中的那位妈妈一样，换一种表达方式，放权让孩子去做

269

一些你不喜欢的事，这样反而能收到你想要的效果。除此之外，要想孩子不看电视，做家长的要制造一些和孩子对话的机会，加深彼此的了解。

对孩子的坏情绪表示理解和接受

张先生最近被6岁的儿子乐乐折磨得头疼。乐乐虽然还是个小孩，但脾气却暴躁得很，稍不如意就大发雷霆，大喊大叫。即使是跟他讲道理，他也听不进去，如果父母不按照他说的去做，他就一直吵闹、哭喊，在地上打滚，手里有什么东西都会顺手扔出去。

为此，张先生夫妇想尽了办法，他们打他，苦口婆心地教诲他，罚他站墙角，赶他早点上床，责骂他，呵斥他……这些都不管用，一有事情乐乐还是会大发雷霆，暴躁脾气依然如故。

这天，乐乐看到邻居家小朋友拿着一个变形金刚，乐乐觉得很好玩，就跟那个小朋友一起玩了起来，两个人玩得很开心。很快，吃晚饭的时间到了，那个小朋友被他妈妈叫回了家，乐乐也只好依依不舍地回家了。

回到家里，乐乐就跟妈妈要变形金刚。

"你的玩具箱里不是已经有两个了吗？"妈妈很奇怪地问。

"我想要小朋友那样的。"

"那等明天爸爸出差回来了带你去买吧。"

"我不！我现在就要！"乐乐的愿望没有得到满足，大声喊了起来。

"你这孩子，我晚上还得去值夜班呢，哪有时间去给你买啊。来，乐乐乖，咱们吃饭了。"妈妈哄道。

"我不吃，我就要变形金刚。"乐乐的倔脾气又上来了。

"快点吃饭！吃完了我要去上班！"妈妈生气了，说话的语气重了点。

"砰——"令妈妈没有料到的是，乐乐竟然把饭桌上的一碗米饭推到了桌子下，碗的碎片和米饭撒了一地。

妈妈很生气，拉过乐乐，狠狠地朝他的屁股上打了两巴掌。这下，可是捅了马蜂窝，乐乐躺在地上哇哇大哭起来。

妈妈又着急又生气，眼看着上班时间就快到了，可乐乐还躺在地上撒泼，她不知如何是好了。

显然，打骂对乐乐来说没有任何用。如果学会先接受孩子的情绪，如"看得出你很生气"，表示成人对他的理解和接受，那么就会使孩子冷静下来。

与此同时，在接受孩子的感觉的同时，也应该告诉他你的感受。如果你很难过，也不用隐藏，因为你的难过是在暗示孩子：要学会自控，以免伤害他人。

从幼儿到老人，我们无一例外都会有自己的脾气，但是，如果一个人不学会控制自己的坏脾气，那么在他的人生道路上，就会伤害朋友，破坏感情，甚至更糟。因此，有专家建议，孩子要从小学会控制自己的坏情绪。

孩子在发怒时，父母应该告诉孩子，你可以生气，但是不可以伤害别人或者拿别人的东西等，把孩子带出那种"一触即发"的环境，并试着分散他的注意力。如果在这样的交谈后，孩子还是要发脾气，建议暂时不要理睬孩子，站在孩子附近，但是不要介入，让孩子明白你不会被他的怒气所控制。

言谈之间满足孩子的为师欲

两个孩子在一起玩弹珠，当然是其中最会弹的那个玩得比较积极，输

**会表达
你就赢了**

的那个不用几个回合就会觉得没有意思了；两个孩子同时学习，当然是成绩好的那个比较积极，总是出错、老被别人比下去的那个积极性会差很多。

无论做什么事，孩子总是会在自己稍微有优势的方面表现得积极，比不上人家的方面就不积极。如果他老是没有邻居家的孩子考得好，学习起来自然觉得没意思，大人也是这样的。几乎谁都喜欢处在占优势的那一方，好控制局面。

但不是每个孩子的成绩都好，成绩相对较差的孩子怎么办？必须出现一个比他更弱的人，来增加他的自信心，这个人不是哪个倒霉的孩子，而是我们的父母。

当孩子在家学习的时候，父母总是以指导者的身份出现，告诉他哪个对哪个错，孩子的心里总是忐忑不安。如果父母能假装自己不知道，虚心地向他请教，孩子的自信心反而会高涨起来了。

大林平时学习成绩还不错，但是考试的时候总是不理想，父母分析觉得还是孩子的知识没有掌握牢固。

有一天，大林正在背地理课本里面的地中海气候什么的，妈妈从外面进来，端了一杯水，笑着说："喝点水吧。你背的这个地中海气候是什么意思啊？"

"这是一个气候术语，就是根据地理气候的特点，把全球分成了不同的气候类型。不过地中海的比较特别，集中在地中海沿岸，所以就叫地中海气候。"孩子喝水的时候回答道。

"哦？地中海和别的地方有什么不同啊，妈妈从来没有想过那么远的地方会是什么样子呢。"妈妈好像真的想去看一看。

"地中海在这里，"儿子指着地球仪，"它的气候特点是……"就这样，

孩子把地中海的气候介绍了一遍，又和别的气候作了比较，还顺便介绍了中国的气候特点。妈妈听得津津有味。

"哎呀，你们现在的教材真有意思，可惜我们当年没有这么有趣的书读。"

"妈妈，你要是喜欢，我往后经常给你讲讲？"大林竟然主动提出了给妈妈上课，妈妈当即说好，并且定下每个双休日选一个下午的时间给妈妈上课，从地理到历史，除了数学之外都行。孩子自由备课，可以拟定试题，抽查考试，判分数，写评语……

当然，这个妈妈在背后也下了不少功夫，为了提醒儿子不要犯同一个错误，妈妈故意在孩子出错的地方做错，让孩子"纠正"，这样一个学期下来，"小老师"的学习成绩提高了很多。

孩子一直处于被安排、被教育的地位，很容易产生厌倦情绪，如果不及时疏导，就会积累成厌学、偷懒的坏毛病。而如果家长以一个求教者的身份来接近孩子，在言语表达之间满足孩子的为师欲，那么孩子的情绪就会适当排解。

如果孩子觉得父母当学生很奇怪，你可以给他讲孔子不耻下问的故事，这个故事很多孩子也听说过。

孔子走在路上，听见两个孩子为太阳的远近争辩不休。一个孩子认为太阳刚升起的时候距离人近，但是到正午的时候距离人远，另一个孩子认为相反。

第一个孩子的理由是：太阳刚刚升起的时候像车篷般大，到了正午看起来就像盘子一样，这不是因为远的东西看起来小，近的看起来大吗？后一个孩子的理由是：太阳刚出来的时候感觉很清凉，到了中午就灼热起

来，这不是因为越近感觉越热，越远感觉越凉吗？孔子听了他们两的话，不能判断谁对谁错，于是拜小儿为师。

太阳的远近究竟是怎样的呢？这也可以成为孩子和父母讨论的一个问题。连拥有大学问、大智慧的孔子都虚心向孩子求教，父母向孩子学习也是很正常的，而且，孩子也能学会"不耻下问"这个词的真正含义。

作为父母，在向孩子请教的时候，决不能忽视孩子的智力，一定要说得诚恳、"真实"，投入到请教的过程中，如果让他知道你在"演戏"，孩子就没有认真教课的欲望了。